中国学术名著丛书

孙子章句训义（上）

钱基博

吉林出版集团股份有限公司

目录

卷头语

“孙子章句训义”，仆旧日之所刊也；“新战史例”，则今之所增订也。往者德国兵家克老山维兹诏人：“欲学兵法，只有读史。”人谓理论为事实之母；不知事实乃理论之母；无事实，无理论；而有理论矣，苟不能验之以事，抑亦无征不信！孔子曰：“我欲载之空言，不如见之行事之深切著明也！”是故兵法之所以演进者三：其（一）曰综兵事以籀为法。孙子生春秋之末，列国兵争，闻见习熟，而著《十三篇》，以为中国言兵之祖。克老山维兹与于普法之役，身经百战，退而论兵以著书八卷，肇开德国兵学。是故非战国纷纭之世，不能产兵法！盖法不虚立，有兵事而後有兵法。苟无其事，不能空凭以抒议也！非聪明天亶之士，不能著兵法！事变之赜，屠僇之惨，俗人眩焉，获免为幸！惟智勇深沉者，默识心通，不震不慭，有以见天下之动，而观其会通，以行其典礼也。其（二）曰衍兵法以籀其例。古人发凡起例，无不原本事实；而言简以赅，未可以臆，无征不信，抑亦无征不明！德国史梯芬将军传授心法以承克老山维兹，而搜集古今速战速决之例，成为《卡南》一书。吾国唐之杜佑撰《通典》，著有《兵典》以为：“孙武所著十三篇，旨极斯道，故知往昔行师制胜，诚当皆精其理。”辄捃摭史事，与孙武书之义相协，并颇相类者纂之，为卷十有五，为目百四十有奇，条举件系，大抵以孙武书明法，而以古事为验；其于唐以前兵事略备矣！明武进唐顺之论用兵指要，撰有《武编》十卷，分前后两集，而后集则征述古事，亦犹杜佑之志也。惟克老山维兹言：“籀史例以阐兵法，宜用最近之例。盖古代之事，往往书阙有间；而时代逾近，则记载愈完备；此非言古代之例，一无可取也；如战略荦荦数大端，古例何尝不精要；惟战术及战略之详细布置，则以近例为尤宜；何者？以其近己而时变相类。”呜呼！此吾新战史例之所以为增订也。其（三）曰用兵法以显诸力。同一史梯芬计划也，同一迂回战略也，然小毛奇一九一四年用之于法而无效；而希特勒一九四〇年用之于法，则有成功者，显之有力也。此则行军用兵，将帅之事；而非书生纸上谈兵所敢置喙矣！书生不能用兵，然而书生不妨谈兵；由谈兵，而知兵。昔胡文忠公未尝不有慨乎言之，以谓：“天下之大患，总是书生不知兵之过；总以兵事为小人之事，非学者之事；一遇警动，则读书人早已远走，或隐匿不出；实因其人志气不能自为，不知兵事！不知兵事为儒学之至精，非寻常士流所能几及也！兵事以人才为根本，人才以志气为根本；兵可挫而气不可挫，气可挫而志不可挫。”志何以不挫？日知兵而已！呜呼！古人以忧患动心忍性；今人以忧患幸生丧志；平日侈谈之学问经济，文章道德，一旦大难当前，未有片语只字，可以镇得心定，振得气壮！明之亡也，亦有老秀才无拳无勇以为国干城，而见危受命，神闲气定，安坐以待，引颈受刃者！今人则并此勇气而无之！四郊多垒，亦士之辱！效死勿去，何必军人！而大敌未临，学府先震，道听途说，庸人自扰，不惟无勇，抑亦不智，播散谣传，摇动人心，鼠骇兽走，逃死勿遑；大师失其所以为表，后生失其所以为学，见之气丧，语之颜赧，君子修辞立诚，吾言亶不然乎！呜呼！此《十三篇》

书之所以不可不读也！吾之所为籀新战史例以阐《十三篇》书者，自甲午中日之战、日俄之战、欧洲第一次大战，及阿比西尼亚、西班牙、阿尔巴尼亚之战，以迄今日方酣之大战，而上溯于普王菲烈德立，法帝拿破仑两雄；凡列国兵情国势，齐民训士，布阵用器之制，战胜攻取之方，乃至参谋之组织，间谍之运用，莫不互勘其得失，阐论其因果；而尤致力于历史之演变，推见本末；然后知《十三篇》书，囊括古今，真可以建诸天地而不悖，百世以俟圣人而不惑焉！

近代论兵，多以德国为典型；而吾国之说《孙子》者，往往断章取义，以皮傅德国兵家之说；此不知《孙子》者也！《孙子》不云乎："不尽知用兵之害者，则不能尽知用兵之利也！"德之兵家，徒知用兵之利而已！德国兵法，始于菲烈德立大王，谓："胜利者，前进而已！傥有攻人之力，可以乘人之不备而不为攻者，其人则愚人也；为国则愚国也！"老毛奇将军则曰："战争为上帝创造世界计划之一！傥无战争，世界将沉沦于唯物主义之深渊，而不能拔矣！唯战争，足以洗涤物质享乐之世界！"鲁登道夫言："战争者，人之天性也。强者胜而善者败，于是不高贵之恶者，突进向前！使高贵者而不败，则必高贵者而亦强，斯可以抵抗不高贵者，而继续生存耳！"希特勒言："战争者，永恒者也！普遍者也！无空间，无时间，无所谓开端，无所谓和平，无战争，则无生命！"不恤糜烂其民而战之，幸灾乐祸；此诚《孙子》所谓"不尽知用兵之害，则不能尽知用兵之利"者也！至于《十三篇》书，经之以五事，校之以计而索其情，因利制权，作战谋攻，而必以全争天下，禁攻寝兵，其言曰："兵者，国之大事，死生之地，存亡之道，不可不察也！是故百战百胜，非善之善者也；不战而屈人之兵，善之善者也！非危不战；主不可以怒而兴师，将不可以愠而致战，合于利而动；怒可以复喜，愠可以复悦；亡国不可以复存，死者不可以复生；故明君慎之，良将警之，此安国全军之道也。”其操心也危，其虑患也深，郑重丁宁，“非危不战！”孔子曰：“仁者其言也讱！为之难，言之得无讱乎！”呜呼！孙子，仁者也；其言也讱！而德人之言兵也则易矣！战国时，赵括自少学兵法，尝与父奢言之。奢不能难，然不谓善！括母问其故？奢曰：“兵，死地也，而括易言之！赵若将括；破赵军者，必括也！”呜呼！德人之言兵也则易矣！其言之不怍，则为之也难！俾斯麦以德国“铁血宰相”称；顾颇不慊于德国军人之战略，虽老毛奇将军亦非所重！方一八六九年，拿破仑第三之将启衅于德也，俾斯麦独居深念，以谓：“波兰，小国耳！然以俄、普、奥三大国之力，亡之百年，而民未亲附，叛者四起！况以法人之聪强，有悠久之文化！德如败法，于德何补；徒以贾怨，未必为功！纵得亚尔萨斯，不得不出兵以守；而法国不亡，必有一日得其所与，以成联盟，而与我为敌；我不得旰食矣！”呜呼！此固卤莽灭裂，好大喜功之德国兵家，未易遽以告者也！顾不意而俘拿破仑第三；俾斯麦念：“今而后，吾德人不知何日得太平矣！”维此老成，瞻言百里！顾德国兵家，则以谓：“战争者，民族生存之一方式。人类之生于今，应以战争为终身之职业。”而其战略，则欲用歼灭战略，谓：“应采速战速决之法，以歼灭败者而摧残之以绝迹于历史。胜者何必与败者谈判和平之条件！盖一经战败，即无谈判之资格；而战胜者，仅须从心所欲，提出条件，以交战败者接受而已！”一九一四年，小毛奇欲以施之于法，而未遂也；遂以冒天下之大不韪，府世界之怨，而几以不国！顾不悔祸于厥衷！鲁登道夫著《全民战争论》，谓：“方针，何惜偏！只要偏能彻底，则反而正矣！”意以为小毛奇不彻底也。今白鲁希兹用闪电战以佐希特勒，灭国者十余，而法亦溃；计可谓彻底矣！然而喋血万里，伏尸千万，破人之国，德亦无成，连兵不解，胜利何日，丁壮死于锋镝，老弱不得一饱，损人不利己，意欲何为！呜呼！是则偏之为害，而孙子之“必以全争于天下”也！然而希特勒其知之矣！方其破波兰也，大声呼吁，以谓：“西线战局之相持，匪余所晓！如连兵久不解，必有一日，德法之间，划新疆焉！然世界残破，不见庄严之都市；而破瓦颓垣，一片荒凉，岂余之意！旷观历史，几见战胜之事；而常两败以俱伤！”吁！何其言之恫也！顾虎已骑背，不能再下；剑已出鞘，不得自收；张脉偾兴，欲罢不能！汝占先着以雄飞，谁甘输情而雌伏；既有今日，何必当初！而闪电之战，胜在奇袭；故技惯试，人有虞心！克老山维兹尝言：“如攻击者，以突袭之活泼为常，此实大误！”习以为常，虽袭何突！传授心法，亦已质变！乃人情好奇，谈者夸诩；日本，我之自出，生心害政，拾德国兵家残唾，师其余智，不恤反兵所亲，日以肆毒于我，同种同文，相煎何急！不知其国东乡大将有言：“热心于战争者，不知战争者也！凡经历战争之恐怖，而犹嗜战争者，非人类也！无论何法，必胜战争；吾人必不顾一切以力避战争！苟非危及民族之生存者，不可以战争！”呜呼！此《孙子》之所谓“非危不战”，而老成之谋国，少壮军阀之所漫不措意者也！不图前车将覆，后辙已寻！国人谈兵，亦多诵德！或曰：“守则不足，攻则有余，与其困守以待攻，不如先发而制人！”或曰：“国土防御，当在敌境。”矜闪电战之奇捷，以导扬速战速决之论。凡此不中情实，播为美谈，生心必以害政，异日将为厉阶！呜呼！希特勒之所以能为闪电战者，亦以德国科学之精研，工业之发达，由来已久，而凭借者厚，因势利导，固非一手一足之烈，亦岂岁月所能有功；然而悉索敝赋，二十余年，虏使其民，日困征缮，饥不得食，寒不得衣，憔悴虐政，不知税驾；希特勒之威声，震耀宇宙矣；于德之国计民生何有！夫德之国土防御，在敌境矣；日之国土防御，在我境矣；然而“其用战也，胜久则钝兵挫锐，攻坚则力屈，久暴师则国用不足；夫钝兵挫锐，屈力殚货，则诸侯乘其弊而起；虽有智者，不能善其后矣！”此固《孙子》之所大戒，而顾亦步亦趋，欲逐后尘乎！余故推本《孙子》之意，以明著闪电战之不足奇，速战速决之不可能，条举件系，具论于篇；辞而辟之，廓如也！呜呼！我中国今日之抗战，不患不胜；所患既胜之后，票佼锋协之武人，狃于一役，“不知用兵之害”，好大喜功，日糜烂其民而战之，如希特勒之所为也！借使希特勒之举兵也，仅以毁凡尔赛之条约，恢德意志之荣誉，师直为壮，岂惟德人之所愿欲，抑亦举世之所同情；而雄图既溢，瞻视非常，欲以并吞八荒，力征经营，罢民以逞，树敌日众，终亦必亡而已矣！所贵乎兵家者，岂一胜之为烈；尤贵有以善其后；未制胜，且先虑败；既制胜，宜图保胜。而德之兵家，徒为制胜而已，败且无以善后，胜亦岂能终保！抑兵之为用，制胜未易，善败尤难！而我委员长以积弱之势，抗暴兴之日，再接再厉，而气不挠，善败不亡，败岂终败，可谓善败也已！《老子》曰：“抗兵相加，哀者胜矣！”而德之兵家，则不为“哀”而为“亢”！“亢之为言也，知进而不知退，知存而不知亡，知得而不知丧！其唯圣人乎；知进退存亡而不失其正者，其唯圣人乎！”我委员长有焉！余尝谓德国兵家：史梯芬之搜古今歼灭战例，知兵事而不知兵法者也！塞克特及白鲁希兹之创闪电战，知兵器而不知兵法者也！惟委员长为能知兵法，以退为进，推亡固存，无兵器而固兵心，作士气，败而逾奋，此所以不可及也！既有以善败于方今，必有以保胜于他日！

余观列国战略之成功，莫不习惯成自然，原本历史！英之先为不可胜以待敌之可胜，自拿破仑之战而已然；俄之寓攻于守，致人而不致于人，亦自拿破仑之战已然；德之贵胜不贵久，自一八六六年，普奥之战已然；日之制人于先发，自甲午中日之战已然；运用之妙，熟极生巧，盖历史之相沿，而因习者有素也！特是陈陈相因，数见不鲜，我所习熟，敌能预测，而有以相制，则无以善后焉！独委员长高瞻远瞩，推陈出新，以空间换时间，而予敌以不决；以弱势耗强敌，而持我以坚忍；决心抗战，可失地而不可媾和，一破中国数千年之历史，而不为因循！吾尝慨吾国士夫，震于欧化，而轻家丘，民族自信之心已堕；论及欧战，辄诧战术之创新，虽臭腐亦为神奇，而太不知历史！一谈抗日，则又疾首蹙额，宋、金、元、明、清之故事，潮上心头而不能自拔，往往降志辱身，而求以全躯保妻子；纵有形格势禁，而慷慨当众，沉吟私室；知识愈高，意气愈沮，而无法以自振；则太熟历史为之厉阶也！此一役也，中国历史，将为之转变，而予民族以自信，涤旧染之污而自新；岂仅一胜之为烈！吾尝持此谊以告人；而人莫之信也！或有问于予曰："宋之南渡也，李纲、张浚咸议抗金，而日寻干戈，无役不北；卒以媾和，而生民稍得息肩，不已多乎！"余应之曰："昔李纲劝高宗首定国是；而宋之败也，由于国是不定，二三其志！宋人怯战以求和，金人饵和以亟战；金人且和且战，宋人不战不守，宋不为备，而金乘之；史实具在，岂战之罪！而刘锜顺昌之捷，岳飞朱仙镇之役，金之铁骑纵横，亦非无坚不摧也！使当日如委员长者，总师干以与周旋；愈败愈不和，愈战愈强，以坚制锐，金何能为！今决心抗战，国是久定，士有死志，民无二心；师直为壮，曲为老；彼曲我直，吾何畏彼哉！吾观李纲、张浚，议论纷纷，兵情敌势，焯有所见，然以不习戎事，于将士非素拊循，虽有经国料敌之智，而无临戎驭军之才，终不足以当大任，捍强敌！是故李纲、张浚，知兵法而不知兵事者也！委员长则知兵法而能治军事者也！李纲、张浚纵无力以抗金；委员长必有材以败日；今古事异，可断言者！"

或又曰："自古中国，有起西北，以兼东南；罕有东南，克定中原！而今国都播迁西南，人以吴三桂视之矣！"余应之曰："言不可以若是其几也！"昔赵翼论长安地气，以谓："地气之盛衰，久则必变！唐开元天宝间，地气自西北转东北之大变局也！秦中自古为帝王州，周秦西汉递都之；苻秦，姚秦，西魏，后周，相间割据；隋文帝迁都于龙首山下，距故城仅二十余里，仍秦地也；自是混一天下，成大一统。唐因之，至开元天宝，而长安之盛极矣！盛极必衰，理固然也！自是地气将自西趋东北，故突生安史以兆其端！自后河朔三镇，名虽属唐，仅同化外羁縻，不复能臂指相使。盖东北之气将兴，西方之气，已不能包举而收摄之也！东北之气，始兴而未盛，故虽不为西所制，尚不能制西。西之气，渐衰而未竭，故虽不能制东北，尚不为东北所制；而无如气已日薄一日，帝居遂不能安！于是玄宗避禄山，有成都之行。代宗避吐蕃，有陕州之行。德宗避泾师，有奉天梁洋之行。地之阢隉不安，知气之消耗渐散！迨僖宗走成都，走兴元，走凤翔；昭宗走莎城，走华州，又被劫于凤翔，被迁于洛；而长安自此夷为郡县矣！当长安夷为郡县之时，契丹安巴坚已起于辽，此正地气自西趋东北之消息！特以气虽东北趋而尚未尽结，故仅有幽蓟而不能统一中原。而气之东北趋者，则有洛阳、汴梁为之迤逦潜引，如堪舆家所谓过峡者。至一二百年，而东北之气，积而益固；于是金源遂有天下之半；元明遂有天下之全；至我朝不惟有天下之全，且又扩西北塞外数万里，皆控制于东北；此王气全结于东北之明证也！而抑知转移关键，乃在开元天宝时哉！”上下古今，此诚博学通人之论！然东北之气，极盛于清，而亦消耗以尽；与之代兴，将在西南！赵氏以安禄山之反，为地气自西北转东北之消息；吾则以吴三桂之反，为地气自东北转西南之消息！盖自明以前，西南诸省，蛮夷荒服，仅等羁縻，曾无力以问鼎中原！及吴三桂称兵云南，一出而秦陇响应，东南震动；称帝衡山，清廷岌岌，连铁骑以南下，而苦战荆岳久不解，如楚汉之争荥阳、成皋焉；此正地气自东北转西南之消息；特以气虽西南趋，而尚未结，其兴也浡，其亡也忽！清廷遂据幽燕以盗有诸夏者二百年；然革命常起南方！广西崎岖岭徼，地瘠民贫，有史以来，何当大局！然洪秀全、杨秀清发难金田，乃裹五岭之民，陵厉无前，出湘蹴鄂，顺长江而下，奠都金陵，奄有天下之半者，垂十余年；兵锋之锐，直达津沽！清廷蹴缩而莫谁何；于是曾国藩、左宗棠之徒，起于湖南，用湘军以与角逐，廑乃克定；而湘军四出，东至东海，南逾岭外，西定天山。清廷拱手仰成以得苟延；则是西南之气日王，而东北之气，已不能包举而收摄之也！气之西南趋者，则有武汉、衡湘，迤逦渐引以为过峡。黄兴起于湖南，黎元洪举兵武昌，而清廷之大命以倾！及袁世凯因清之故都，洪宪称帝；而蔡锷以云南首义，一举而覆之；则是西南之气以益旁薄！抗日军兴，而国都播迁西南，以奠民族复兴之基；文化随之深入，西南必以开发。地运何常，人事可恃！然则今日之大患，不在日人兵势之强；而在吾人之历史因袭观念太强，气不自振，志以先沮也！

呜呼！物腐而虫必生，志疑而间以入！吾人丧气沮志，以疑于战；此固日人之所大欲，而间之可得入也！观于欧洲第一次大战：一九一七年，俄军虽不振；然德人不敢以一卒叩边，而割地以亟和者，列宁之护送回俄，而德人之用间成功也；非战之罪也！一九一八年，德人百战百胜，而亦内溃；则以英、法之宣传成功，而人民之厌战以深也；亦非战之罪也！今希特勒喑哑叱咤，纵横欧陆，灭十余国；人皆震于闪电战之威！顾校其成功；国之破于战者十之三；国之破于间者十之七；而所以为间，则一本克老山维兹之传授心法，操纵敌国之舆论，饵以和平，而煽诱敌国之民志，使之厌战而自为瓦解焉！呜呼！吾侪士夫，读书明理，岂有卖国以为间；徒以罢于奔命，厌战情深，谈吐之间，张皇敌势，而不知不觉，播散谣传，以为间用者，吾见亦多矣！此吾之所大惧也！呜呼！三十年来，吾见列强用间以破人之国者，不为少矣！阴谋秘计，微乎微乎！就所睹记，搜著其事，以阐《孙子·用间》之篇，如禹鼎之铸奸，如秦镜之照妖，绘影绘声，穷态极妍；岂如太史公之好奇哉！毋亦以为国人监观也！

余少喜谈兵，老不自振，读书数万卷，到老不得一字之力；教书三十岁，报国几见一士之用；抚衷唯有悔余，羁旅以延病喘，作伴回乡，不知何日；首丘思切，殊难为怀！独念本院缔造，茂公亟招，间关以来，长沙大火，杨家滩之工院亟迁，而蓝田之人心大震，风声鹤唳，士气已墨！而茂公神闲气定，经营方亟，抚绥多士，以有今日；其间长沙大战，亦再而三，迫近前线，惊心烽火，士无靖志；而茂公在危不扰，弦诵依旧！作育之效，未知何如；即此矢志不挠，处变若定，率励多士，俾知有勇，而体不惧，以安问学；已足立懦廉顽，树之风声！呜呼！见利思义，见危授命，亦士之常！此而不能，百年树人，亦奚以为！此仆衰病余生，以得追随为幸者也！屠龙之技，于我何有！伏枥之骥，不能无嘶！此中耿耿，读书监诸！无锡钱基博识于国立师范学院之光明山，时为夏历辛巳除夕，山居已四度除夕矣！云天凄黯，急景凋年，余发种种，盖不胜迟暮之感云！

序

《孙子》世传十家注，阳湖孙星衍平津馆校刊，颇称审核；然亦以臆改为病！余取正统道藏本及吾邑明谈十山嘉靖刊本参校，往往有原本不讹，而孙氏据《御览》、《通典》诸书所引，校改以致讹者！谈刻异同尤多；有谈刻所有而孙氏无之者。湖北崇文官书局百字本，无注；世不谓佳；然有一二处剧胜者！于是参验四本，择善而从，句分节解，写为章句，以藏箧中，旧矣！其十家注，始魏武帝，云“撰为略解”，谦言解其粗略，语多引而未发；而自梁孟氏以下九家，宣阐其义；亦有自抒所见，与魏武异者；其中以唐杜牧、宋何延锡为详博；而张预独辨以析；梅尧臣则明白了当，以少许胜人多许。然据《新唐书·艺文志》著录魏武注《孙子》三卷，孟氏解《孙子》二卷，李筌注《孙子》二卷，杜牧注《孙子》三卷，陈皞注《孙子》一卷，贾林注《孙子》一卷。晁公武《郡斋读书志·兵家类》载魏武注《孙子》一卷，李筌注，杜牧注，陈皞注，梅圣俞注，王皙注，何氏注，各三卷。郑樵《通志·兵略》载《孙子兵法》三卷，吴将孙武撰，魏武注；又二卷孟氏解诂；又一卷唐李筌注；又一卷唐杜牧撰；又一卷唐陈皞注；又一卷唐贾林注；又一卷何延锡注；又一卷张预注；又三卷王晳注；又一卷梅尧臣撰。则知十家注旧本各自为书；而今荟刊为一，始于宋吉天保；采人《道藏》者是也。《道藏》中又有郑友贤《孙子遗说》一卷，《通志》亦著其目，据自序称："十家之注出，而愈见《十三篇》之法，如五声五色之变，惟详其耳目之所闻见，而不能悉其所以为变之妙；是则武之意，不得谓尽于十家之注也。顷因余暇，抚武之微旨，而出于十家之不解者，略有数十事；托或者之问而具其应答之义，曰十注遗说。"然亦有自以意说而不尽当于武者焉；要足以匡十家之遗而弥缝其阙也！最近海宁蒋方震氏百里尝学兵法于德意志，习其老将，往往颂美《孙子》书不容口；因撰《孙子新释》，民国初元，先成《计篇》；梁任公所采以入《庸言》者也。仆诵之惊叹，而访其全书读之，殊亦粗略未称，如魏武注也；其释《计篇》，亦不如《庸言》所载之详。然宏宣奥义，或取欧故，不为拘虚，多十家所未发；而以知新器新理，虽日出不穷，而大道无攸易；《孙子》一书，推诸四海而准，百世以俟圣哲而不惑；其言亦以名家！独惜其书成在一九一四年欧洲大战以前，未能备物；亦犹魏武注引而未发之不能无待于梁孟氏以下九家也。仆闻德国克老山维兹氏（一七八〇——一八三一年）者，彼都谈兵之祖，而老毛奇将军之师也；其著书以为："理根于事，事贵有验，无征不信，兵法亦然。而欲知兵，必多读史。史者，古人经验之记载也。兵法乃属于经验之学科；惟经验可以确定理论；而一事一理之意义，不用史例，无以阐发。惟能用史例者，而后谈兵不患其凿空，理论毋涉于诬妄；而以近代史为尤宜；何者？以其近己而俗变相类也。"盖世以近而可验。理无征而不信。《孙子》书李筌、杜牧、何延锡三家注，亦多引史事以相晓譬；而战争之尤繁巨以媲于现代史者，盖莫如一九一四年欧洲大战。傥有人焉，依据《孙子》而援欧战事为说，以扩三家注之所未备；古书新证，必有发前人之所未发者！仆怀此意久而未有以发也！徒以抗日军兴，家山唱破，违难奔走，不废教学；而烽火惊心，客子危涕。自顾老矣，而志未衰，未能荷戈，且为谈兵；以为："胜负何常，祸福相倚。傥读孙武《十三篇》书而籀绎其旨，知日本之胜不贵久，斯可以知我国之势不终败！"遂发箧中所写章句，为之诵说；而以十家之注，后多因前，辞或重复，徒乱人意；于是削其繁剩，笔其精粹，取意相发而不相复，以成训义。训者，顺也；义者，宜也；顺文为说，义取其宜，融裁众注，不为墨守；而旁摭克氏之学，欧战之史，推而大之，至于无垠；然后《十三篇》之书，支分节解，脉络贯通；而凡此后军事之利钝，战局之胜败，亦得以曲畅旁通而极其趣。谈者既为抵掌，听者亦以破涕也。

仆诵说《孙子》之书，以观此后军事之利钝，战局之胜负，而可知者有三端焉：一曰：日人之胜不贵久，不免于力屈货殚之患。二曰：我军之强而知避，可以收彼竭我盈之效。斯二者，日本战略之必失败也。三曰：日本之威加于敌，必以成众叛亲离之祸。抑又日本政略之必失败也。请得而备论之：何以知日本之胜不贵久，不免于力屈货殚之患也？《孙子》不云乎："其用战也，胜久，则钝兵挫锐；攻城，则力屈；久暴师，则国用不足。夫钝兵挫锐，屈力殚货，则诸侯乘其弊而起；虽有智者，不能善其后矣！故兵闻拙速，未睹巧之久也！故兵贵胜不贵久。"夫兵，非胜之难，胜而不久之难！欧洲大战，德之所以不保其胜，法之所以不终于败，则以德之胜而久也！其国人克氏著书论兵法，每谓："战争之道，尤贵迅速决胜。"何尝不虑胜久之无以善其后！然而胜，德之所能为也；不久，非德之所能为也！方吾国之参战也，目论者佥谓德人必不败。而严又陵独不谓然，与其友熊纯如书切论之，以为"德皇竭力缮武二十余年，用拿破仑与乃祖威廉第一之故智，欲以雷霆万钧，迅霆不及掩耳，用破法擒俄而后徐及于英国，故其大命悬于速战而大捷。顾计所不及者，英人之助比、法也，列日起致死为抗也，德国极强，然孟贲乌获，力有所底，飚发雷震，所齑粉者比国耳；浸淫而及于法之北疆；顾咫尺巴黎，经百日而不能破，东不能入俄境，南不能庇奥邻，至马兰之挫衄，而无成之局兆矣！及逾二年，则正蹈曹刿再衰三竭之说；而英人则节节为持久之划，疏通后路，维持海权，联合三国，不许单独媾和；曹刿以一鼓当齐之三，所谓彼竭我盈；英人之术，正复如是！大抵德人之病，在能实力而不能虚心！故德、英皆骄国也；德人之骄，益以剽悍；英人之骄，济以沉鸷；然则胜负之数，不待蓍蔡矣！亦既旷日持久，而德不得志；则今日之事，其决胜不在交绥之中，而必以财政兵众之数为最后。德虽至强，而兵力固亦有限。方战之初，德人自言有胜兵八百万，乃今此众已全出矣，而死伤达三百万。英法之海军未熸，而财力犹足以相持，军兴费重，日七八兆镑，久之，德必不支。要而言之，德之霸权，终当屈于财权之下！”然而“胜久则钝兵挫锐；攻坚则力屈；久暴师则国用不足。”夫钝兵挫锐，屈力殚货，岂德之所愿欲耶？无亦法巧为久以相持；故德欲拙速而不能也！夫兵战之事，必计成功，不贵锋锐；而主客不同，情势攸异，固亦有“贵久不贵胜”者！欧洲大战勃发之初，以德人久蓄不用之威，而乘英、法积弛之民治，何尝不可以速胜！惟善用兵者，不轻与之战，而故控吾力，用坚以挫其锐，持久以承其弊；虽以威廉之摧坚破强，锐不可当，而卒无救于最后之“钝兵挫锐，屈力殚货。”然则“贵胜不贵久”者，为攻者强者之客言之；而“贵久不贵胜”者，则又守者弱者之主所不可不知也！然而德国兵学祖师克氏其知之矣，尝论：“战之为道，必亟摧毁敌国之战斗力，使之不能复战；而欲摧毁敌国之战斗力，则必挑敌与战。如敌不以战而以守，则我之力有时而穷！何者？近代战术，利守不利攻；而兵力之弱者，常以守而延长战事，旷日持久；而攻者困于士兵死丧之过多，财用支给之日匮，情见势绌，则不战而自屈！昔在一七五六年至一七六三年，普鲁士菲烈德立大王之七年战争时，其兵力不如奥之众且强；而奥无以制其命者，徒以守而不与战也。虽然，所谓守者，非坐困之谓也；特静以观变，相机而动，以待反攻之机会耳！如有反攻之机，则必迅速以赴敌。苟攻守不相为用，守者每不知敌之所为攻，何得不分兵四防；而攻则可集中兵力以专注一处；以四散之分守，而当集中之猛攻，夫如是，其孰能御之！”迄于欧洲大战之起，英、法、美三国联军总司令福煦将军，尝在巴黎军官大学演说，谓：“自来名将，无不先取守势，俟敌军疲怠，然后反攻；以我之奋，乘彼之衰，未有不胜！”其说盖本之克氏，而用以搏西战场最后之胜利。吾国广昌揭暄著有《兵法百言》一书，历观古今兵事利钝之故而籀其会通；其中有“延”与“速”之两言，相次以明为用。以为“势有不可即战者，在能用延。敌锋甚锐，少俟其怠；敌来甚众，少俟其解；征调未至，必待其集；新附未协，必待其孚；计谋未定，必待其决；时未可战，姑勿战。盖拙者贵于守；延者，势在必战而特迟之也，势已成，机已至，人已集，而又迁延迟缓者，此堕军也。士将怠，时将不利，国将困，拥兵境上而不决战者，此迷军也。有智而迟，人将先计。见而不决，人将先发。发而不敏，人将先收。难得者时，易失者机，迅而行之，速哉！用兵能速，则智不及谋，勇不及断，己舒而人促，己裕而人窘。”盖始之以“延”，胜之于“速”，其论亦与克氏之指相发。欧洲大战，法国福煦将军之所以挫德者以此；而我今日之所以图抗日者，亦无出于此！观法之能胜德，知我之必胜日矣！特是日人知其士之将怠，时之将不利，国之将困，不甘为揭氏之所谓“迷军”，而欲快心于一决。此诚揭氏所谓“敌锋甚锐，少俟其怠；敌来甚众，少俟其解”；在我则用“延”而尚未臻用“速”之日。所谓“知日之胜不贵久，斯可以知我之势不终败”者此也！

或曰：“日之胜不贵久，法之巧以为久，则既闻命矣。然法之巧以为久者，守也；岂如我之孤不羞走以为避耶？”则应之曰：“避”者，兵家之一术。《孙子》不云乎！“强而避之。”“故用兵之法，十则围之，五则攻之，倍则分之，敌则能战之，少则能逃之，不若则能避之。故小敌之坚，大敌之擒也。”“善用兵者，避其锐气，击其惰归，此治气者也。”然则用兵之法，岂惟战之为功，抑亦避以治气。往者，项羽百战百胜，而卒蹶于汉高；以汉高知项羽之“强而避之”也。在纪元前二一八年，迦太基之攻罗马也，其大将汉尼鲍氏，年二十八岁，血气方刚，乃以步卒五万人，骑九千人，推锋直入，而裹胁罗马属藩之兵，又得六万人，乘胜而去国远斗。于是罗马大将法屏克雪梅氏，知汉氏之不可以力竞也；不与旗鼓相当，而以游击为功。敌进，则我退以避其锐；敌退，则我扰以乘其惰；务使敌不得用其锐，而养吾全锋以徐制其后。不意朝议以为怯也，别使人代将，一战而丧师七万人；乃用法氏之战略以与周旋。汉氏欲及锋而试，以制罗马于一时；而罗马卒不轻犯其锋，使之失其所求，逡巡求去而又不得去；而汉氏顿兵挫锐，固已无能为役矣！如是者二十年，迦太基以汉氏之卒无成功也，于是不继饷，不济师；而罗马卒制全胜以待其弊，亦不知汉氏之“强而避之”也。欧洲大战，兴登堡与麦耿生摧坚攻锐，皆德名将；而用攻用围，韬略不同。兴氏取胜多用围，而张两翼以困敌人于垓心者也。麦氏则以精兵猛将，厚集其力，布若长蛇，而用雷霆万钧之力，摧其中坚，横截敌军为两段，使首尾不相顾。凡研精军事学者，咸谓麦之韬略，奇变在兴登堡之上焉！其他虎底哀、鲁登道夫，亦皆鸷悍而善于攻，称德名将。然而法人何如？则其大将霞飞、福煦不愿为“小敌之坚，大敌之擒”，而曲尽“少则能逃”，“不若则能避”之“能”。方德之奋兵以入比也，比明知己之“少”与“不若”，而势处于无可“逃”无可“避”；则不得不为“小敌之坚，大敌之擒”。及至德人推锋长驱，法大将霞飞则缓退以持之，而密集大军于后方，深沟高垒以俟；迨时机既至，一鼓作气，突然反攻，以我之盈，乘彼之竭；以我之逸，待敌之劳；所以有玛因河之捷也。其后福煦上将亦步亦趋以传授心法。方德军之倾全力以掠取阵地也，法军惟取“能逃”“能避”之“能”，决不耗其主力以求原阵线之维持；而故控其力，取攻势于敌人既得阵地以后，以我之力有余裕，乘德之攻坚力屈；此则《孙子》治气之原理，而运用之以最新战术者也。我国抗日军兴，不愿为“小敌之坚，大敌之擒”，而欲尽“能逃”“能避”之“能”，何必不与法同。所望故控其力，以承日人之弊而制其全胜，有以善图其后尔！故曰：“我军之强而知避，可以收彼竭我盈之效”也。

或且色然喜曰：“信若子言，则是我之避，将以避锐击惰；而日之胜，未能保大定功也！”仆应之曰：又不仅是，天下固有可胜而不可战者！《孙子》不云乎：“霸王之兵，伐大国，则其众不得聚；威加于敌，则其交不得合；是故不争天下之交，不养天下之权，信己之私，威加于敌，故其城可拔，其国可堕。”张预为之说曰：“不争交援，则势孤而助寡。不养权力，则人离而国弱。伸一己之私忿，暴兵威于敌国，则终取败亡也。”世之论兵者，至战必胜，止矣；而《孙子》书乃至言可胜而不可战，知其意念深矣。夫“霸王之兵，伐大国，则其众不得聚；威加于敌，则其交不得合”，此可胜之势也，然而不可战；战则城拔国堕者！盖“威加于敌”，睹敌之“交不得合”，遂以为莫之与京，而“不争天下之交”，则外交陷于孤立；古之人有行之者，吴王夫差是也。“伐大国”，睹大国之“众不得聚”，于是乎罢民以逞，而“不养天下之权”，则民怨起而革命；古之人有行之者，秦始皇是也。世近而事变相类，乃有欧战之德皇，“信己之私，威加于敌”，合吴夫差、秦始皇而并之一身，汉亨索伦皇朝忽焉！然而非一胜之为烈也。昔蒋方震论其败战之诸因曰：“兵之为物，有极端性；未有不求战而其兵可强者，亦未有兵既强而不求战者。夫以军事之优势而立国，一旦迄于彼我之间，强弱相当，则后此之危可知。而自兵略言，一千九百十四年，则德战之时机也。为奥战，则同盟固；一也。英、法疲于内政，而俄、法之军政改革未竣；二也。自此以后，将或并此徼幸之一胜而不可得！虽然，此可胜之机，而非可战之机；而所谓不可战者，何也？则政略上包围之形势已成；而法之复仇，俄之南下，英之海外政策，三者汇于一流以与德龄龁也。包围之形势孰致之？德人实自致之！而十九世纪日耳曼之统一运动，本有二派：其一派欲依国民之意志而成。其一派欲借普国之武力而成。自佛兰格福村国民大会之失败而俾斯麦相普，遂战奥败法，而德帝国以成；成则成矣，而内外形势，皆日处于不自然！法人建国，不利东邻之有强国，而亚、洛二州之割，几等于文身之耻，每饭不忘；而德不能不防其报复；一也。个人自由之伏流，来源已远；而以军事建国，势必趋于武断，不发于此，则伸于彼，而社会党承产业发达之结果，其勃兴较他国为甚；二也。逆其势而镇之，厥惟军备；然国民皆兵之秘钥，已公开于世界，子能之，人亦能之，互竞极其度，必有一日能发不能收者；而于是不自然之形势，乃随国家之强盛以继长增高！其在外，则德、法之世仇，而重以德、英之冲突，而三国协商日进于成。其在内，则政治之不自由，而加以贫富之阶级，而社会主义日趋于盛。扩充军备，一之为甚，至于再，至于三，凡以求战，非战不足以自保也。夫一国而至于求战以自保，此可暂不可久之势，必有一日至于败者也。威廉二世之失败，特速其时耳；以包围启败战之端，以革命结败战之局。”呜呼！“不争天下之交”，斯孤立以无援，而外交上包围之势成！“不养天下之权”，斯剬断以自恣，而内治上革命之衅兆！徒以“信己之私，威加于敌”，而邦分崩离析，无以善其后也。德人如此！而我东邻之日本，亦将如此！甲午以还，日人之于我，几乎无役不胜；自以为兼弱攻昧，武之善经，而领土之野心，方兴未艾，辽东之鲸吞，河北之蚕食，吾人困于积弱，俄国怵其余威，不旬月而囊括三省，意未有餍；小国不敢非，大国不敢诛；岂非所谓“伐大国，则其众不得聚；威加于敌，则其交不得合”者耶！及卢沟桥之战起，吾国以日人之实逼处此，义无反顾，乃奋起而为抗战，迄今二十月矣，虽兵败地蹙，再接再厉。而日人劳师以袭远，攻坚则力屈，久暴师则国用不足，顿兵挫锐，屈力殚货，民不堪命，内难将作。而英、法怵于远东利益之不保，日焰咄咄逼人，方东交美，西构俄，以援我而孤日，日人纵克南京，陷徐州，取武汉，苟我军“能逃”“能避”以不堕其主力者，则我必有一日以承日人之敝；而此“能逃”“能避”以不堕其主力之权，则操之我，不操诸日；百胜不足以取威，挫败或且以亡国；强弩之末，其力几何！土崩之期，当不在远！始也不夺不餍，今且欲罢不能；然后知《孙子》“不争天下之交”，“不养天下之权”，所以深致诫于“霸王之兵”，“伐大国”，“威加于敌”者之为老谋深算；而非张脉偾兴，浅见寡识者所能会也！

或曰：“有是哉，子之言也！然则必胜之势，固在我矣！”曰：唯唯！否否！在我何能必胜，而日不能无败。方其未底于败，而我只有静待。或且诧曰：“明耻教战，求杀敌也；天下固有待敌之败而可以制全胜者哉！”则应之曰：“固也！昔郑庄公之于太叔段曰：‘多行不义，必自毙，子姑待之’；待也。”《孙子》之论善战也，曰：“为不可胜以待敌之可胜”；亦待也。就此日之国际而论战略，大抵德、日、意争“先”，而英、法、美用“待”。《兵志》曰：“先人有夺人之心。”《孙子》曰：“兵之情主速，乘人之不及，由不虞之道，攻其所不戒。”此“先”之用也。往者俾斯麦、毛奇之战奥败法也，德以“先”制胜；而甲午之役，日俄之战，日以“先”制胜；意阿之战，意以“先”制胜；则一以德为师资；皆衍克氏之一脉者也。然百年以来，英之用兵，自始不敢为天下“先”。而欧洲大战，法大将霞飞、福煦，则为不可胜以“待”德之可胜；而德之“先”无所用焉！及德与英、法相持之既久，角力俱困，而美徐起以承其弊，而制世界之全胜；则亦“待”之效也。我无力以胜日，而天未尝不予我余暇以“待”日之可胜。日尽力以争我“先”著，而无法以制我不“逃”不“避”；日亟“攻”，我姑“避”；日贵“胜”，我为

“久”；日未败，我且“待”；“待”也者，古人以弱制强之妙算，而兵家之所不废也。仆在湖南言湖南，而知六七十年前，湘军之强，国内称雄焉！太平军洪秀全、杨秀清之暴兴也，乘胜远斗，其锋不可当；而湘乡曾文正公、益阳胡文忠公皆以“待”而制全胜者也！吾读《胡文忠公集》所以申儆而诰诸将者曰：“战，勇气也，当以节宣蓄养提振为先；又阴事也，当以固塞坚忍蛰伏为本；贵乎审机以待战，尤贵蓄锐以待时。而兵事有须先一着者，如险要之地，以兵踞之；先发制人，必胜之道也。有须后一着者，愈持久，愈神妙；愈老到，愈坚定；待贼变计，乃起而乘之，亦必胜之道也。有先一着伐贼谋而胜者，有后一着待贼动而胜者，兵事不在性急于一时，惟在审察乎全局。全局得势，譬之破竹，数节之后，迎刃而解。军事到紧要之时，静者胜，躁者败，动者必躁，静者有所待，有所谋，不可测也！譬之南塘矛法，须先让对手打一下，然后应之，此理至微妙！坚持以待其弊，伺其瑕而蹈之，有不战，战必胜矣！”盖一编之中，三致意焉！至曾文正公更为俚歌以晓卒徒云：“起手要阴后要阳，出队要弱收队强；初交手时如老鼠，愈打愈狠如老虎。”而为之说其意曰：“贼始至猛扑，一鼓作气，宜少辽缓之以钝其锋而销磨其气；所谓避其锐气，击其惰归也。兵者不得已而用之，常存一不敢为天下先之心，须人打第二下，我打第一下；毋乘以躁气，毋摇以众论，自能觑出可破之隙。若急于求效，杂以浮情客气，则或泰山当前而不克见！”此则湘军之战略，而妙得《孙子》所谓“强而避之”，“以待敌之可胜”之意；“避”者，不轻耗吾之力以犯其锋；“待”者，所以伺敌之瑕而承其敝。盖湘军之所以战无不胜者以此；而法国名将霞飞、福煦之所以摧强德者亦无不以此！人自不察耳！遂援之以终于篇。时在中华民国之二十八年五月九日，无锡钱基博叙于国立师范学院之李园。

孙子别传

孙子武者，字长卿。齐敬仲五世孙书，为齐大夫，伐莒有功，景公赐姓孙氏，食采于乐安；生冯，为齐卿。冯生武，以田鲍四族之乱，遂奔吴也（《姓氏辨证书》）。善为兵法，辟隐深居，世人莫知其能。伍子胥、白喜以楚杀其父，亡命，事吴王阖闾，锐欲报楚。吴王内计二子皆怨楚深，恐以兵往，破灭而已；登台向南风而啸，有顷而叹；群臣莫有晓王意者！子胥深知王之不定，乃一旦与吴王论兵，七荐孙子。吴王曰："子胥托言进士，欲以自纳。"而召孙子，问以兵法？每陈一篇，王不知口之称善，大悦！（《吴越春秋·阖闾内传》）问曰："散地，士卒顾家，不可与战，则必固守不出。若敌攻我小城，掠吾田野，禁吾樵采，塞吾要道，待吾空虚而急来攻，则如之何？"孙子曰："敌人深入吾都，多背城邑；士卒以军为家，专志轻斗。吾兵在国，安土怀生，以陈则不坚，以斗则不胜；当集人合众，聚谷蓄帛，保城备险；遣轻兵绝其粮道；彼挑战不得，转输不至，野无所掠，三军困馁；因而诱之，可以有功。若与野战，则必因势，依险设伏；无险，则隐于天气隐晦昏雾，出其不意，袭其懈怠，可以有功。"王曰："吾至轻地，始入敌境，士卒思还，难进易退，未背险阻，三军恐惧；大将欲进，士卒欲退，上下异心；敌守其城垒，整其车骑，或当吾前，或击吾后，则如之何？”孙子曰：“军至轻地，士卒未专，以入为务，无以战为，故无近其名城，无由其通路；设疑佯惑，示若将去；乃选骑衔枚先入，入掠其牛马六畜；三军见得，进乃不惧；分吾良卒，密有所伏；敌人若来，击之勿疑；若其不至，舍之而去。”王曰：“争地，敌先至，据要保利，简兵练卒，或出或守以备我奇，则如之何？”孙子曰：“争地之法，让之者得，争之者失。敌得其处，慎勿攻之，引而佯走，建旗鸣鼓，趣其所爱；曳柴扬尘，惑其耳目；分吾良卒，密有所伏，敌必出救。人欲我与，人弃吾取，此争先之道。若我先至而敌用此术，则选吾锐卒，固收其所；轻兵追之，分伏险阻；敌人还斗，伏兵旁起；此全胜之道也。”王曰：“交地，吾将绝敌令不得来，必全吾边城，修其所备；深绝通道，固其厄塞。若不先图，敌人已备，彼可得来而吾不可往，众寡又均，则如之何？”孙子曰：“既我不可以往，彼可以来；吾分卒匿之，守而易怠；示其不能，敌人且至；设伏隐庐，出其不意，可以有功也。”王曰：“衢地必先，吾道远发后，虽驰车骤马，至不能先，则如之何？”孙子曰：“诸侯参属，其道四通；我与敌相当，而傍有国；所谓先者，必重币轻使，约和傍国，交亲结恩；兵虽后至，众以属矣；简兵练卒，阻利而处，亲吾军事，实吾资粮，令吾车骑，出入瞻候，我有众助，彼失其党；诸国犄角，震鼓齐攻；敌人惊恐，莫知所当。”王曰：“吾引兵深入重地，多所逾越，粮道绝塞，设欲归还，势不可过；欲食于敌，持兵不失，则如之何？”孙子曰：“凡居重地，士卒轻勇，转输不通，则掠以继食，下得粟帛，皆贡于上，多者有赏；士无归意；若欲还出，切为戒备，深沟高垒，示敌且久；敌疑通途，私除要害之道，乃令轻车衔枚而行，尘埃风扬，以牛马为饵；敌人若出，鸣鼓随之，阴伏吾士，与之中期，内外相应，其败可知。”王曰：“吾入圮地，山川险阻，难从之道，行久卒劳；敌在吾前而伏吾后，营居吾左而守吾右；良车骁骑，要吾隘道，则如之何？”孙子曰：“先进轻车，去军十里，与敌相候，接期险阻，或分而左，或分而右；大将四观，择空而取，皆会中道，倦而乃止。”王曰：“吾入围地，前有强敌，后有险难；敌绝粮道，利我走势；敌鼓躁不进以观我态，则如之何？”孙子曰：“围地之宜，必塞其阙，示无可往，则以军为家，万人同心，三军齐力；并炊数日，无见火烟，故为毁乱寡弱之形；敌人见我，备之必轻；告励士卒，令其奋怒；陈伏良卒，左右险阻，击鼓而出；敌人若当疾击，务突前斗后，拓左右犄角。”（《通典·兵刑典》）王曰：“若我围敌，则如之何？”孙子曰：“山峻谷险，难以逾越，谓之穷寇。击之之法，伏卒隐庐，开其去道，示其生路，求生逃出，必无斗心；因而击之，虽众必破。”王曰：“吾师出境，军于敌人之地，敌人大至，围我数重；欲突以出，四塞不通；欲励士激众，使之投命溃围，则如之何？”武曰：“深沟高垒，示为守备，安静勿动，以隐吾能；告令三军，示不得已；杀牛燔车，以飨吾士；烧尽粮食，填夷井灶；割发捐冠，绝去生虑；将无余谋，士有死志；于是砥甲砺刃，并气一力，或攻两旁，震鼓疾躁；敌人亦惧，莫知所当；锐卒分行，疾攻其后；此是失道而求生。若敌人在死地，士卒气勇，欲击之法，顺而勿抗；阴守其利，绝其粮道；恐有奇兵，隐而不睹，使吾弓弩，俱守其所。”（本书《九地篇》何氏注）王曰：“敌勇不惧，骄而无虑，兵众而强，图之奈何？”孙子曰：“诎而待之，以顺其意；无令省觉，以益其懈怠；因敌迁移，潜伏候伺，前行不瞻，后往不顾，中而击之，虽众可取。攻骄之道，不可争锋！”王曰：“敌人保据山险，擅利而处之，粮食又足；挑之则不出，乘间则侵掠，为之奈何？”孙子曰：“分兵守要，谨备勿懈，潜探其情，密候其怠，以利诱之，禁其樵牧，久无所得，自然变改，待离其固，夺其所爱，敌据险隘，我能破之也。”（《通典·兵刑典》）王乃曰：“子之《十三篇》，吾尽观之矣；可以小试勒兵乎？”对曰：“可。”曰：“可试以妇人乎？”曰：“可。”于是许之，出宫中美人，得百八十人（《吴越春秋·阖闾内传》作“三百人”）。孙子分为二队，以王之宠姬二人各为队长，皆令持戟；令之曰：“汝知而心与左右手背乎？”妇人曰：“知之。”孙子曰：“前则视心，左视左手，右视右手，后即视背。”妇人曰：“诺。”约束既布（《史记·孙子列传》），乃令曰：“一鼓皆振，二鼓操进，三鼓为战形。”于是宫女皆掩口而笑，孙子乃亲自操枹击鼓，三令五申，其笑如故。孙子顾视诸女连笑不止；孙子大怒，两目忽张，声如骇虎，发上冲冠，项旁绝缨，顾谓执法曰：“取铁锧！”孙子曰：“约束不明，申令不信，将之罪也。既以约束，三令五申，卒不却行，士之过也。军法如何？”执法曰：“斩！”武乃令斩队长二人，即吴王之宠姬也。吴王登台观望，正见斩二爱姬，驰使下令之曰：“寡人已知将军用兵矣；寡人非此二姬，食不甘味，宜勿斩之！”孙子曰：“既已受命为将，将法在军，君虽有令，臣不受之。”孙子复抝鼓之，当左右进退，回旋规矩，不敢瞬目；二队寂然，无敢顾者。于是乃报吴王曰：“兵已整齐，愿王观之！惟所欲用，使赴水火，犹无难矣；而可以定天下。”吴王忽然不悦曰：“寡人知子善用兵，虽可以霸，然而无所施也。将军罢兵就舍，寡人不愿！”孙子曰：“王徒好其言而不用其实！”子胥谏曰：“臣闻兵者凶事，不可空试；故为兵者诛伐不行，兵道不明。今大王虔心思士，欲兴干戈以诛暴楚，以霸诸侯而威天下，非孙武之将，而谁能涉淮逾泗，越千里而战者乎？”于是吴王大悦，因鸣鼓会军，集而攻楚；孙子为将，拔舒，杀王亡将二公子盖余烛佣。吴王谋欲入郢。孙子曰：“民劳未可恃也！”吴王有女滕玉，因谋伐楚，与夫人及女食蒸鱼。

王前尝半而与女，女怒曰："王食鱼辱我，不忘久生！"乃自杀。吴王痛之，葬于国西阊门外，凿池积土，文石为椁，题凑为中，金鼎玉杯银樽珠襦之宝，皆以送女；乃舞白鹤于吴市中，令万民随而观之；还使男女与鹤俱入羡门，因发机以掩之。杀生以送死，国人非之！湛卢之剑，恶吴王之无道也，乃去而出，水行如楚。楚昭王卧而寤，得吴王湛卢之剑。昭王不知其故，乃召风湖子而问曰："寡人卧觉而得宝剑，不知其名。"风湖子曰："此谓湛卢之剑。"昭王曰："何以言之？"风湖子曰："臣闻吴王得越所献宝剑三枚：一曰鱼肠，二曰磐郢，三曰湛卢。鱼肠之剑，已用杀吴王僚也；磐郢以送其女死；今湛卢入楚也。"昭王曰："湛卢所以去者何也？"风湖子曰："臣闻越王元常，使欧冶子造剑五枚以示薛烛。烛对曰：'鱼肠剑逆理不顺，不可服也；臣以杀君，子以杀父。'故阖闾以杀王僚。一名磐郢，亦曰豪曹，不法之物，无益于人，故以送死。一名湛卢，五金之英，太阳之精，寄气托灵，出之有神，服之有威，可以折冲御敌；然人君有逆理之谋，其剑即出，故去无道。今吴王无道，杀君谋楚，故湛卢入楚。"昭王曰："其值几何？"风湖子曰："臣闻此剑在越之时，客有酬其值者，有市之乡三十，骏马千匹，万户之都二，是其一也。薛烛对曰：'赤堇之山，已令无云；若耶之溪，深而莫测；群臣上天，欧冶死矣；虽倾城量金，珠玉盈河，犹不能得此宝；而况有市之乡，骏马千匹，万户之都，何足言也。'"昭王大悦，遂以为宝。吴王闻楚得湛卢之剑，因斯发怒，遂使孙武、伍胥、白喜伐楚。子胥阴令宣言于楚曰："楚用子期为将，吾即得而杀之。子常用兵，吾即去之。"楚闻之，因用子常，退子期。吴拔六与潜二邑。楚使子常囊瓦伐吴；吴使伍胥、孙武击之；围于豫章，大破之。吴王谓子胥、孙武曰："吾欲复击楚，奈何而有功？"伍胥、孙武曰："囊瓦者，贪而多过于诸侯，而唐蔡怨之；王必先得唐蔡。"吴王从之，悉兴师，唐蔡为承（《吴越春秋·阖闾内传》）。西破强楚，入郢，北威齐、晋，显名诸侯；孙子与有力焉！（《史记·孙子列传》）吴王谓子胥、孙武曰："始子言郢不可入，今果如何？"二将曰："夫战，借胜以成其威，非常胜之道也。"吴王曰："何谓也？"二将曰："楚之为兵，天下强敌也；今臣与之争锋，十亡一存；而王入郢者，天也！臣不敢必。"（《吴越春秋·阖闾内传》）然而孙武以三万破楚二十万者，楚无法故也（《新序》）。孙子八阵，有苹车之乘（《周礼·夏官》郑玄注）；为吴王客，殁葬巫门外大冢（《越绝书·外传记吴地传》）。有三子，驰、明、敌；而明食采于富春，生膑（《姓氏辨证书》）。尝为齐军师，破魏惠王军，擒太子申以传武兵法（《史记·孙子列传》）。武著兵法八十二篇，图九卷；独十三篇以进吴王而盛传于世。其大指在以正治国，以奇用兵；遂为千古谈兵之祖焉！

外史氏曰：左氏《春秋传》叙吴王阖闾伐楚事，无孙武；而太史公为之列传，亦著其事于《吴世家》；与《吴越春秋·阖闾内传》所载多同；而《吴越春秋》辞特丰蔚，尤诙诡有奇趣，乃为史公好奇者之所不取，何也？杜佑《通典》又载武与吴王问答语，不知何出，而何氏采以入注（《通志·兵略》作"何延锡"）。亦有《通典》所未详者，或以八十二篇之佚文也。并裁为篇，以补《十三篇》之缺，而题之曰"别传"者，所以别出于《太史公书》也。庶几读武之书者，有所考览云！

增订新战史例
孙子章句训义

（发凡）基博按：《汉书·艺文志》著录兵家四种：曰权谋，形势，阴阳，伎巧。权谋者，以正守国，以奇用兵，先计而后战，兼形势，包阴阳，用伎巧者也。形势者，雷动风举，后发而先至，离合背向，变化无穷，以轻疾制敌者也。阴阳者，顺时而动，推刑德，随斗击，因五胜，假鬼神而为助者也。伎巧者，习手足，便器械，积机关，以立攻守之胜者也。《吴孙子兵法》八十二篇，以冠权谋之首；而《史记·孙子列传》以十三篇为言。《正义》引《七录》云："《孙子兵法》三卷，以十三篇为上卷，又有中、下二卷。"今中、下二卷佚，独十三篇存。而读《十三篇》书，不可不先知者三事：（一）吾所睹记，中国兵法有二：一曰节制，即部署训练之方，属于军政；如明戚继光《练兵实纪》、《纪效新书》是也。一曰权谋，即战争攻守之方，属于战略战术；此《孙子十三篇》是也。（二）孙子生于春秋，《十三篇》所言战略战术，乃为列国交兵说法。而注释诸家，生秦汉以后，习于内战，往往不得其解。惟今日欧美棣通，列国并建，伐谋伐交，事多相符。（三）《十三篇》所言战略战术，穷极奥妙；要归于先胜而后求战，贵胜不贵久，攻瑕不攻坚，勿轻犯敌之强，而以全争于天下。一九一四年，欧洲大战。德之所以败，以不知此也。余今详证博引，蕲于推陈出新；以新例证原义，而理益明；以新例证古义，而法益备；广搜战史，无征不信，撮其指要，以当发凡云尔。

计篇第一

（解题）曹操曰："计者，选将量敌，度地料卒，远近险易，计于庙堂也。"杜牧曰："'计，算也。'曰：'计算何事？'曰：'下之五事，所谓道、天、地、将、法也。于庙堂之上，先以彼我之五事，计算优劣，然后定胜负；胜负既定，然后兴师动众。用兵之道，莫先此五事，故著为篇首耳！'"张预曰："《管子》曰：'计先定于内，而后兵出境。'故用兵之道，以计为首也。曰：'兵贵临敌制宜，曹公谓计于庙堂者，何也？'曰：'将之贤愚，敌之强弱，地之远近，兵之众寡，安得不先计及之乎！两军相临，变动相应，则在于将之所裁，非可以隃度也。'"

孙子曰：兵者，国之大事；死生之地，存亡之道，不可不察也！

（训义）王晳曰："兵举，则死生存亡系之。"张预曰："民之死生兆于此，则国之存亡见于彼。然死生曰地，存亡曰道者，以死生在胜负之地，而存亡系得失之道也。得不重慎审察乎！"郑友贤曰："或问死生之地，何以先存亡之道？曰：武意以兵事之大，在将得其人。将能，则兵胜而生；兵生于外，则国存于内。将不能，则兵败而死；兵死于外，则国亡于内。是外之生死，系内之存亡也；是故兵败长平而赵亡；师丧辽水而隋灭。太公曰：‘无智略大谋，强勇轻战，败军散众以危社稷，王者慎勿使为将’；此其先后之序也。”

基博按：《计篇》开首，不曰“兵者大事”，而曰“兵者国之大事”；“国”字须着眼，此为《十三篇》命脉所寄。而德国之毛奇将军，自著《普法战史》，开章曰：“往古之时，君主则有以其一人之好大喜功，张皇六师，侵一城，略一地，而遂结和平之局，此非足与论今日之战争也。今日之战争，国家之事；国民全体，皆从事之，无一人一族可以幸免者！”若可为此语作铁板注脚。而下文曰：“死生之地，存亡之道”；死生者，人民之事；存亡者，国家之事；所以表明人民之国存与存，国亡与亡，而即以解释上文之“大”字。郑友贤论“死生之地，存亡之道”两语先后之序，是矣；顾特以死生属于兵言之，似不如张预称“民之死生”义为圆融。德国伯卢麦将军《战略论》曰：“国民以欲达其国家之目的而所用之威力行为，名曰战争。”昔日之战争，以为军人之职，与民人无与。国际法，有交战者与非交战者之分；交战者，军人也；非交战者，民人也。大战之起，而交战国中之敌国侨民，依旧可以自由居住，亦可以自由回国。惟交战国虞其为间，防患未然，亦或驱逐可疑之敌侨以出境，然而未有予以扣留者！降而近世，一变而为全民战争；交战与非交战之分以泯！前敌之士兵，后方之民众，所以服劳于国者，孰与战争无关！军人之与民人，不过直接之异间接而已！一九一四年欧洲第一次大战之起，交战之国，不惟不许敌侨返国，以增加敌方之人力物力；抑且予以扣留，以不得自由行动！及今日之大战，而加甚焉！即以德国而论；人民八千万，而动员训练者四千万人；几乎举国皆兵；而以第五纵队之遍布世界；交战之国，咸有虞心；而敌侨之监视亦加严焉！故战争为国民之威力行为也。然战争之为胜为负，非民之所能为力也，而操其权于国。民可与之死，与之生，而所以与之死，与之生者，国必先有事焉；故不曰民之大事，而曰“国之大事”。一九一五年，欧洲大战之日以烈也；侯官严复尝论之曰：“大抵德人之病，在能实力而不能虚心。故德、英皆骄国也；德人之骄，益以剽悍；英人之骄，济以沉鸷；然则胜负之数，不待蓍蔡矣。尝谓今日之战，动以国从。战事之起，于人国犹试金之石；不独军政兵谋，关乎胜负；乃至政令、人心、道德、风俗，皆倚为衡。俄广土众民，天下莫二；然以蚕食小弱有余；至与强对作战，则无往不败；昔之于日本，今之于德，皆其已事之明效也；此其故不在兵而在国之政俗。据今策之，纵横二系，非一仆不止。而德意志国力之强，固可谓生民以来所未有！东西二面敌三最强国矣；而比、塞虽小，要未可轻。顾开战十阅月，民命则死伤以兆计；每日战费不在百万镑以下；来头勇猛，覆比入法，累败俄人；至今虽巴黎未破，喀来未通；东则瓦骚尚为俄守；海上无一国徽，殖民地十亡八九；然而一厚集兵力，则尽复奥所亡城；俄人退让，日忧战线之中绝！比境法北之间，联军动必以数千伤亡，易区区数基罗之地，所谓死粭不得入尺寸者也；不独直抵柏林，虽有圣者，不能计其期日；即此法北肃清，此地收复，正未易言！此真史传之所绝无，而又知人事之大可恃也！英人于初起时，除一二兵家如罗勒吉青纳外，大抵皆以为易与；及是始举国忧悚，念以全力注之；而于政治，则变政党之内阁，而为群策群力；于军械子药，则易榴弹以为高炸；取缔工党，向之以八时工作者，至今乃十一时；男子衽兵革，女子职厂工；国债三举，数逾千兆镑，而犹苦未充；由此观之，则英人心目之中，以条顿种民为何等强对，大可见矣！故尝谓国之实力，民之程度，必经苦战而后可知；设未经是役，则德之强盛，不独吾辈远东之民，不窥其实；即彼与接攘相摩者，舍三数公外，亦未必知其真际也！使其知之，则英人征兵之制，必且早行；法之政府，于平日军储，必不弛然怠缺而为之备，明矣！今夫德以地形言，则处中央散地四战之境，犹战国之韩、魏也。顾菲烈德立大帝以来，即持强权主义；虽中经拿破仑之蹂躏，而民气愈益深沉；千百八十年累胜之余，一跃千丈，数十年磨厉以须，以有今日之盛强！由此而知国之强弱无定形，得能者为之，教训生聚；百年之中，由极强而可以为巨霸；观于德，可征已！德人之于英、法，文明程度相若，而政俗则大不同！德人虽有议院，然实尚武而专制，以战为国不可少之圣药，外交则尚夸诈，重诇侦；其教民以能刻苦，厉竞争为本；其所厉行，乃尽吾国申、商之长而去其短。日本窃其绪余，遂能于三十年之中，超为一等强国。而英、法两国则皆民主；民主于军谋最不便，故宣战后，其政府皆须改组；不然，败矣！日本以岛国而为君主立宪；然其经国训民，不取法同型之英，而纯以德为师资者，不仅察其国民程度为此；亦以一学英、法，则难以图强故也。年来英国屡经失败，其自救而即以救欧洲者，在幡然改用征兵制之一着；否则未知鹿死谁手耳！世变正在法轮大转之秋，凡古人百年数百年之经过，至今可以十年尽之。盖时间无异空间；古之行程，待数年而后达者，今人可以数日至也！故一切学说法理，今日视为金科玉律，转眼已为蘧庐刍狗，成不可重陈之物；譬如平等、自由、民权诸主义，百年以往，真如第二福音；乃至于今，其敝日见，不变计者且有乱亡之祸。今有一证在此：有如英国一九一四年军兴以来，内阁实用人才，不拘党系；足征政党，吾国历史所垂戒者，至于风雨飘摇之际，决不可行；一也。最后则设立战时内阁；而各部长不得到席；此即是前世中书、枢密两府之制，与夫前清之军机处矣；二也。英人动机之后，俄、义诸协商国靡然从焉。方战事勃发之初，以德人新兴之锐，乘英、法积弛之政，实操十全胜算；尔乃入巴黎不能，趋卡来不至，仅举比境与法北徼，而不得过雷池半步者，此其中殆有天焉！及至旷日持久而不得志，则今日之事，其决胜，不在战阵交绥之中，而必以财政、兵众之数为最后！德虽至强，而兵力亦固有限。试为约略计之，则一年中，其死伤，或云达三百万；即令少此，二百余万，当亦有之。而其东陲对俄之兵，报称三百五十万众，如此，则六百万矣。而西面比、法之间，至少亦不下二百万；是德之胜兵八百万也。方战之初起，德人自言兵有此数；群诧以为夸诞之言，而莫之信也！乃今此众已全出矣；英、法之海军未熠，而财力犹足以相持。军兴费重，日七八兆镑；久之德必不支！要而言之：德之霸权，终当屈于财权之下，又知此后战争，民众乃第一要义。吾国民众之繁庶如此，假有雄桀起而用，可以无对！”然民不能自为死，自为生也；而可以与之死，与之生，民不畏危者，政为之也。一九一六年八月，德国鲁登道夫将军，奉威廉二世之命以调任大本营作战参谋次长，建议谓：“战争之时，无一人之力不属于国家！国家宜著为法令：凡德国人，自十五岁以至六十岁，有不可不服役之义务；而此义务，以一种限制之扩张，及于女子；可适用于军中之兵役义务，亦适用为国内之劳动义务；无一德国人，得在国家危急之时，而不为国家僇力！”此国之必先有事，而事之当务其大；盖战者，非一手一足之力，而生聚教训，亦非枝枝节节所能为也！及一九一八年十月，德之既败，而鲁登道夫著大战回忆录，追论所以，以谓：“作战力量之基础在国内，而力量之表现在前线。国防之与国民，浑而为一者也；国民之力量，与国防军，不可离而为二者也！人民适应战争之工作与生活，必在国内相副；而有责任之政府，必强有力以指导人民，而体验国民战争字样之真实意义。吾人与敌军队交战时，尤必摧毁敌国人民之精神及生活而萎靡之，而后敌军队失其支持以一蹶不振！敌之于我也亦然！国内之战争意志，必须巩固；使民心或摇，则士气亦衰！顾谅解调停，甚嚣柏林，希望和平，尤过于希望胜利！我之和平愈呼吁，敌之胜利愈接近！一切理论，乃以随军实而长寇仇；可为长太息也！”一九三三年，希特勒召见但泽会议主席罗许尼格博士，谓曰：“未来之战争，盖两民族全体之对抗而无一人能袖手者；固不仅两军之相见也；国家动员，不仅兵役，尤征力役！”而一九三九年九月，欧洲第二次大战肇衅，始于德人之侵波兰，浸淫以至英、法、义、苏、日、美，及于我国，先后宣战，而国不分君主民主，政不论极权自由，无不施行总动员；而我国民政府，亦以三十一年三月二十九日，制定“国家动员法”公布之；然后《孙子》所谓“兵者国之大事”，乃以“总动员法”而义无余蕴！所谓“总动员法”者，倾一国之人力、物力、智力以为战争用，尽个人之生命、财产、知能以为国家用，坚明约束，著之法令，而以明国家无上，胜利第一者也。用兵之道，心战为上；体力固宜动员，心力亦不除外。今日之战，资源尤急；人民固宜动员，物资尤所必需。美国参谋总长马克萨将军，于此次参战前，提议战时动员计划，条分缕悉，纲目毕张，而最其指要，不出七端：（一）国家之于战争，在求迅速决定之胜利；则必迅速运用国家所有之资源；而欲资源之迅速运用以无误于临战，尤在平日之设计有方，预备不虞。（二）战时之人力物力，不可不求均等之负担，而有公平之立法。（三）征兵之实施，应尽可能之力，以预防国民经济机构之混乱及停顿；勿以人民之兵役，而妨害国家之生产！（四）应以不重要生产之资源，而转用于战时必要之生产。（五）国家之于人民，不可不确保原料及劳动之公平分配。（六）粮食管理，不可不调节生产与消费两者之间，以剂其平；而强行统制粮食时，尤必激发人民之爱国心。（七）应以舆论之力量，推动战时之紧急政策；而舆论为战时之最大力，不可不利用以适应动员。言论自由、著作自由、出版自由以及集会结社自由，民主国家法律之所明定；然此以平日言之；若在战时，则无不加以限制！极权国家如此，民主国家莫不如此！我国抗日军兴，民国二十七年，国民党临时全国代表大会宣言，谓：“自由与统一，相反而实相成。无自由，则人民无自发之情绪，以作同仇敌忾之气。无统一，则以意思之庞杂，而致行动之纷歧，抗战之力，将以消杀！”战端一开，举国人民之生命财产、思想言论，无不受国家之制裁，为统一之运用；然后动员不失其为“总”，有“事”先立乎其“大”；而“兵者国之大事”，固宜普及于国民；而不限于士兵也！抑于此又有一义，为用兵者所不可忽！既曰“兵者国之大事”，则用兵，非单纯将帅之职；而将帅之职，不过率兵以战争而已！德国兵家克老山维兹著书论兵，尝以战争为政治行为，为政治工具，而第一卷开宗明义，论战之性质，有曰：“战争者，不过用其他方法以图政治之延长及其完成而已！”假使战争为政治之工具，而以图政治生命之延长，则战与不战之国是，非军人之所能决；而不得不取决于国家柄政之最高当局；易言之曰政治家！和平之时，未战而备战；开战以后，调兵而遣将；终之以议和而恢复政治之正常职务；皆政治家之事；而离政治亦不能进行战争！所以战争领导，为政治家之事；而军事统率，则将帅之职！将帅指挥军事以佐政治之成功；而以军事之成功为政治家之利用！然而毛奇之于宰相俾斯麦，讼阋时有；普法、普奥两役，数见不鲜！俾斯麦发愤于战况之无从检讨，而尤恨军事公报之不注意政治局势！惟以国家大体而言，宁可以将帅屈从政治当局！克老山维兹曰：“何可以政治之考虑，迁就军事之考虑！盖主持战争者必以政治；政治为指挥之神经中枢；而战争只其工具而已！”鲁登道夫则以政治有俯就战争之责任，而著《全民战争论》，中谓：“克老山维兹之原理，必以废弃！战争也，政治也，皆以保国家；惟战争为国家生存意志之最高表示；所以政治不可不服从战争！”然历史之教训，必以政治为前提！吾人非谓政治当局之可以干涉军事指挥也！毛奇尝言：“政治不得干扰作战！”往古如此；来今无不如此；然只限于“干扰”二字之不得而已！

右第一节领起全文。“不可不察”之“不可不”三字，所以深明用兵之必先有事于计，故特郑重言之也。

故经之以五事，校之以计而索其情。

（训义）曹操曰：“谓下五事七计，求彼我之情也。”杜牧曰：“经者，经度也。五者，即下所谓五事也。校者，校量也。计者，计算也。索者，搜索也。情者，彼我之情也。此言先须经度五事之优劣，次复校量计算之得失，然后始可搜索彼我胜负之情状。”王皙曰：“经，常也；又经纬也。计者，谓下七计。索，尽也。兵之大经，不出道、天、地、将、法耳；就而校之以七计，然后能尽彼己胜负之情状也。”张预曰：“经，经纬也。上先经纬五事之次序，下乃用五事以校计彼我之优劣，探索胜负之情状。”

基博按：此句承上起下而为一篇之纲。“故”者，承上文之“不可不察”，而欲申言其如何察。下文，一段论“经之以五事”；一段论“校之以计而索其情”。“经”，当依王皙、张预作“经纬”解。“经之以五事”者，我自经之以为不可胜也，“校之以计而索其情”者，所以察敌之可胜不可胜，而决兵之可用不可用也。

一曰道，二曰天，三曰地，四曰将，五曰法。

（训义）王皙曰：“此经之五事也。夫用兵之道，人和为本，天时与地利，则其助也。三者具，然后议举兵；兵举必须将能；将能然后法修。”张预曰：“夫将与法在五事之末者，凡举兵伐罪，庙堂之上，先察恩信之厚薄，后度天时之逆顺，次审地形之险易；三者已熟，然后命将征之。兵既出境，则法令一从于将，此其次序也。”

道者，令民与上同意；故可与之死，可与之生，而民不畏危。

（训义）孟氏曰：“道谓道之以政令，齐之以礼教。”杜牧曰：“道者，仁义也。李斯问兵于荀卿？对曰：‘彼仁义者，所以修政者也；政修，则民亲其上，乐其君，轻为之死。’复对赵孝成王论兵曰：‘百将一心，三军同力。臣之于君也，下之于上也，若子之事父，弟之事兄，若手臂之捍头目而覆胸臆也。’如此，始可令与上同意；死生同致，不畏于危疑也。”王皙曰：“道，谓主有道，能得民心也。夫得民之心者，所以得死力也。得死力者，所以济危难也。易曰：‘悦以犯难，民忘其死。’如是，则安畏危难之事乎！”张预曰：“危，疑也。”

基博按：此句“令”字着眼；非民之能与上同意，乃上之有道以令民与同意也。“民”者，根第一节“国之大事”而言，乃全体之国民，非一部之士兵也。“令”者，有惟所欲为之意，政府之本领价值全在乎此；而“可与之死，可与之生”，乃是“令”之明效大验。诸家注多忽略“可与之生”四字。当举国民众抗战热烈之际，奋不虑难；非“与之死”之难，而“与之生”之难！惟“可与之死”而民不“畏”，“可与之生”而民不“危”；“死”“生”惟上所“令”，乃见民之真“与上同意”，而征其有“道”耳！不然，当国者明知敌之未可轻，我之不堪战，而激于民气，不得不出一战，而以国为孤注者，岂少也哉！毛奇将军《普法战史》论普法战争之原因，曰：“今日之战争，非一君主欲望之所能为也；国民之意志实左右之。顾内治之不修，党争之剧烈，实足以起破坏之端，而陷国家于危险之域。大凡君主之位置虽高，然欲决心宣战，则其难甚于国民会议！盖一人，则独居深念，心气常平，其决断未敢轻率。而群众会议，则不负责任，易于慷慨激昂。所贵乎政府者，非以其能战也；尤贵有至强之力，抑国民之虚荣而使之不战。”而《普奥战史》叙拿破仑之亡，普人日以统一德国为事，所恃以号召者民族主义。顾奥亦日尔曼民族也，故普奥之役，时人谓为兄弟战争，大不利于众口。一八六六年春夏之交，普政府于战略政略之间，乃大生困难；盖以军事之布置言，则普国着手愈早而利愈大。然以政治之关系言，则普若先奥而动员，微特为全欧所攻击，且为国人所不欲，普王于是乃迁延迟疑；而毛奇、俾斯麦用种种方法，卒能举不欲战之国民而使之战。凡此皆政府能“令”之效也。抑有无“道”以与民“死”，而亦无“道”以与民“生”者，此次欧洲大战之法，是也！一九四〇年四月，德国希特勒挟其百万之师，运用闪电战以陷丹、挪，略荷、比，转而攻法，推锋直入。法人再战再北，土崩瓦解；法军之俘于德者，一百九十余万人；而八十二师配备之军械，以及德人诧未曾见之新型坦克车与重炮，未及一用而以委之于德，藉寇兵，赍盗粮，非希特勒之果能战必胜，攻必取也！美国新闻家有觇国者，论法之所以致败，而为希特勒所乘者有四端，而战败不与焉！曰：文武官吏之卖国也。军需制造，运输之怠工也。人民之怯战争而溺宴安，望和平也。爱自由而法令不行也。质言之曰人无斗志而已矣！夫希特勒挟必胜之心，以雷霆万钧之势，而乘法人之不戒，如摧枯拉朽，固其宜也！异哉，法国与德国战，而法国人，上自大僚，下逮齐民，乃无一人焉为法国效命以与德战，此何也？则政府之无“道”以令民与同意也！民之情，谁不畏死哉！然而法之为政也，无“道”以与民“死”；而国降焉，民虏焉，究之何“道”与民以“生”！德之为政也，有“道”以令民“死”；苟度德焉，量力焉，抑亦有“道”以令民“生”！此其善败得失之故，为国者可以监矣！

天者，阴阳，寒暑，时制也。

（训义）梅尧臣曰：“兵必参天道，顺气候，以时制之，所谓时制也。司马法曰：‘冬夏不兴师，所以兼爱民也。’”王皙曰：“寒暑，若吴起云‘疾风大寒，盛夏炎热’之类。时制，因时利害而制宜也。”张预曰：“汉征匈奴，士多堕指；马援征蛮，士多疫死，皆冬夏兴师故也。”

基博按：“制”，限也。“时制”云者，谓用兵不能不受阴阳寒暑四时之制限，所以古者冬夏不兴师也！即如一八〇三年，法皇拿破仑以大兵六十余万侵俄，俄人坚壁清野，诱入莫斯科；值大雪，法军冻馁，丧亡殆尽，不能军。一九一五年，德大将兴登堡以无前之势，取俄波兰。俄人望风奔北，而兴登堡以冬令将届，气候严寒；设竟犯兵家之忌，深入俄境，俄人袭用其曩日之计，则不免蹈拿翁之覆辙，遂不敢深入。又如一九一四年，土耳其加入德奥同盟，以大将伊善德统十五万人，于十二月二十五日，侵入俄德兰西高加西亚，适其时天气严寒，积雪没胫，土军深入重地，饥寒交迫；遂于二十八日退归。而是年，土耳其海军大将尼马耳以六万五千人，于九月间进窥英之苏彝士运河，则又以天气酷热，沙漠无水，而挫败！武器益锐，战术日新，而“时制”如故也！日本之侵我也，亦既占武汉而据广州；连兵久不解，于民国二十九年一月，进犯粤北，以骑兵集团薄翁源，而大雾七日，对面不见人，日军前后左右，失其连系，自相戕杀，遂以大溃。至四月之末，以步兵十七联队，骑兵二联队，工兵七联队；大炮、坦克车、化学兵团，应有尽有，而导以飞机百余架；向湖北之钟祥、花园、信阳、确山，分道而进；不意夏历二三月，桃花雨季，大雨连十昼夜，飞机不得翱翔；而山水暴发，满坑满谷，骑不得骋，步失其伍，泥涂沮洳，大炮坦克，陷不得动，遂为我军所乘也！及三十年十二月，日军十五万人，大举以三犯长沙；不意三十一年元旦前后，大雨大雪，飞机既腾空不起；而道途泥泞，步骑炮空，咸拔足不得；亦几歼焉！希特勒悉力殚锐，倾所有之机械化部队与空军，以一九四一年六月，大举侵苏，欲用闪电战以摧之一击；一发不中，连兵久不解；及十一月而大雪纷飞，坚冰载道，飞机之空袭，坦克车之驰突，咸无所用，而以挫退。盖坦克车既以积雪载途，没辙埋轮，陷不得驶；而俄之纬度高，冬夜之长，可以十八小时，长夜漫漫，而空军之活动，更受限制。此皆所谓“时制”之例证也。新式武器，如无科学方法之天气预报，抑亦不能推行尽利以发挥效能！希特勒以一九三九年九月进攻波兰，而会当雨季；白鲁希兹将军不可，谓："机械化部队，将为泥泞所困！"而德意志地理政治学院院长霍斯浩佛则曰："无害！届时不雨！"已而果然，人以为神！而不知其得之学院之天气预报也！及一九四二年，德国被困于法国布勒斯特港之主力舰香化斯脱号、尼西纳号两艘突围而脱也，英人大哗以谴政府；而不知天气预报之有成功！于时，德国海军作战部长赖德尔欲图两舰之突围，而以咨其幕府之气象家，谓："如浓云密布，云层以下不可见，既以妨碍敌机之侦察；而云层之中，霰结如冰，更不利敌机飞行，则两舰脱险矣！"其幕僚告以二月之中，必有如许之云霰，掠英吉利海峡之上空以过。于是一九四二年二月十二日之夜，两舰突围以通过英吉利海峡而返于德，则以云浓于雾，霰结成冰，而英之鱼雷及轰炸机，无法行动而受"时制"也！

地者，远近，险易，广狭，死生也。

（训义）曹操曰："言以九地形势不同，因时制宜也；论在《九地篇》中。"梅尧臣曰："凡用兵，贵先知地形。知远近，则能为迂直之计。知险易，则能审步骑之利。知广狭，则能度众寡之用。知死生，则能识胜败之势也。"

基博按：梅尧臣之注，妙尽兵家因地制宜之利，语辨以析！虽以今日空军之竞争，机械化部队之创新，闪电战之奇袭，化远为近，化险为易，化广为狭，而地之古今异形，似不可以一概论；然而用兵者，仍不可不致谨乎此！"知远近，则能为迂直之计"者：迂道远而直径近，用兵者，莫不舍迂而取直；然亦有以迂为直，不得不舍直取迂者。一九一四年，欧洲大战开始，法以大军东向而掠德边以取阿尔塞斯、罗林两州；此直径也。德以七军应战，以二军与法相持于阿、罗两州；而以五军袭比利时，推锋直入，绕出法之北疆，而拊其背，法人不虞，仓皇败退，几乎不国；则是德人以迂为直。何者？盖德之西境与法接；大山间之。法人之所申儆，无日不虞德之来犯，凭山作障，要塞如林，而又耀兵东指，精兵猛将之所萃也。如德人陈师西向，而法悉锐以拒，旷日持久，必有攻坚力屈之虞！兵法攻瑕不攻坚，不如迂道比利时，绕法之北疆，攻法之瑕，而乘其不虞；为道虽迂而收功则易！此所以舍直而取迂也。然而法人不戒，大战之后，悉力治马奇诺防线，以防德之东侵；而不虞希特勒之以迂为直，依然故智；为齐诺非防线以与法相持于西；而迂道荷兰、比利时，急转直下，以侵法之北境，蹈瑕抵隙，而拊马奇诺防线之背。法人覆辙重寻，而迫为城下之盟；则以希特勒之能以迂为直也。又如日、美必出于一战，日本政府无日不讨其国人而申儆之，而苦心焦虑以推美之攻日也，有三道焉：其一北道，自阿拉斯加，循太平洋之北极圈，经阿留地安群岛以袭日本；中间以西特加、科查克、乌拉那斯加，驻屯海空军；阿留地安群岛，亦有港湾以停泊舰队；而在群岛西端之阿兹兹岛，距日极近；陆军则在安加莱治、菲尔克斯两岛，筑飞机场以为协同作战之备；如能利用苏联堪察加岛之彼得罗巴夫斯克军港，则距日本不过七百浬，日本必受极猛烈之空袭。惟以北太平洋气象之变化颇剧，风向气压，时刻不同，则舰队之驶行，飞机之翔空，不能无妨。其二中道，自夏威夷，经中途岛、韦克岛、关岛，以至马尼剌，行程五千三百浬；其中南北亘一三〇〇浬，东西延二七〇〇浬之间，有日本委任统治之群岛，重关设险。如美以海军循行而西，非受日本多方之狙击，不能以达菲律宾；而达菲律宾以后，运输被截，接济不继，必有后顾之忧；此危道也。其三南道，自夏威夷，经巴尔迈拉、萨摩亚群岛、新喀里多尼亚岛、达尔文港、荷印诸岛而达新加坡，或菲律宾，行程七千浬以上，为道最远；然日本海军防御线之所不及，可以无中途狙击之虞；而航线所经之英荷属地，必可随时随地，予以接济。北道最近，而气象之剧变堪虑；中道次近，而日本之狙袭为患；不如此之万全无害。此美以利于行军，而不得不舍迂取直者也。然德之攻法也，以迂为直；盖兵谋之妙用而以为胜敌。美之攻日也，舍迂取直；则行军之安全而以为不可胜。此其不同者也。然而迂直之计，非仅以节远近，抑亦以相广狭。何者？现代战术，或用中央突破之法，此所谓直也。或用迂回包围之式，此所谓迂也。然而战线之广狭不同，战术之迂直亦异。大抵战线不广而兵有余众者可迂。战线太广而兵无余众者不得迂。德之攻法也，不引兵西指以推锋而进，而北出迂回以假道荷、比；此所谓迂也。而攻苏则不然。盖战线延三千哩，右凭黑海，左扼北冰洋；两翼不得展延，迂回困难；而战线太广，包围亦不易。于是直薄莫斯科以为中央突破之势焉。是广狭异形，而迂直异术也。“知险易，则能审步骑之利”者：鼂错《言兵事书》引《兵法》曰：“丈五之沟，渐车之水，山林积石，经川邱阜，草木所生，此步兵之地也；车骑二不当一。土山丘陵，曼延相属，平原广野，此车骑之地也，步兵十不当一。”大抵山林川泽，步之利。平原广野，骑之利。方宋之未南渡也，金人崛起东北，尤善用骑，长驱而南。宋人患无以制之；于是宰相李纲奏：“河北塘泺，东距海，西抵广信、安肃，深不可涉，浅不可以行舟，所以限隔胡骑，为险固之地。而安肃、广信、平凉等军，东有塘泺，西抵太行，中间坦途不过三百余里，塘泺既可增广，其他地势虽颇高仰，亦可因高就下，限以长堤，储蓄水柜以为阻固。”既而高宗不振，划江自保；而长、淮以南，亦时有金人马足焉！于是薛季宣奏请大田淮沔，方田塘泺以制戎马；以谓：“中朝之制，河北分高阳关、真定、中山府三路，而统于大名府；河东分麟府路，代州沿边，而统于太原府；陕西分鄜延、环庆、泾原、秦凤、熙河五路，而统于永兴军；有塘泺、方田、稻田、榆塞为之险。塘泺系卑下瀦水所成。方田，系地形稍高，穿渠引水者。稻田，系地形平易，可以灌溉者。榆塞，系冈阜之地，植榆为阻者。是四者，皆所以限胡骑之冲突。况此辇毂之下，淮沔之塞，事切平世，将何道而为之？必也农田不失灌溉，运道不至艰阻，地险不失，民力无困，而公私享富实之效，岂无术耶！”则是欲因夷设险，而化路为田；丈五之沟，渐车之水，以夺骑兵之利，而为步兵之地也。然骑兵之用，利于驰突；古人制骑兵以辅步兵，今则创机械化部队以易骑兵，电击霆迅，其为驰突也大矣！而山林川泽，方田塘泺，骑兵不利于驰骋；机械化部队亦杀其威力。一八〇六年，法有一大将，随拿破仑征俄，而著书，谓：“泥泞，为在波兰作战时之特质。”及一九一四年，德大将兴登堡引兵攻俄，一涉足波兰，而叹其言之信；谓：“道路之泥泞，行军之艰阻，俄人得以备预不虞而从容应我矣！”至于一九一四年，德人之攻法也，假道比利时以战于佛兰德斯平原；而以多沼泽，土泥疏松，不能载重，重兵器猝无所施其技也，遂予法以残喘之延而连兵不解。日人之侵我也，我无机械化部队，而日本有之，纵横驰突，何以二十七年以前，攻城掠地，无坚不摧；二十七年以后，顿兵挫锐，所如辙阻？盖二十七年以前之战，在平原广野，机械化部队得以骋其威；及其引兵深入，而山林川泽，机械化部队无所用其长也。然冀、鲁、豫三省平原之地，虽为日军控制，而我敌后之游击队，以寡击众，卒制其机械化部队以不得逞者；亦以因夷设险，而掘坦直之广原，成纵横之壕沟也。冀南一带，错综如蛛网，延袤四万里；其沟深三尺，宽三尺六寸，而转沟四尺八寸；起沟之土，傅沟两旁，又高二尺；农民骡车，驱行沟内；而坦克车疾驰，无不挂陷焉！一九四一年九月，义大利之侵希腊也，大败于密赵峰；亦以风雪连天，山地行军，而林木丛杂，飞机、坦克不能自在运用也。今希特勒挟其纵横驰突之机械化部队，以袭苏联，风驰电迈，直攻莫斯科，势且不支；然而论者谓苏联如不得已而弃莫斯科，将迁都萨马拉，而据乌拉山以战；于是机械化部队，不能不受地形之限制而杀其威力；希特勒之攻势，亦成强弩之末矣！“知广狭，则能度众寡之用”者：如希特勒以陆军四十五师，机械化部队十师，飞机二千五百架，一举而亡波兰；及其攻法，而用陆军一百三十五师，机械化部队二十五师，飞机五千架，比之波兰，用众倍焉；及其攻苏联，而比之攻法，用众又加倍焉。盖知法之地，广于波兰；而苏联又广于法也。又如美国扩军，议东海岸，自缅因以至佛罗里达，延三千哩。非陆军一百师，不足以守。每师一万五千人，而辅以飞机一百架，分布沿海，以守三千哩之地。然而军事家之所估计，陆军一师之最高防御力，不过二十哩；而所谓二十哩者，仅限于沿河或沿海之边疆，有险可凭；如在内地，一师陆军之所能防御，不过二三哩而已。故三千哩之海岸，而守以陆军一百师，乃至少之数也。然而敌之进攻也，即不能东海登岸；而结连与国，出兵西岸太平洋登陆以拊我背。即不然，而由墨西哥或墨西哥湾循流而上，以攻密士失必河。又或不然，而由加拿大，下至圣劳伦河，又下至哈尔孙河，以达俄亥俄河、密士失必河，蹈瑕抵隙以为侧击。所以陆军一百师为犹未足；必有后备陆军五十师，以弥缝其阙而戒不虞。然而未能万全无害也！我以陆军一百师，分播三千哩之海岸；而敌集中十师之兵力，以攻我一师所守之三十哩地；彼众我寡，则以敌之十，攻我之一，推锋而入，必为突破；然后延展向左右席卷，以包围邻近防线之各师，亦无不为歼灭之理。此时非有十五师或二十师之增援，不足以阻敌之长驱而固吾圉。千哩设防，兵家所难，而况三倍之乎！三千哩之海岸，而守以陆军一百五十师，未为众也！尤必有游击之装甲军团，以备敌人之突破一线，而迅速调援，加以闪电之制止焉。大抵地广则用众，地狭则用寡，不论攻守一也。然而攻守异势，抑亦众寡异用。一九三九年九月，希特勒之攻波兰也，集中主力于南北两集团军，而为疑兵以分布广莫之沿边；于是波兰不知其意之所欲攻，而精兵良将悉萃波森以置无用；于是希特勒推锋直入以左右夹击，攻瑕则坚者瑕矣！盖攻者择瑕而蹈，专而为一；守则无所不备，分而为十；是以十攻其一也；守则不足而患其寡，攻则有余而形其众；故度众寡之用，尤不可不知攻守，而不仅广狭也。抑国土广者，敌人空袭之威胁小，如中国、苏联、美国，是也。国境狭者，敌人空袭之威胁大，如日本、英伦，是也。一九三六年，英国航空大臣伦敦特里勋爵及法国航空部长柯脱，先后宣言以大戒于国，谓："在现代科学之下，空军扩展，一旦而爆发弹雨，足以毁灭伦敦、巴黎，而无人力可以制置焉！"然柯脱言："只有俄国，以领土广大，而无虞！"国土广大，地形复杂，敌人即有优势之空军，而人民财产，可以疏散，可以隐蔽，不如小国寡民之易聚而歼旃也。故曰："空袭之威胁小。"特此所谓小大，亦仅限于国家之威胁，而非以语人民之损害。虽国境广莫，而空袭猛烈，则死伤众，都邑毁，个人之损害必亦大；特田野辟，生产足，国力之摧毁不易能。此知广狭之又一义也。"知死生，则能识胜败之势者"；特综远近、险易、广狭三者而言之。盖死生，乃远近、险易、广狭三者错综之所成，而不可以一端论也。

将者，智，信，仁，勇，严也。

（训义）杜牧曰："先生之道，以仁为首。兵家者流，用智为先。盖智者，能机权，识变通也。信者，使人不惑于刑赏也。仁者，爱人悯物，知勤劳也。勇者，决胜乘势，不逡巡也。严者，以威刑肃三军也。楚申包胥使于越，越王勾践将伐吴，问战焉？曰：'战，智为始，仁次之，勇次之。不智，则不能知民之极，无以诠度天下之众寡。不仁，则不能与三军共饥劳之殃。不勇，则不能断疑，以发大计也。"'贾林曰："专任智则贼。偏施仁则懦。固守信则愚。恃勇力则暴。令过严则残。五者兼备，各适其用，则可为将帅。"何延锡曰："非智，不可以料敌应机，非信，不可以训人率下。非仁，不可以附众抚士。非勇，不可以决谋合战。非严，不可以服强齐众。"

基博按：克老山维兹论战之性质，有曰："战之胜负，将之才不才系焉；而人才不易，将才尤难！国家日进于文明，百度维新，然人才只有此数，则以社会相需之殷，而将才少。惟野蛮之国，事业不振，人才无所用之，而又日竞于武，故将才多。特是才有高下，将有智愚；而才之高者，所贵有明敏之睿知，则必随文明以俱进。惟文明之国，厥为名将之所孕育焉！苟其国家文明，其人民好战，则其国之名将必多，远鉴古之罗马，近观拿破仑时代之法，名将蔚起，莫之与京，岂偶然哉！无亦以好战之人民而擅有文明之国家，故能钟灵毓秀以有此盛也。将以智为本，以勇辅之。而勇之为验有二：一曰临大危而不挫其气。一曰当大任而不避其艰。一言以蔽之，曰：不畏艰险而已。夫不畏艰险，或起于轻生之习性，或激于爱国之热情；生轻则气锐，情热则多力，而意气陵厉，自无畏难苟安之心矣。战之为事，劳筋骨，苦心志，而将士之服战役者，必具有坚强之体魄，勇毅之精神，而济之以明敏之睿智，乃克有济；而尤莫重于智，莫难于智！盖战无常法，兵无定势，瞬息万变，往往不可臆度；所贵相机应变，因利制权，而深有藉于思虑及推考。然则何道而可？曰：必先之以敏锐之观测，而发之为果敢之动作，其亦庶乎其可也。夫惟有敏锐之观测者，乃能洞鉴幽渺莫测之情势，而深识其真；慎勿局于一时一隅，而目光四射熟权时间空间之错变，而运用繁赜之战略，出以心思之灵敏，发以动作之果敢。而果敢者，不疑而为之之谓。然为之不疑，必先知之不惑；知之明，故为之果，斯大勇矣。傥知之未明，而为之不疑，卤莽徒以偾事，盲动而已；岂得谓之果敢哉！故智谋者，果敢之本也；然智谋亦必济以果敢。而需者事之贼，多智者亦往往多疑多败；故智谋辅以果敢，而沉着胜于聪明，聪明或以自误，而沉着决不盲动也。两者相济为用，而必基之于识力之培养。抑为将之道，非杀敌之难，而御兵之难；尤非急战之难，而持久之难。方战之初，一鼓作气，人怀必胜，为将无难也。及其久而师老，信心渐失，暮气既深，怯死幸生，鼓之不知奋也，励之不知耻也，劳而欲休，阵而不整；其尤甚者，怨愤其上；使当此之时，而为之将者，抚众有度，镇扰以定；而以其自我之光明，焕发众心之迷盲；以其自我之热情，激励士气之萎靡；以静制乱，以勇振怯，发其信心，鼓其暮气，旗鼓重振，有死无二，此则为将之所难也。然而为之有道，持之有故。曰：惟为将者视之以坚强之意志，发之以热烈之情感，持之以卓越之识力，而后为士众所仰赖，可与之死，可与之生，而不畏危也。三者相辅而以相成，不可或缺者也。爱名誉，重气节，此将士意志之所以坚强。特其百折不挠，久而不渝，则非持之以定识定力不为功！情热则多力；热情者，凡为将士之所不可少。然所贵者，不在一时之义勇愤发，而在激昂慷慨之中，能持之以镇静，仍无害于处变若定之智虑，此则所难也。大抵人有三品：其一情感阙乏之人，激之使奋，其道非易；然以其人沉着，奉令承教，无热情，亦无败事，用之于战，亦有可取之道。其二情感热烈之人，如炸药然，一触即发，而一发即熄，可激发而不可持久者也。此其人烈于情感，昧于智计，遇小忿则怒，而当大敌则挠，往往仓皇扰攘而不知所措，此其人非受高深之教育以发展其智虑，则不可以之为将；傥因材器使，可为裨将；以所任者不过冲锋陷阵，而一时之义勇奋发，足以集事矣。其三为刚毅木讷，不以小忿而气激，不以小挫而志馁，意思深长，其情感不易发，而一发则不可遏；其蓄之中者以深以厚，其措之事也可大可久；此则所谓激昂慷慨，而能持以镇静，无害于处变若定之智虑者也。持是道也以往，可以为帅矣！此其人禀乎天性，而要非有识力之涵养，不克臻此。博学多闻，不足以见识力；而所谓识力者，谓有主张，有自信，有文理密察之智虑，与发强刚毅之德性者也。夫战之为道，至无定也。凡兵家之言，极深研几；及其临阵，学说原理，杳无征验，何所用之；而纷纭之变，扰我灵台，死丧之哀，凄人心脾，茫茫前途，惟有猜想。是故战之为事，至变且乱也；非战之难；变而能持其常，乱而不失其定则难；此则识力之培养，必有以裕之于平日；而后临战之时，指挥若定，坚持我初衷，勿失其自信。然而自信之过，往往流为刚愎自用；情势既变，故我自封，执一无权，何能应变；此所以发强刚毅之德性，必本诸文理密察之智虑，而后自信不为刚愎，主张不同成见。动无失策，事无过举，斯则识力之明效大验已。所谓将才者，其性行大略具此矣。才有偏全，则位殊尊卑；然此可以为将，而未遽以为帅也。夫帅者，政治家而兼军事家者也；将才之外，必擅政事；战略之用，兼权政略焉。”细绎克氏之所以衡将才者五事：曰“智”，曰“勇”，曰“果敢”，曰“热情”，曰“识力”。而两言括之，曰“智”曰“勇”而已；“果敢”与“热情”，所以大其“勇”也；“识力”，所以充其“智”也；而要以“智”为本，以“勇”为辅。《孙子》论将有五才，若与克氏五者之数相当；其实克氏所论之五者，《孙子》“智”“勇”两义足以尽之；而“信”“仁”“严”三义，则足以匡克氏之所未逮。独其称“智”以冠五才之首，亦犹克氏以“智”为本之指也。顾《孙子》所以论将之用“智”者有二：一曰智足以知战。二曰智足以愚士。则非参诸他篇不晓。智足以知战则奈何？曰：有三知焉：“知吾卒之可以击”，“知敌之可击”，“知地形之可以战”，三者知而后胜乃可全。《孙子》曰：“料敌制胜，计险厄远近，上将之道也。知此而用战者必胜，不知此而用战者必败。故战道必胜，主曰无战，必战可也；战道不胜，主曰必战，无战可也；故进不求名，退不避罪，惟民是保，而利合于主，国之宝也。视卒如婴儿，故可与之赴深溪；视卒如爱子，故可与之俱死。厚而不能使，爱而不能令，乱而不能治；譬如骄子，不可用也。知吾卒之可以击，而不知敌之可击，胜之半也。知敌之可击，而不知吾卒之可以击，胜之半也。知敌之可击，知吾卒之可以击，而不知地形之不可以战，胜之半也。故知兵者，动而不迷，举而不穷。”语见《地形篇》。谓智足以知战也。《孙子》又曰：“将军之事，静以幽，正以治。能愚士卒之耳目，使之无知；易其事，革其谋，使人无识；易其居，迂其途，使人不得虑。帅与之期，如登高而去其梯。帅与之深入诸侯之地而发其机，焚舟破釜，若驱群羊，驱而往，驱而来，莫知所之。聚三军之众，投之于险，此谓将军之事。”见《九地篇》。盖战者，所以聚三军之众，投之于险也。惟能愚士卒之耳目，使之无知者；斯聚三军之众，投之于险，惟命是听，无扞格之患矣。此智足以愚士也。《孙子》又论将有五危，曰：“必死可杀也，必生可虏也，忿速可侮也，廉洁可辱也，爱民可烦也。凡此五者，将之过也，用兵之灾也。覆军杀将，必以五危。”见《九变篇》。夫“必死”，则不智；“必生”，则无勇；“忿速可侮”，则勇而愚；“廉洁可辱”，则信而愚；“爱民可烦”，则仁而愚；而要归于不“智”！傥持克氏之论以为衡，所谓“知之未明而为之不疑”，此其为不智之果敢，《孙子》所谓“必死可杀”者也。若其人“烈于情感，昧于智计”，而触之即忿，激之易动，则所谓“忿速可侮”者也。至于“爱名誉，重气节”，此将士之廉洁也；然而曰“廉洁可辱”，梅尧臣注以为“徇名不顾”，此亦将之一危，何可不察也！《吴子》曰：“夫总文武者，军之将也。兼刚柔者，兵之事也。凡人论将，常观于勇，勇之于将，乃数分之一尔；夫勇者必轻合，轻合而不知利，未可也。故将之所慎者五：一曰理，二曰备，三曰果，四曰戒，五曰约。理者，治众如治寡。备者，出门如见敌。果者，临敌不怀生。戒者，虽克如始战。约者，法令省而不烦。受命而不辞，敌破而后言返，将之礼也；故师出之日，有死之荣，无生之辱。”语见《论将》。其论将之所慎者，曰“理”，曰“备”，曰“戒”，曰“约”，皆“智”之事；所谓“文”也，“柔”也。独“果”则奋其“武”“刚”，而属于“勇”焉。顾《吴子》以为“勇之于将，乃数分之一尔；夫勇者必轻合，轻合而不知利，未可也”；此则克氏所称“不智之果敢”，卤莽徒以偾事，盲动而已！《孙子》曰：“必死可杀”，“忿速可侮”者也。至言“受命而不辞，敌破而后言返，将之礼也，故师出之日，有死之荣，无生之辱”；得无嫌于“必死可杀”乎？而克氏论勇之为验，亦曰“轻生则气锐”，又与《吴子》之言有合，何也？盖兵，凶器，战，危事也；“必死可杀”，“必生可虏”，皆将之危也；惟兼权于“必死”“必生”而善有以自处。然则如之何而可？昔夔州唐甄论将有利才一论。其言以为：“彼义激气愤，解带自决，暴虎冯河而不反，世皆壮之，称为烈士；是愚夫悍妇之行也，君子不为也。君子之当大任，立身于必不死，设心于必死。必不死，以善其用也。必死，以坚其志也。吾闻之，立功者，才也。卒功者，智也。审定者，心也。达险者，志也。天下重器，举之难举也；命数不常，测之难测也；苟以死存心，以死立志，谐妻泣之而不顾，爱女牵之而不顾，暱子随之而不顾；临事之时，处之必静，见之必明，思之必熟，行之必决，虽谋不及太公，亦可以成太公之功；虽才不及管仲，亦可以成管仲之功。今夫矢一也，以弱弓发之，或不能杀人；以强弓发之，则可以贯甲。志坚则才利，亦犹弓之发矢也。昔蜀大乱而食人肉，冉邻起兵；冉邻者，唐子未娶之女之父也。遣二人者为谍于寇，闻有猎人者于途，一人惧而欲返；其一人曰：‘进死于釜，退死于法，等死耳！其行乎！第疾走，慎毋怯而反顾！’比肩而走，一人不反顾，一人数反顾；一反顾，逊不反顾者五步；再反顾，逊不反顾者十步；卒之追者及之，反顾者肉糜于釜，不反顾者，乌逝隼集而反命，得寇之形以战胜焉。由是观之，以死心处死地者成；以生心处死地者败；成败之间，勇怯之分也。”斯可以通孙、吴之邮而发其奥矣！唐甄，原名大陶，字铸万；清世祖顺治丁酉举人，官长子县知县，罢官，侨居昆山，著有《唐子潜书》。宁都魏禧见之，称为汉唐以来所未有；宣城梅文鼎则以谓秦而后仅见之作云。然而孙、吴之论将，尚未能通于神明也。战国之世，临武君与孙卿子议兵于赵孝成王前，请问为将？孙卿子曰：“知莫大乎弃疑，行莫大乎无过，事莫大乎无悔；事至无悔而至矣，成不可必也。故制号政令，欲严以威；庆赏刑罚，欲必以信；处舍收藏，欲周以固；徙举进退，欲疾以速；（杨倞注：静则安重而不为轻举，动则疾速而不失机权）窥敌观变，欲潜以深；欲伍以参。（杨倞注：谓使间谍观敌，欲潜隐深入之也，伍参犹错杂也，使间谍或参之或伍之于敌之间，而尽知其事。《韩子》曰：省同异之言，以知朋党之分，偶参伍之验，以责陈言之实。又曰：参之以比物，伍之以合参也。）遇敌决战，必道吾所明，无道吾所疑；夫是之谓六术。无欲将而恶废，无急胜而忘败，无威内而轻外，无见利而不顾其害。凡虑事欲熟，而用财欲泰；夫是之谓五权。所以不受命于主有三：可杀而不可使处不完，可杀而不可使击不胜，可杀而不可使欺百姓；夫是之谓三至。凡受命于主而行三军，三军既定，百官得序，群物皆正，则主不能喜，敌不能怒；夫是之谓至臣。虑必先事而申之以敬，慎终如始，始终如一；夫是之谓大吉。凡百事之成也，必在敬之；其败也，必在慢之；故敬胜怠则吉，怠胜敬则灭，计胜欲则从，欲胜计则凶。战如守，行如战，有功如幸；敬谋无圹，敬事无圹，敬吏无圹，敬众无圹，敬敌无圹；（杨倞注：无圹言不敢须臾不敬也，圹与旷同。）夫是之谓五无圹。慎行此六术五权三至而处之以恭敬无圹，夫是之谓天下之将，则通于神明矣！”临武君曰：“善。”见荀子《议兵篇》。此则儒将风规，不竞不絿，历览史册，前有乐毅，后有诸葛亮，傥庶几焉；非克氏之所及知也。克氏论将，以“智”为本，以“勇”为辅；而以“识力”充其“智”。而孙卿子则以“先事”为虑，以“弃疑”为智；而以“恭敬”要其成。孙卿子之所谓“通于神明”，傥克氏之所谓“识力”乎？然而“识力”不足以尽之矣！苏洵曰：“为将之道，当先治其心，泰山崩于前而色不变，麋鹿兴于左而目不顾，然后可以制利害，可以待敌。凡主将之道，知理而后可以举兵，知势而后可以加兵，知节而后可以用兵。知理，则不屈；知势，则不沮；知节，则不穷。见小利不动，见小患不避；小利小患，不足以辱吾技也；夫然后可以支大利大害！夫惟养技而自爱者，无敌于天下；故一忍可以支百勇，一静可以制百动。”见《权书·心术》。此则克氏之所谓“识力”矣。苏洵之所谓“治心”，克氏谓之“识力之培养”，辞趣不同，其揆一也。论将而至于“治心”，深矣微矣！虽未通于神明，而神明之所由通乎！独我自抗战以来，义问昭宣，小大毕力，将军有死之心，士卒无生之气，莫不挥泣攘臂以殉国家之急；决命争首，奋不顾身，天下之勇孰尚焉！然而古人有言：“匪死之难，所以处其死者实难！”吾今则曰：“非勇之难，所以用其勇者实难！”三国夏侯渊为将，赴急疾，常出敌之不意；虽数战胜，魏武帝戒之曰：“为将当有怯弱时，不可但恃勇也。将当以勇为本，行之以智计。”况今强寇压境，乘胜深入；而我自战其地，抚民训士，匪一克之为烈，而来日之大难！所望深体苏洵治心之旨，兼权克氏识力之论，知彼知己，沉几观变，勿缮一时之武怒而养可久之大勇。史称魏武帝与虏对阵，意思安闲，如不欲战；然及至决机乘胜，气势盈溢，故每战必克，军无幸胜。广昌揭暄著有《兵法百言》一书，历观古今兵事利钝之故，而籀其会通；其中有“敛”之一言以为：“惟敛可以克刚强，惟敛难以刚强克；故将击不扬以养鸷，欲搏弭耳以伸威，小事隐忍以图大。我处其缩，以尽彼盈。既舒吾盈，还乘彼缩。”然非治心之有道，智勇互用，何知制胜之以“敛”，盈缩尽利。而以此制敌，何敌不摧，国家攸赖，胜利可望矣。揭暄，字子宣，清初人；见阮元《畴人传》。

法者，曲制，官道，主用也。

（训义）梅尧臣曰：“曲制，部曲队伍，分划必有制也。官道，裨校首长，统率必有道也。”

基博按：“曲制”者，队伍编制之事；“官道”者，偏裨任用之道；梅氏之解是也。二者属于军政。而“主用”，则属于军令，指中枢之指挥策动而言也。诸家注多依曹操说：“主用者，主军费用也。”梅氏则申言之曰：“主用，主军之资粮百物，必有用度也。”殊为失解。

凡此五者，将莫不闻；知之者胜，不知者不胜。

右第二节论经之以五事。

故校之以计而索其情。

（训义）王晳曰：“言虽周知五事，待七计以尽其情也。”张预曰：“上已陈五事；自此而下，方考校彼我之得失，探索胜负之情状也。”

曰：主孰有道？

（训义）张预曰：“先校二国之道，谁有恩信之道；即上所谓‘令民与上同意’之道也。”

将孰有能？

（训义）杜牧曰：“将孰有能者，上所谓‘智信仁勇严’；若汉高祖料魏将柏直，不能当韩信之类也。”

基博按：战之胜负，其枢在将。欧洲第一次大战，美国以一九一七年四月，对德宣战，而任潘兴大将为出征军总司令。既抵法，而整军，见所部诸将之老而无能者多也，乃与军政部长倍克尔书曰：“军队之强弱，大半视兵心为转移；而将官之身心不健全者，其何以振发士气！择能而事，乃士兵应有之权利。法在大战之初，将多老耄，其致败也以此！方今英、法各统帅，咸主师旅宜选果敢敏捷、年富力壮者统之；各军师长，鲜有年逾四十五，旅长无逾四十岁者；今日之战，师、旅长无不身入壕沟，非壮年，不任艰辛也！吾国诸将之升擢，一以服务年限为标准。职所部诸将，无非契友；然军事、友谊，绝然两事！为将者，国家之安危系焉，士兵之生命托焉；非惟身心健全，富有阅历；尤必有毅力，有智力，有创造力！余见忠诚之将，失败者亦不少矣；徒以无创造力耳！”然而事过境迁，英人善忘！及一九三九年九月，欧洲第二次大战开始，英军师、旅长，皆宿将，循年资以跻高位。哈德上尉者，欧洲驰誉之英国兵家，而《泰晤士报》之记者也，倡议谓：“非自动之战略，不能以制胜；而非易老朽之军官以青年将校，不能以创造自动之战略！”其言乃大为张伯伦所不快；而《泰晤士报》主者意亦怫然；遂迫以去也！陆军大臣倍立夏，意同哈德；亦为张伯伦邀求辞职；而倍立夏在议会演说，谓：“陆军者，神圣之大业也！有学有为之青年，为国军而僇力，可以品德才能之优异而擢升；何资格身分之断断！余欲以民主化之陆军，为民主而战，岂过激之论哉！”听者鼓掌；然而张伯伦不之用，以死气陈陈之英国老将，而当发扬蹈厉之新德国军人，孰为能不能，而胜负可知也。特是将之能不能，有不系于将帅之自身，而关乎耳目之濡染，社会之薰习者！一九三九年九月，波兰之亡于德也，其因不一，而大将之于兵法无素养，率以政治关系而跻高位；亦其败军破国之一因。希特勒、斯丹林、伏罗希洛夫，皆非兵学专家；然德国兵学，自菲烈得立大王及克老山维兹而后，衣钵相传，名家不少；毛奇以之传史梯芬，史梯芬以之传鲁登道夫，鲁登道夫以之传塞克特、白鲁希兹；习熟见闻，兵法之薰陶，普及群僚。希特勒虽起自步兵，而耳濡目染，心领神会；如能持以坚强之意志，便能运其薰习之机智；以视苏联将帅之以工农出身，波兰将帅之以政治关系，而于兵法无传统之薰习者，孰为能不能而胜负可知也。然将有大将，有裨将。虽有英武之大将，而无干练之裨将，则亦不能收臂指相使之效以策成功。德之陆军，天下莫强焉；非徒以大将之善谋，士卒之敢战也；其中有职业兵三十五万人，旧隶国防军者，习征战，能指挥，其才足以任裨将；一旦受命而之民间，可以动员二百五十万人，指挥若定以驱之战；此所以兵强天下，而莫之与京也！苏联则有九十万至一百万之后备军官，出自军官干部，而散之民间，年富力强，有勇知方；国家有事，可以训练民众，而指挥作战。谚曰："千军易得，一将难求！"将才难，统帅尤难！然近代战争，机构日趋于复杂；纵统帅有天纵绝出之才，亦未易予智自雄，以个人指挥一切，而参谋部尚焉。参谋之在法国，不过将帅之幕僚；而德则不同！参谋长之荣誉，大于统帅；而德国此次大战之战必胜，攻必取，其国人归功于参谋总长赫尔德，而不归功于白鲁希兹之总司令！盖参谋制度，实视统帅一人负责指挥之制度，为周详而缜密也！是故论参谋之制者，必以德国为典型！德国之参谋本部，盖许多幕僚组织之综合也，组织之密，训练之严，世无其匹！自菲烈德立大王，始设军需参谋；而以拿破仑之战，规模渐扩，组织渐密；其后经历香化斯脱、格勒斯劳、罗恩，及老毛奇诸老将之改制，而为用益宏！惟论其近代史之军事价值，则自一八六七年设立铁道组始！于时，铁路为欧洲进步之交通利器；顾拿破仑第三不以为意；而老毛奇将军则利用铁路，而成其分进合击之战略；普奥之战，不过七星期而服奥；普法之战，不两月而抵巴黎；则以铁路之运兵捷也！老毛奇常手一纸欧洲铁道图以指挥战事；后方勤务之运输及给养，莫不以铁路为中心；而德国今日之陆军战略及后方勤务计划，则以摩托车辆为中心；此参谋本部之所不肯忽也！然老毛奇时代，德国惟一参谋本部之陆军参谋本部，今日不过为统帅部中四参谋部之一；

盖以现代之战，陆而兼空；德之今日，尤非如普鲁士王国之限于欧洲大陆，而兼有海权；重以战争之范围日广，推而大之，至于无垠，机构日密，条而理之，务于无间，所以耗人民之经济、工业，及神经等力者尤不赀；非有最高之机构，以总绾其枢，节宣其力；不能协力以制胜而图终也！是故德国今日之参谋部有四；而所指挥系统之每一战斗单位，咸有参谋以分配而隶属焉。其（一）曰特别参谋部，盖直属于统帅部，以总绾其枢，而不限于军事者也。其主管长官曰基德，蓝眼，乃一典型之条顿人种，性情温和，身体强壮，所长行政，而非战略。所属有陆军、海军及空军将领，以及经济、交通、工业各专家，而不限于军事人才。其职任在综合、计划，而贡所见以告于希特勒，不负执行之责。由希特勒以分配政府各部，而指挥执行之；基德，盖希特勒之参谋长耳！其次为陆军参谋本部，则老毛奇以来一脉相承，而为德国军事之主干也。赫尔德将军实为之长；盖老毛奇之信徒，而奉毛奇战略思想为圭臬以持守勿失者也。所属部门甚多。每一部门有其负责人，率励专家，孜孜所职，殚毕生精力以从事。而其中最重要者有三：曰军令组。曰铁道运输组。曰军事经济组。军令组者，设计作战，以行军布阵，发号施令者也。铁道运输组，则司给养及运输之事者也。军事经济组，主持经济计划而为独立，亦称经济参谋部；惟与参谋本部，息息相通，而融为一体。此外尚有其他各组，自伪装以至军火制造，无不应有尽有。昔兴登堡将军，尝供职参谋本部，谓："参谋之训练，不遗细物，而能高瞻远瞩。"纤毫之末，无不全付精神贯注，而有其预计。其图进攻比利时也，列日炮台，制为模型；而德之步兵、伞兵，与突击部队，多方进攻，以事演习。英国皇家空军之轰炸布勒斯特港，所毁之香化斯脱与格勒斯劳两舰，意亦模型，而非实物也。德国参谋本部，设计攻人，而亦虞人之攻以为预防；已随地有伪装之火车站及兵工厂，而备英国机群之轰炸矣！任何一国之参谋人才，未有兼擅海陆空三军之用，而无不精通者也！盖此国防三臂之海陆空三军，各有其职能，各有其技术，非专家不能通；而现代之战，乃在三者之兼筹并顾，各尽其能，而相互为用。如有人焉，兼通三者，而调节其用，指挥若定；此则最理想之参谋人才矣！顾德国参谋本部，则有若而人者三十余焉！法之军事家，且畏且服，称之曰三精派，谓其于海陆空三者无不精也。大战之将发也，世论颇疑德国有神秘之武器，实则德国陆海空军三者惊人之协调与配合，各尽其能，而相互为用，厥为希特勒纵横欧陆之唯一武器；而此武器之发明人，厥为无所不知，无所不能之三精参谋三十余人耳！此三十余人者，其年龄自三十五岁以至五十岁；大抵皆帝德时代之陆军军官，历经鲁登道夫、塞克特及白鲁希兹之所严格训练，而任军职以富有经验者也。一九三三年，希特勒之得政也，整军经武，步骑炮兵，无不改制；而尤致力于建设空军；顾虑参谋之于空军非素习，令三十余人者，加入空军。其人既富有经验，而裕于学识，一入空军，自有神解！及一九三八年，赫尔德将军，告希特勒以所谓革命之军事计划；将三十余人从空军调入海军训练。此三十余人者，受命以分配各舰，与海军员兵起居食息，无不同；而与于航海之经历，水雷、潜水艇之演习；此后若而人者，不惟可以指挥陆军与空军；抑亦司令海军而胜任愉快矣！此三精参谋之所由成，而德国陆军参谋本部之精华也！此外尚有具体而微之海军参谋本部、空军参谋本部。凡希特勒有所征讨，则特别参谋部决其大计，以呈希特勒；而交陆海空三参谋本部，严密设计，规定执行，以发号施令也。鲁登道夫言："参谋本部之职责，盖复杂者也，技术者也，多方者也；图大必于其细，而末节不慎，可以贻误于全局！盖战术愈臻于技巧，而所以任参谋者愈难！有各兵种之一般学识，而善其运用，明其关系，犹曰未足；尤必精通炮术；而空军运用，通信知识，后方给养，以及其他，形形色色，莫不有明了之判断，而必基于各别之精通！夫命令之出，辞求简要；而一参谋草拟之命令，不得不长！盖战争之技术愈复杂，而命令亦随之以复杂，而涉及多种之技能与知识；不长，不能指示周详也！”凡参谋本部之设计，往往编号；而预定情事之幻变，如第某号计划失败，则应以第某号计划；随计应变，以施无穷。古之战也，以将帅一人负责设计；今日之战，以参谋集团负责设计；集众思，广众益，参谋部计之以缜密，而统帅部出之以果敢；此希特勒所以战必胜，攻必取也！然联合参谋之制，苟不善其运用，往往不能收集思广益之效，而转以失当机立断之功！亦有人言：一九四二年，英美西南太平洋诸役，常有一事不得解决，而请问参谋人员委员会；委员会考虑，咨询，移转，几度周折而时效已失！兵贵神速；需者事之贼，亦不可不察也！

天地孰得？

（训义）杜牧曰：“天者，上所谓‘阴阳，寒暑，时制’也。地者，上所谓‘远近，广狭，死生’也。”张预曰：“观两军所举，谁得天时地利；若魏武帝盛冬伐吴，慕容超不据大岘，则失天时地利者也！”

基博按：此次大战，一九四一年九月，希腊参谋总长巴巴果斯将军，以寡御众，而大败义大利军于境上，实为“天地孰得”之适例。于时，义大利之动员作战者十师团，而加之以二十万人之辎重队及机械化部队；而将军只有步兵八师团，骑兵一师团；众寡既相悬殊！抑希腊人动员十三人，只十人足给武器；而所谓武器者，不过步枪、手榴弹、刺刀而已！所有大炮不足百尊；而义大利，则九百十九尊。飞机，则义大利以新式对旧式，而数量之超过希腊者五百架；希腊将何以御之！顾天不相于义，风雨晦冥，继之以雪，飞机不能翱翔；而雨雪日久，道路泥泞，坦克亦失驰骋；此天时之不得也！希腊之境，多重山叠岭；而义军有坦克，有大炮，武器笨重，兵员众多，浩浩荡荡，行军必缘大道；而大道所经，必通山峡以贯隘口；希腊山国之民，身长不过五呎五吋，短小精悍，善翻山越岭，直走峭壁，如猿如猱；轻霜雪而狎风雨，栈石星饭，习为故常，所有积雪之崇山，融雪之谷口，义大利数十万大兵，重炮、坦克之无所施其技，逞其威者，而轻身善走之希腊兵，三人一队，五人一队，持步枪、手榴弹、刺刀以相与周旋，搏之于险，人自为战，或翻山以袭其后队，或封谷以杜其归路，旁扰侧出，神出鬼没，伺间以狙击，而义大利兵不知枪弹之来自何方也！于是巴巴果斯将军用其山国之民，战于山国之地；得地得民，指挥若定，而数十万之义大利军，只有束手以待戮耳！此又得地之明效大验也！

法令孰行？

（训义）梅尧臣曰："齐众以法，一众以令。"王皙曰："孰能用法明令，使人听从。"

基博按：一九三九年九月，欧洲第二次大战开始，希特勒之所以亡波兰，下丹、挪，徇荷、比、卢，而破法摧英；英、法之所以蓄缩不前，坐受宰割；其胜负之枢，盖在法令之孰行也！德以希特勒之极权，令出惟行，而言莫予违，指挥若定。而英、法，则民主之国，而舆论有其自由，筑室道谋，权力分散，而党派尤歧；国家之法令，可以不行；党派之纷纭，只便私图；如一九三六年三月，希特勒破坏凡尔赛和约以进兵来因，于是法内阁总理里昂白伦，欲取消一九三三年之德法煤铁交换协定，而禁止法铁之输德，此乃法国自卫之所必然；而以巨商豪富之唯利是图，声言法铁如禁输德，欲解雇五万工人以使之失业，而恫愒白伦。于是法铁输德，向之每月四十万吨者，一跃而为六十万吨；至一九三七年而为每月八十万吨；以迄一九四〇年四月，两国交战已半年，而法铁之输德未制止，于是德人炼法国之铁，造大炮、坦克以歼法国之人民，制法国之死命，而法以一蹶不振；则以法之巨商豪富，唯利是图；而国家之法令，不能必行，有以阶之厉也！及一九三九年九月，希特勒悉力殚锐以攻波兰，未遑东顾；而法国欲出兵进攻摩塞尔河以拊其背；此制胜之机也！使发强刚毅，而以果敢出之，则波兰可以不亡，而法亦不至迫为城下之盟！乃以限期运输之重炮不到而中止；至十月中旬，而迄未输出，载之《巴黎时报》，读者为之骇叹！于是波兰亡，希特勒自诩闪电战之成功；而法国制胜之机失矣！则是法国非无制胜之机，制胜之谋；而无必行之法令，以遂其谋，乘其机为可愤叹也！又如一九四〇年，限期四月一日竣工之飞机场，至四月二十日而未开工，玩时愒日，皆法令不行有以致之也！然则法之败亡，非不幸也！而原法令之所以不行，由于法人之爱其自由而不肯牺牲；法国之尊重人民自由而不敢专断。然而兵败国降，人民为俘，子女玉帛，惟德所欲；国家之声威，既已扫地；人民之自由，所存几何！呜呼！有国者可以监矣！为国民者当知戒矣！

兵众孰强！

（训义）杜牧曰："上下和同，勇于战，为强。卒众车多，为强。"

基博按："兵众"，指一国民众之堪执兵任战者言之；而所以衡其"孰强"者三端：一比例一国之土地人口，而能出兵多少。德国鲁登道夫著《全民战争论》，以谓："交战国双方，兵力之人数，无时无刻，不为现代战争决胜之因素也！"春秋之世，每言千乘之国，即比例其国之土地人口而出兵十万人，车千乘；盖井田之法，地方一里为井，四井为邑，四邑为丘，四丘为甸，甸六十四井，出兵车一乘，甲士三人，步卒七十二人，此外炊子十人，守装五人，厩养五人，樵汲五人，凡百人；千乘，得十万人也。至战国，苏秦说六国，于燕，则曰"地方二千余里，带甲数十万，车六百乘，骑六千匹"；于赵，则曰"地方二千余里，带甲数十万，车千乘，骑万匹"；于韩，则曰"地方九百余里，带甲数十万"；于魏，则曰"武士二十万，苍头二十万，奋击二十万，厮徒十万，车六百乘，骑五千匹”；于齐，则曰：“地方，二千余里，带甲数十万，三军之良，五家之兵，进如锋矢，战如雷霆，解如风雨，临淄之中七万户，臣窃度之，不下户三男子，三七二十一万，不待发于远县，而临淄之卒，固已二十一万矣”；于楚，则曰“地方五千余里，带甲百万，车千乘，骑万匹。”而张仪说楚，则曰“秦地半天下，兵敌四国，虎贲之士百余万，车千乘，骑万匹。”皆比例于其国之土地人口，而计出兵多少也。盖出兵之多少，实最后之胜负所由决。欧洲第一次大战，一九一四年开始，延至一九一七年之终，德在西线各军，以英法联军之迭次袭击，死伤相继，而一百五十师之兵，只余六十师人可用，不得不征十八岁之青年五十万人，入伍以弥缝其阙。法人苦壮丁之无可征，而谴责英人之养兵不用！然英人则答称：“已征十八岁之青年十二万人，入伍训练。”盖殆哉岌岌乎！双方皆已无兵可用，无丁可征矣！于是美国以一百九十万人，援英、法参战，乘德人创残之余，而英、法廑乃胜也！或言：“兵器日新，则兵众可寡！”不知兵器日新，前线作战之人众可减，而后方供应之人众转增；运输子弹，整理机械，莫不资人！上次欧战，一辆战车之在前线，只用二人，而后方则以四十六人支持之。一架飞机之在空中，而有六十人之地面组织。则是机械之用于战阵，不过转前线广延之兵力，而为后方纵深之人力，不惟不减，抑且更多也！德人之所以战胜攻取而不能制胜，只由后方豫备队之不足耳！如以今日之列国而论，可得知者：苏联一万八千万人，可出兵二千五百万至三千万人。德则七千万人，可出兵三百五十万至四百二十二万五千人。苏联后备兵每年平均人数一百万；德只十二万。法国六千万人，可出兵二百五十万人。日本本部七千万人，可出兵三百万人。而英首相丘吉尔，声言英国拥有四百万之兵力。而美国，则以一九四一年六月，声称：“一年以前，陆军仅有二十三万零七百七十人，今则训练新兵一百四十一万八千人；海军则自十四万六千六百零三人，增至二十四万九千七百二十七人。”至一九四三年，而美国有陆军七百万，军官六十五万，海军二百万，空军一百万，派兵四出。大抵广土众民，国势虽暂绌，而兵源裕，可以持久而徐图其后；如中国、苏联、美国是也。小国寡民，兵锋虽极锐，而兵源绌；贵于速决，而难为虑终，如法、德、日是也。然而今日之德，有不同于往日者！美国加里福尼亚州斯丹佛大学粮食研究院教授卡尔布兰德者，尝为柏林大学农业经济学教授者也；以一九四二年十月刊布一文，署曰“德之人力疲耗矣乎？”其中以谓：“今之情势，与一九一四——一九一八年大异。今大战延四年，而德已控制大部之欧洲及其人力！荷兰、挪威、丹麦及其他上次大战之中立国，无不为德所占领；而比利时及法，曾不足以当德之一击！昔之义大利，与英、法协约比肩作战，而今则为德之兴！芬兰昔为俄属，今亦与德戮力！以德而兼并有奥大利、苏台德、麦墨尔、但泽、卢森堡，法之亚尔萨斯、洛伦二州，波兰之西部，斯洛伐克、波希米亚与麻拉菲亚，则抚有一万万零二百万人；而其与国义大利、罗马尼亚、匈牙利与芬兰，有八千万人；使除斯洛伐克、波希米亚与麻拉菲亚不计；则今日之德，尚有一万七千万人可以征调作战；此与上次大战之德，仅有一万三千六百万人者，势固悬殊！抑德得东方之日以为声援；而日抚有人口，近一万万；其足以牵制同盟国之兵力者固不在少；同盟之薄，德之厚也！如土耳其而有战争，则德可以得保加利亚之兵而用之。亦有其国家之土地，已被德人占领，而尚未兼并，如法，如荷兰等者，亦未始非德可以征兵征工之人力贮藏库也！战之初开，德之人力问题，不过为如何调整农工商、交通及其他文职以征调其一部分为军队作战而已。方其进攻波兰，不过用二百五十万军队；转而侵法，亦不过用六百五十万军队；而一九四一——一九四二年之间；德之军队总数，约为八百至九百万；然前一年之一九四〇年夏季，不过六百万而已！纵战之亟，而德国军队之士兵给假极宽，得请求复业以事生产；而俟政府欲用之时，再召归伍焉。至一九四一年六月，苏联之战端开，而德之人力问题，始感严重！则以顿兵挫锐，而遇数量相等或更多之敌军，非比从前增兵七百五十万，不足相持；而一九四二年之夏，德兵之攻苏联而死伤者，盖在百五十万人以上；而冻死病死者不与焉！所以德必将有九百万人民应征入伍；而高级学校毕业生之可征者，三百二十万人焉；其余六百八十万至七百万人，必征之工厂，而前线作战之兵器生产，将以不给于用！然德可以雇百万女工，一百五十万国外技工，而加之以一百五十万俘虏，替四百万壮丁以增加兵力。”尚有二百八十万至三百万人，征无可征；将资征服国之人民，驱迫以为用！而希特勒之在德，选拔新兵而宣布总动员，只有五十岁之餐馆侍者及十五岁之小学生，可以征役尔！于是乎师老力竭，见端于人力！此兵众孰强之一义也。其二众之孰为勇怯。战国之世，魏与赵攻韩，韩告急于齐。齐使田忌将而往，孙膑谓田忌曰：“彼三晋之兵，素悍勇而轻齐；齐号为怯。”苏秦之说韩曰：“天下之强弓劲弩，皆从韩出。溪子少府时力距来者，皆射六百步之外。韩卒超足而射，百发不暇止；远者括蔽洞胸，近者镝弇心。韩卒之剑戟，皆出于冥山；棠溪，墨阳，合赙，邓师，宛冯，龙渊，太阿，皆陆断牛马，水截鹄雁；当敌则斩。坚甲铁幕，革抉吷芮，无不毕具。以韩卒之勇，被坚甲，跖劲弩，带利剑，一人当百，不足言也。”张仪之夸秦曰：“虎贲之士，跿跔科头，贯颐奋戟者，至不可胜计。秦马之良，戎兵之众，探前趹后，蹄间三寻，腾者不可胜数。山东之士，被甲蒙胄以会战；秦人捐甲徒裼以趋敌，左挈人头，右挟生虏。夫秦卒与山东之卒，犹孟贲之与怯夫。”则是三晋之众，勇于齐；而秦人，又勇于三晋。《史记·商君列传》称“秦民勇于公战，怯于私斗。”此其故不在兵，而在国之政俗。一九〇〇年，义和团之役，德之大将瓦德西，奉威廉二世敕命，总各国联军以犯中国。中国大惧媾和之不得当；而瓦德西以一九〇一年二月三日上德皇一奏，乃曰："中国人民四万万，道一风同，不以宗教信仰之异而纷争；自负为神明华胄，生气郁勃而未发，勤生节用而富有知虑，又力田能服从，以视吾欧洲工业国之人民，为守法而易治。使有聪明天亶，首出庶物之人，作之君，作之使，而善用近代之文明，以启民智，作民气；其谁敢侮之！至其人民之好战，可于今之拳民运动见之；而山东、直隶两省之内，乃有十万以上之人习拳以愍不畏死，而所以败者，徒以军械之无枪炮耳！使余言而不谬，则所以为德计，为英计者，宜通商惠工，扶持中国，与之为友；而不宜与之为敌。"然则欧洲列强之所以惧我者为何如，而我乃妄自菲薄；我中国四万万人之自负神明华胄，勤生节用而力田能服从，习拳以愍不畏死；抑尤瓦德西之所为惧，而可用之以为强者也！一九一八年，欧洲大战将终，德参谋总长兴登堡言："法人敏于应战，然不能坚守。英人之战，不如法人之机巧；然坚忍不拔，则过之也！"夫以苏俄民性之钝重，而当轻锐之德人，最后胜负，虽未可知；而开战之初，节节挫退，亦岂偶然！至于法人爱自由，耽享乐，溺于宴安；而以遇德人之忿不虑难，剽悍敢战；孰胜孰负，固不待战而强弱分矣。其三丁之孰为壮老。三国时，吴大将军诸葛恪数出伐魏，欲以应蜀；而诸大臣谏以为劳民；恪乃著论以见意曰："昔秦但得关西耳，尚以并吞六国。今贼皆得秦、赵、韩、魏、燕、齐九州之地，地悉戎马之乡，士林之薮。今以魏比古之秦，土地数倍；以吴与蜀，比古六国，不能半之。然今所以能敌之；但以操时兵众，于今适尽；而后生者未悉长大，正是贼衰少未盛之时；当今伐之，是其厄会。若顺众人之情，怀偷安之计，不论魏之终始，而以今日遂轻其后。今者贼民岁月繁滋，但以尚小，未可得用耳；若复十数年后，其众必倍于今。而国家劲兵之地，皆以空尽；惟有此见众，可以定事；

若不早用之，端坐使老。复数十年，略当损半；而见子弟数不足言。若贼众一倍，而兵损半，虽使伊管图之，未可如何！”然则一国之丁，孰当老弱，孰及壮少；抑又“兵众孰强”之一义；不可不察也！

士卒孰练？

（训义）张预曰：“离合聚散之法，坐作进退之令，谁素闲习？”

基博按：“士卒”与“兵众”，不同。“兵众”，言一国民众之能任战执兵者。而“士卒”，则指战士言之。“练”者，谓未战以前之训练。如一九一八年，德国兴登堡以俄国已溃，东顾无虞，而图大举以事于西，私自计虑，以谓：“先有事于英军乎？抑攻法军乎？英军之战斗，不如法人灵敏；不知随机应变，而失之板滞；此无他；盖仓猝成军以出，而平日无训练，故拘于成法，而未能纯熟以变化也；不如先英！”英军不支而退，得法军之援以解焉！既而美出兵百万人以渡海参战。兴登堡曰：“我师老矣！然我将予合众国民以一教训！战之为技，岂数月所能成学；而以不教民战，当多流血以为偿耳！”亦以美人仓猝成军，而训练之日短也。然美国出征军总司令潘兴则自诩训练之成功，而尤自夸其步兵！方其率旧部步兵四团以将行也，谓：“兵器之进步，固有裨于战术；然如机关枪、迫击炮以及速射重炮等之发明，咸为步兵之辅；而用之，所以迫近敌人也。彼其为步兵者，固当善用来福枪及锹镐，而长于突击者也！战之胜负，惟步兵是赖！欧洲大战，两军据壕对峙，延数百英里，相持而不下；凡前线之攻守部队，及后方之援队预备队，无不隐身壕沟以资掩护，于是一变而为阵地战矣！然欲决胜，势必薄敌军以出壕沟，而与野战；于时，为步兵者，持手中之来福枪，而借机关枪、坦克车、大炮、飞机以掩护，突驰而前，然后雌雄可分，而岂困守壕沟所能成功乎！凡吾士兵，已教以如何射击，如何突击，如何破壕，训练之有素矣！此一行也，必能迫敌出壕，应用所学而歼灭之！”及抵法，而参观英、法两军之训练，乃以书告军政部长倍克尔曰：“协约国将帅，咸称壕沟战，乃大战中独有之产物，遂使肉搏一变而为历史过去之名词。然自美人观之，壕沟在南北美大战时，已双方应用，不能视为新发明也！但最后还须肉搏；不然，西线战事，陷绝境矣！英人之壕沟战教授法，授以肉搏时所用枪刺、炸弹及短刀作战之术，盖为壕沟战所不可不知者；惟其素习乎此，而后士气以励，有以自信于临阵而不馁！法人则谓壕沟战之发展，而无事乎此矣！法人战术偏于防御；英则颇重攻取。世人咸谓法之战术胜于英，实未尽然！步枪及刺刀，仍为步兵应战重要之兵器。顾练兵仅授以壕沟战，而不致力于野战，短兵相接，沟必不守；抑亦无术冲锋，即幸而攻入敌军防线，手足无所挫；法军屡以挫败而不悟也！今欲力矫其弊，各项教练，必注意于猛力进攻，习惯成自然而后已！”及英军以一九一八年三月二十一日大败，则以德军肉搏以前，如潮而至；英人习壕沟战之既久，而被逼离壕，失所凭障，不知措手足也！于是潘兴益以自信，而美军以致最后之胜利焉！日本平田政策于一九三二年，著《赤军在极东作战》一文，盛言赤军之未易敌，以申儆于国；谓：“‘接战，为步兵决战之战斗技术。’此赤军步兵操典之主旨也。而卒之以结论曰：‘步兵而不事接战之训练，纵善射击，能勇往，终不能以杀敌致果，而贯彻其攻击之力。’是故赤军之步兵，可以不借炮兵射击之相掩护，而人自为战，推锋而前，直薄敌阵，以短兵相接。然法兰西之步兵，无炮兵掩护，即不能战；此不堪一击者也！欧罗巴军事家虽说：‘步兵不能独立突破敌阵。’然在地形错杂之山地作战，则步兵纵无炮兵之掩护，亦未必无占领敌阵之机！而山地之夜战，尤精练步兵之所长；躲在密林，伏于山腹，以潜近敌阵，而直薄之，迫敌人炮火以不得发；固不适于近代战术。然而惟有最原始之格斗，为永远不变之最后决胜手段。然则赤军之训练，未尝不积极机械化，而亦未尝不积极练接战，并行不悖，此所以伟大也！如中国之步兵，武装不全，枪械未利，尤宜致力训练白兵战，格斗战；顾以不甚精妙之射击技术，自夸自豪；所以上海之战，一至短兵相接，几无格斗之能！倘长此以往而不之悟，则中国之陆军无望也！我故曰赤军之不可侮者以此！然赤军胆勇有余，机敏不足！一九三一年十一月，乌克兰军联队演习时，予尝参观焉；见二卒伏于水壑；余诏之曰：‘衣服不其沾湿乎？’卒应曰：‘无害！我受命如此！’不恤以呢绒之军服，而沉浸于冰冷之水壑，平心静气，如若无事；不知从保持战斗力之原则以论，军服沾濡洗浸之既久，则手足转动不便，而减杀格斗之力矣！此之不知，其愚不可及；安能为机敏之战斗乎！然以机敏鸣于世界之日本军，则又坚忍不如赤军！赤军忍饥耐苦，与蒙古人无异；方战之亟，虽不食野菜，亦不饥死；而炎暑祁寒，狂风疾雨，无不持以坚忍，而从事实力以上之战斗，处之泰然，神经不起变化；日本军不能耐也！赤军之骑兵，天下无敌，风驰电击，而熟练于集团之袭击，日本骑将之所畏也！至赤色空军之大，不过机数多，编制大，而非战斗之大！盖空战之第一义，在制空权之把握，而后可以轰炸敌军。顾赤军不知此义，而不致力于战斗机队之训练，何能以握制空权乎！危道也！”然日本之所以训练其士卒者，在忍饥耐苦之寒暑行军，在人自为战之短兵相接，以视赤军，殊无逊色！英国观战员肯特上尉以一九三二年—三年冬，随日军行经满洲，其地则崇山峻岭，其时则冰天雪地，而著其事于日记曰：“从开通以至齐齐哈尔，且战且行，计十六日；其中不得食者三日，米团坚冻，硬不可啮，而水壶之水亦冰；然饥寒之交迫，冰雪之来侵，而士兵僵仆者，六人而已；未尝随属也！行军之时，寒风砭骨，薄暮野宿，嚼雪戴星；而桥梁已毁，涉一冰渊，跣足以行，水深达腰。又有士兵一队六十人，负重裸体，而涉半冻之嫩江，亦未载胥及溺也！有进攻热河之羽志骑兵旅一军曹告予曰：‘此一役也，从通辽以抵赤峰，行七日，每日行一百五十里，自晨四时，迄晚八时，身不离鞍。而露宿荒野，气候常在零下三十至四十度；熟睡，则僵冻不起，而窒息以死；所以夜不敢眠，而足寒不可忍，则踏雪奋蹶以取热。其间两日不得食，而马未尝不饱豢。'苟非耳闻目见，余几不以置信；因问曰：'不食不眠，如何能持？'军曹从容答曰：'士兵以其热忱，而目睹旅团长之同甘共苦，以身作则，而以自振厉，足以代食与息矣！'然非平日雪中行军之训练有素，不克臻此！"则其士卒之习于忍饥耐苦，可知也，及一九四一年十二月，日军猛袭马来半岛以窥新加坡，英人大败不支；而路透社随军记者，著论所以以晓其国人，谓："余观战马来，未尝睹固定之阵线，而仅以日夜从事于野蛮之肉搏战！日军尤善人自为战；其尤甚者，舍命不渝，潜入我军之后，或攀登橡树，而伺我军之过以猝掷手榴弹。日人行军，无部伍，无纪律；而以证其所重者，在个人之战斗力！"则其士卒之习于接战肉搏，可知也！日人习技击，擅短兵相接；而英人不习也！日人将有事于太平洋，先以一九四〇年夏秋之交，遣西尾寿造将军赴海南岛，本间正晴将军赴台湾，训练太平洋作战之部队。而台湾之部队，尤注重登陆作战之演习；择沿海一地之与菲律宾海岸相仿者，此攻彼守，试行登陆；登陆之后，随作工事，然后以渗透战突破敌阵，深入敌境；如是者十余次，无一次，不配合海陆空军以相与僇力。及一九四二年一月，而本间正晴以第十四军指挥，率所练十师团之兵二十万人以侵入菲律宾矣！西尾寿造之在海南也，知一旦与英启衅，英必布雷于香港以阻登陆；则延所谓小池者，一九三二年，在洛杉机亚林匹克运动大会获得游泳锦标之日本选手也，以来中国，招募广、潮沿海善泳之水鬼，教以射击，训练编组；大战猝发，而小池帅以没水潜游至香港口外，用步枪以射击浮雷，一一爆炸；然后日军得以强渡海峡，无虞于登陆矣！日人之练兵也，授以不同之战术，而以用于不同之战场，无不左宜右有。其在缅甸萨尔温江东也，化整为零以用森林战术；而渡江以后，则配备坦克大炮，成师以进，空军则以掩护作前茅，而仿德国闪电战之所为焉。至于服色之微，亦以因地制宜。日军之在中国中部，衣泥黄色之军服，以与土色相混而易隐匿也。及抵马来亚，则衣草绿色，以适应当地热带植物之颜色也；乃至面及两手，无不染成草绿色焉。所以破美摧英，处心积虑，非幸也！英之空军，不如德之机多而力雄；然飞行将士之闲习，则过之！一九四〇年八月，迄十一月，希特勒以几千架之飞机，不间昼夜，大举空袭英伦。英以数百架飞机应战，而以寡击众，交绥阅四月，而德机之被毁者，以视英机，为三与一之比。尝俘一德机之驾驶员，仅有十五小时之飞行练习；而俘一枪手，才十五岁。德之空军，往往仓皇接战，未计射程，而开枪扫射；不如英之沉着；则以英之空军将士，训练之日久而服习也。然亦有其国民之体性，不适于空军，而训练亦无补损毁率之高者，日本是也。我国抗战以来，四年之中，日本空军之损失，为飞机二千一百余架，将士二千七百余人；而民航飞机损毁率之高，尤为全球第一。而究其所以：一日本人病目者多；纵或不病，而目之运用，亦滞而不灵。二日本人如升入高空时，往往耳鸣及气窒。此其所以多败事，虽训练之久而无补者也！然自太平洋之战生，而英美之议论一变！一英国飞行员语《纽约论坛报》记者雷蒙德曰："君曩者不尝见我英国优良之编队飞行乎？我所见者，日机之编队飞行，乃与吾英人同一优良；而能于侧横转弯时，射击目标而中的焉！"则训练之非无补也！又如美国海军部长诺克斯宣言："海军入伍之难，视投考大学为过之；而一海军下士之训练，必更三年；初入伍，在海军学校完成初级训练之后，乃分发各舰，出海实习一年至二年，由舰上之官佐教督之。实习之后，假如证明其有适于某种专门技术之才性者，则选入相当之专门技术讲习所，予以深造；而海军有五十五种不同之专门技术，因材而笃，经六阅月之辛勤训练，而加以严格之考试，然后得为一下士。其后又出海一年至二年，更变既多，技能益以闲习，乃擢中士。然后又出海二年至三年，而高级之训练以竣；乃补上士。”则其海军士卒之精练，可知也。德国陆军之训练时间，不如苏联之长；然久经战阵，行军迅速，尤长闪击，灭国数十，而富有作战之经验。苏联陆军虽更十次以上之演习，而行军钝重，是则国民之习性使然，由于历史之因袭，不能如德之纵横挥斥；而亦有其不可及：一精射击，二善长途跋涉，有坚忍持久之作战精神。苏联之练兵，蕲因地以制胜！苏联之大敌，东则日本，西则德国；而地形复杂，气候严寒。其建军之技术与训练，乃以适应其国之天时地利，而以能于各种气候与环境作战；其技术设备，亦能应用于深水下，丛林中，沼泽区及其他各种地区。其部队无不训练于冰雪上作战，而暗轮雪车，为红军冬季之主要运输工具。其全部军队之运动配备，莫不为适应西亚东欧地域之特殊性而建立；然客军则无适应地域之素养与配备，斯以无虞敌人之进攻，而制胜之权在苏联矣！骑兵以苏联为最精；而步兵与机械化部队，则以德为最精！开战之初，苏联机械化部队之编制装备与其训练，远胜英法，然而未必与德侔也！观于苏联作战教令，犹以步兵协同坦克车战斗为原则；似仅注意于突破敌之阵地。而德军，则协同坦克车战斗者，为摩托化部队；尤注意速度之与协同动作，相应而毋相不及；其为战也，机械化部队之运用，不仅以突破敌阵为足；在欲突破之后，直趋敌后之交通要点而据之，断其归路，然后席卷而回以扑灭其辎重之给养机关，颠覆其指挥之司令部，而扫荡敌之炮兵；则敌之第一线部队，已成瓮中之鳖，而突围不得矣！此其战之所以为闪电也！然闪电战之声威既著，而德国之所以讨其军人而申儆之者，以一九四〇年九月，有《闪电战中之步兵》一文，载《德国军事周刊》，以谓：“闪电战之一新名词，盖英、法诸国人之所首称，而吾人采用之者也。今日各国人士震于闪电战之一名词，而未有真知灼见，几乎神秘！不知闪电战之成功，无丝毫之神秘作用；而以吾德国意志统一之坚强民族，平日之军事训练有素，而临阵之际，步、骑、炮、车、空各种兵，协同以相与僇力，各尽其能，而又并行不悖；所以杀敌致果，而有成功也。凡我士兵，毋炫于新战术之名词，而怠其职能，以贻德国羞！姑以闪电战中之步兵言之：凡步、骑、炮、车、空联合兵种之战术，所不可不知，而以规定于各国军事操典者二事：（一）兵种不同，而目的则一；其惟一之职能，乃使步兵在吾军强大之火力与突击力掩护之下，迫近敌人，而得以施最后之决战。（二）敌人败退，须奋大无畏之精神，不顾一切，追击之，歼灭之，追奔逐北，此时人人务各竭力之所能，勿瞻前顾后以贻患于纵敌！质言之，即步兵为主要兵种；而其他炮、空、车各兵种，必各尽其能以掩护步兵，勿为敌歼，而支持之以前进，与敌军短兵相接以决战。此一役也，我军之飞机与装甲部队，实能尽其天职以不乖此旨，而遗步兵以交绥者，常为溃不成军之敌，不足以当一击；是足以证我德各兵种之训练有方，而非可因此减轻步兵之责任也！观于波兰之战，魏刚防线以及马奇诺防线之突破，我德之步兵与炮兵协同动作以迈往无前，甚至在迫近之数百呎内，步兵只持枪以斗，近身则搏刺，稍远则射击，徒以自信力，发挥其勇猛精进之职能，而决胜于最后；亦以证今日之步兵，一如往昔，乃用以摧破敌人之最后抵抗力者。则是步兵者，殆战之所以决胜，而不愧为战场之王！此第一义也。敌之败也，稍纵即逝；而能使敌人罢于奔命，卒以一蹶不振者，莫如追击！此时虽可用装甲部队与空军，突飞猛进以不予喘息；然步兵亦当一鼓作气，向前猛追；虽友军失其联络，后路或不继援，一切不顾，务于歼敌；如此，敌人乃不得立足以图再振，而贻纵敌之患。此第二义也。不论武器之进步如何；而人之价值，总有决定之作用。苟非平日训练之有素，安能胜任而愉快！而吾德步兵之坚忍与毅力，舍命不渝，杀敌致果，则是训练有素之明效大验；而吾之所以战无不胜也！”然则士卒之练，安得不以步兵为先务之急乎！波兰练兵，亦以流动之技能著名；而以道路泥泞，不利于机械化部队，及步兵之摩托化；而精练骑兵以为流动之步兵，但用马而不用车耳；亦因地制宜之道乎？然而骑兵之流动，不足以当坦克车之机动！一九三九年九月，希特勒以机械化部队，摧锋直入，锐不可当；波军大溃；纵横驰突，不二十日，而波兰不国矣！英国海军之精练，久为世界第一；惟美差能颉颃；而其训练空军，亦非德义所及也！然士卒之练，技能固贵熟闲，品节尤宜训齐！德国兴登堡尝言：“近代战争，新武器之价值日高；然士兵之训练，道德之教育，未可以武器之精进，而被忽视；此无可疑者！盖行动果敢，实在明悟机巧之先；而临阵之际，意志之镇静，品行之坚定，尤比思想训练之精致为高！战之为事，不以武器之精致，而汩没原始之粗卤；不以技术之繁复，而改变形式之简单也！所以战之欲胜，尤贵陶冶人以具有意志坚强之人格！惟军队之训练，为能陶冶小己严肃之自律，而确信舍身为国之利，屈小己以服从全体，而逸乐偷惰，自私自利之习，刮磨以尽也！我德人之所以不屈不挠，而足以抵抗与我为敌之全世界者以此！”一九一六年，兴登堡欲调保加利亚之德军以赴西线。保王斐迪南曰：“不可！我保人，傥不见德国兵士之盔尖，将无所恃以勇于战！”沙纶和斯特将军曰：“文明人坚强之意志，尤有造于战胜，以视野蛮健硕之体力为多也！”鲁登道夫亦言：“武器不能造成胜利；而惟一造成胜利之条件，只有精神而已！”方一九一九年，德人既迫而承凡尔赛之和约；于是德国兵家极深研几，欲以明英国士气，屡败而不挫者，果何以乎？曰：“英国士兵，富幽默性，以支持于屡挫之余；而幽默性，则德国人之所最缺也！”先是大战之殷，英国漫画家伯恩斯法塞有一著名之漫画，画一老兵，在弹痕累累之室，垂头而坐。一新兵至，指墙上之大圆孔曰："谁为此者！"老兵头亦不抬，漫应曰："耗子！"德人翻印此画，颁于士兵，而加注于孔傍曰："此非耗子所啮，乃一大炮弹之孔也！"用表示英国军人之忍耐性，而明其所以屡败而不挫焉！及今大战之起，德国陆海军情报部，先设一心理实验室；主之者，薛蒙尼脱博士，语于人曰："文化之精神，足以妨害步兵进攻之精神，何可不予以克服也！"此外又有中央国防军心理测验所、种族研究所，二者皆以指导士兵之如何死。死者，人之所畏也；若运用心理之有法，斯欣然以赴死矣！中央国防军心理测验与种族研究两所，合出杂志曰"士气"，中有一论，谓："临敌而逃，此人类求生之一反射作用，而不外于兽性之冲动也！非不可能以铲除者也！"然则何道而可以铲除欤？德国一大将言："在相当之时机，唱相当之歌曲，必能产生精神之奇异作用。如高唱曰：'吾人欲献身于死！快哉，怯而生，不如勇而死！死！死！死！'歌声一发，而听者唱者，莫不发扬蹈厉，而冲锋直前矣！然士兵之不能无求生者，情也；顾必欲厉以死，而所以为厉者有三：一曰荣誉。耶苏之告人曰：'持刀之人，死在刀上！'而德之青年，所持以为金科玉律者，则曰：'人生光荣之归宿，莫如死在刀上！'轻死犯难，亦既相习成风。二曰宗教。宗教之安慰，亦可以厉人于死！德国军人，向不赞同纳粹主义之反宗教宣传，而恪遵普鲁士菲烈德立大王之言曰：'我不知上帝；然而我敬上帝！'三曰迷信。迷信者，今日科学世界之所羞称也；然而厉士兵以不怯死，则迷信乃大有用！在欧洲第一次大战时，第一号之齐柏林飞艇，横渡大西洋者三百次，空袭英伦者三十次，而上饰一木制之小燕，四受弹伤，而未被毁！于是驾驶员之乘此机以出战者，莫不谈笑从容，谓木燕足为护符，而上帝有以默相之也！心理实验室，踵事增华，而为飞机师设计类似之意像，如狗也，猫也，白马也，乃至破旧之纸牌也，附于机身，无不得呵护如木燕也！设有被神佑而不中一弹之一官一卒，皆足以鼓舞士兵之勇气，而发其幻想，以手加额曰：‘此上帝之相德国也！’”呜呼！以科学发达之德国陆海军情报部心理实验室，而导扬迷信；不亦异闻乎！往者吾国揭暄著《兵法百言》三篇，下篇论术，其中有“辟”与“妄”之两言，以谓：“兵家不可妄有所忌，忌则有利不乘！不可妄有所凭，凭则军气不激！以人事准进退，以时务决军机，人定有不胜天，志一有不动气者哉。”此“辟”之说也。顾又曰：“善兵者，诡行反施，逆发诈取，天行时干，俗禁时犯，鬼神时假，梦寐时托，奇物时致，谣谶时倡，举错时异，语音时舛，鼓军心，沮敌气，使人不测，旋辟妄，旋用妄。盖幻妄之说，正恃之不足，诡托之则有余也。”然则德国陆海军情报部心理实验室之导扬迷信，恶足异乎！非导扬迷信也；盖以导扬士兵轻死犯难之精神，而鼓之舞之之谓作尔！

赏罚孰明？

（训义）王皙曰：“孰能赏必当功，罚必称情。”

基博按：“赏罚”与“法令”不同。“法令”者，悬法布令，申诰诫于未事之前，而诏以从违。“赏罚”者，论赏行罚，课责任于既事之后，而明其功罪。苟赏罚不明，则法令不行！

吾以此知胜负矣！

（训义）曹操曰：“以七事计之，知胜负矣！”

基博按：现代战争，孰为胜负，七事之外，尤有二计：（一）曰资用孰裕。（二）曰工业孰优。孙子屡以“兴师十万，日费千金”为虑。兵者，资用之所由耗也。然用无所资，则兵不得动！而今日之战争，尤资用之战争也；其胜负之分，必决于资用之孰裕。如一九一四年，欧洲第一次大战，德方挟其久蓄不用之锐，横厉无前；特以经济计划，生产与供应之集中统制，以及劳工之分配，战前未有缜密之考量，而临战乃失有效之控制，于是德之霸权卒以屈于财权之下！至一九一七年，财匮货竭，民不聊生；而兴登堡时为参谋总长，欲建议，以谓：“国家之财政动员，而社会之经济未动员！傥有一经济参谋部以罗致专家，高瞻远瞩，必能通盘筹划。”而议不果行。及此次大战，而希特勒乃有经济参谋部之设，以七年之准备，而完成流线型之战时经济；前方作战与后方民生，两者融而为一，而在军事与经济参谋本部完全控制之下焉。苏联军事家亦言：“今日之战，非如赛拳角力者好勇斗狠，可以乘人之猝，而仆之于一击也；非兵力物力，源源接济，而持之以久，待敌之耗，不克保大定功。”而资用之孰裕，乃与兵众之孰强，皆为最后胜利之所系焉！所谓资用者有三：（一）曰国家之货币。一九三九年，第二次大战开始，德国军费，每月约合美金十万万元；而英国，则每月五万万元。以迄一九四一年，连兵不解，而军费之继长增高，德国每月至少二十万万元；英则每月十五万万至十七万五千万元。逮一九四二年三月，英国财相伍德在下院宣言：“两年以前，英国每日支军费四百万镑，今则每日一千四百五十万镑，此后且有加无已！”美国一九四二年之战费，为四百万万美元；而日本则一百万万日元；以每一日元最高值估合美金两角三分半，则美国战费四百万万元，折合日元一千六百万万有奇，即日本战费之十六倍也。日本军事预算，于一九四一年得三十万二千一百八十七万六千美元；每月二万五千一百八十二万三千美元，而其中用于中国战争者，为每月八千三百九十四万一千美元。然日本之生活水准，视美为低；所以不能依汇兑价来折合美金，据权威人士估计，日金一元，其购买力约等美金汇价之两倍也！日本能运用金融机构以集中国民之货币；而我国则以藏富于民，由来已久，而金融机构散漫；所以日本之军费增高，而增发公债易；中国之军费支绌，而销售公债难。盖中国之公债销售，由于人各探其私囊，而零星凑集；而日本人民之财富，聚于银行，可以银行承销也。日本人议中国金融以为如人之半身不遂。似乎日本以运用灵活而货币裕；我以金融滞钝而财政绌。然战争之日久，我金融机构之麻木不灵者，或较金融灵活而富有敏感之日本，为能持于不敝。如半身不遂之人，肢体小受创痛，而麻木不仁，处之泰然；其在神经锐敏者，必呼谖而痛楚不任矣。日本以财富集中，易于予取予求而消耗先尽；中国则以金融散漫，悉索敝赋，而民间能留其有余，时出以济国家之缓急；孰裕孰不裕，须观究竟如何。日本占有中国土地之半，而中国有二万万人民沦陷以受其统治，几两倍于希特勒在欧洲所有占领区之总人口。然希特勒以经济参谋部之设计有方，于一九四一年，每月从征服国所得货物价值，有四万二千万美元；当日本每月军费总数之一倍半，中国战费之五倍。而日本则以政治之不良，工业之落后，其于中国，虽占广土，统众民，不惟无得以济军，抑且养兵以驻防；占地愈广，养兵愈众；养兵愈众，军费愈高；而财赋无所征，物资无所得；予取予求，还资本国。希特勒能以战养战；而日本不能，屈力殚货，徒自敝尔！然货币者，不过以平衡物价，交换物资；而用之所资，在物而不在货币；货殚尚非力屈，物竭只有待毙。军需之资源，民生之衣食，皆物也。更试得而进论之；（二）曰军需之资源。有兵无器，何恃以战！兵之杀敌致果，必资于器；而器之制造与运用，必资于物。近世科学愈发达，兵器愈复杂，而所资之物亦愈夥；列举其品，几至四五千种。而其尤不可少者，盖二十二品焉。如以需要之轻重为次：一曰煤；二曰铁；三曰汽油；四曰铜；五曰铅；六曰酸类；七曰硫磺；八曰棉花；九曰铝；十曰亚铅；十一曰橡皮；十二曰锰；十三曰镍；十四曰铬；十五曰钨；十六曰羊毛；十七曰加里；十八曰磷矿；十九曰锑；二十曰锡；二十一曰水银；二十二曰云母；是也。二十二品之中，尤以煤、铁与汽油三者为先务之急焉。盖无铁，则无所资以制造兵器。然无煤，则无发动力以运用制造兵器之机械；而军舰亦失其运用；故列之第一。无汽油，则空军之飞机，机械化部队之坦克车、装甲汽车，皆失其所以为用而成废物。此外橡皮，亦为兵器制造之所必需；盖飞机、坦克车、汽车、军舰内部之橡皮管及皮轮、皮带，皆用橡皮；而电信队所用之各种电气装置，尤非橡皮不可也。其次铜、锡、铅三者，则制造山炮、炮弹、枪弹之所不可少；而铝、铬、锰及镍，用以制造大炮、飞机及军舰所用之高度硬性钢。铝用以制造飞机。棉花及酸类，用以制造火药及军用被服。硫磺用以制造毒气。则又其次要者。然日本发愤为雄，以海陆军自豪；而制造兵器之所资，惟煤差能自给。铁则百分之七十，输自美。汽油百分之九十，输自美及荷兰东印度。锡百分之七十一，输自荷兰东印度及英属马来。铅百分之九十二，输自英属加拿大及澳洲。棉花百分之九十八，输自美及英属印度、埃及。铝百分之五十九，输自英属加拿大及瑞士。橡皮则全自荷兰东印度及英属马来输入。镍亦全自国外输入。而输入之国，若英，若美，若印度，埃及，若荷兰东印度，若加拿大及澳洲，其在今日，皆日本之敌也；如禁止输入，而日本海陆军兵器无所资以制造与运用，将何以战；只有束手以待毙尔！墨索里尼虽有好大喜功之心，而义大利之军需资源，不能自给。其中煤百分之九十，铁及汽油百分之八十，棉花百分之九十九，橡皮、铜及锡百分之一百，不得不仰给国外。战争之日久，而输入以渐减而至于告绝；张脉偾兴，外强中干；此所以一鼓作气，再而衰，三而竭也！方德苏交战之始，有人言：二十二品之主要军需资源，苏联只缺三品，而德则十九品也。苏联所有之汽油，盖五十又五倍于德；而德年产六十万吨也。未战以前，欧洲各国汽油之消费，每年四千二百万吨；而生产仅八百四十万吨，其中罗马尼亚七百万吨，德六十万吨，法六万七千吨，比利时四万五千吨，阿尔巴尼亚一万四千吨，仅当消费之五分一也。英国阿松爵士谈第一次欧洲大战之协约国胜利，每谓："协约国乃漂浮在油面上以获胜！"然第一次欧洲大战，一师陆军作战，只须四千马力；而当今之大战，军队配备，无不机械化；陆军一师，非有十八万七千马力，不能以作战；而马力，非汽油，不能发动！然美人言：德国及其控制地所生产汽油之总量，尚不逮美国十分之一；此实德国之致命伤！盖德之所以战必胜，攻必取者，闪电战也。闪电战之所以电发霆震，迈往无前者，空军也，机械化部队也；而空军之飞机，机械化部队之坦克车、装甲汽车，无汽油，则不能动。人亦有言："空军、机械化部队之战，非以人力战，而以汽油力战也。"今世界汽油生产之地，皆为英、美、苏之所控制；而德之汽油不富，顾不惮罄竭所有，悉力殚锐以用其空军与机械化部队；如连兵不解，旷日持久，汽油会有时竭，则空军与机械化部队之威力，澌灭以尽，无电可闪，势必不战而自屈！特空军之耗油少，而机械化部队之耗油多。方德未与苏开战之前，而所以用机械化部队者，盖矜重之至矣！波兰之战，才数星期；而徇荷、比以降法，亦不过数星期；然汽油消耗，远超占领国掠夺之所得。其余则用空袭以节汽油之消耗；亦欲留其有余也。及其对苏作战也，盖尽所有之机械化部队，前仆后继，连兵两年，而汽油之耗，必有不可以数字形容者！如不得苏联之高加索油田以为偿，必有情见势绌之一日，可断言者！现代战争之中，如以钢为不可少之军需资源，日本每年制钢七百万吨至七百五十万吨；德国每年二千六百万吨至三千万吨；而美则一年九千万吨，十二倍于日本，三倍于德国。德国在欧洲控制各国之所掠夺，约为钢一千五六百万吨；合以德之所自有，亦不过美国产钢之半尔！战争久而愈烈，兵器之损耗必不赀；而美国产钢多，补给易；日、德产钢少，补给难；孰胜孰负，亦可以此为衡也！然孔子论政，足食先于足兵。有兵而无食，不能责人民枵腹以执兵也！其三曰民生之衣食。兵出于民，而民以食为天。神农之教曰："有石城十仞，汤池百步，带甲百万，而无粟，弗能守也！"今何必异于古所云耶！一九一四年，第一次欧洲大战，德之所以败，非战不胜，攻不敢也；由人民之困于饥不得食，而同仇敌忾之心日以杀；啼饥号寒，冻馁其妻子，而战士有内顾之忧；士气亦以沮丧；此所以屡胜而终蹶也！一九三七年春，希特勒日夜图所以逞志于奥大利及捷克，而其参谋本部则警告之曰："若从面包票作战起，则此战争已败绩！"盖其时德国明令准许面包之搀玉蜀黍粉，而牛油、猪油，则非有票不得买，有票亦或无从买也。明年五月，捷克以苏德台人之谋叛而与德有违言。戈林请出兵以快心一决；而希特勒踌躇，亦以不知秋收如何？迨九月而岁大有，希特勒乃陈师鞠旅，而宣言不怕封锁也！今各国连兵不解，亦以战争之日久，人民以衣食不给而厌战。各国政府，无不哓口瘏音，以哀吁人民之节衣缩食；而无法以继粟继肉。计口给粮，风行各国。计口授衣，德亦厉行。然"大炮重于牛油"，希特勒申为大诰，德人播为美谈；及其既也，其人民，以食之无油，而易饥，而倦于工；枵腹从公，人情难能！臣朔饥死，何国之爱！鲁登道夫言："德人不怕战而怕饿！战不足以摧德国，而饿则以危德国之生存！"此次美国未参战，而先有事于农业政策，以为制裁纳粹之武器，曰："喂饱英国，饿死德人。"其农林部长威克尔言："食物孰裕，将以决最后之胜利。"大兵之后，必有凶年。其言可深长思也！斯三者，皆资用孰裕之计也。所谓工业孰优者：一曰工业生产之能否扩大。二曰兵器制造之是否适用。试先论兵器制造之是否适用：现代适用之兵器，必具三事：曰攻击之威力。曰机动之活力。曰防御之自卫力。而杀敌致果之所资，尤在攻击与机动。第一次欧洲大战，协约同盟，两军相对，深沟固垒，画地不能以进，而日竞于炮火之加猛以相轰击。德人以四二公分之大炮，攻比之凡尔登；以一二〇公里之长射程炮射击法之巴黎。而法则创五二公分之榴弹炮以为报焉。然炮身过巨，转动不易，非有铁道输运，即用数车牵引；攻击之威力虽猛，机动之活力绝滞！及今大战，而装配非兵器之飞机，汽车，以助长一切兵器之机动；以机动之活力愈敏，而攻击之威力益张！义大利杜黑将军以一九二一年，倡制空权之论，建伟大之空军，以谋集团之作战，而握无上之制空权，以制机先。墨索里尼用其言以成义空军，戈林用之以成德空军。一九三九年九月，德之侵波兰也，悉所有之空军，倾巢以出，而集团轰炸，集团使用，盖用杜黑之论而有成功者也。然义之空军，其飞机之数，远过英国；而以与英空军交绥，几乎无役不北；则以制造之不适用也！盖机身多以木质所造，易为炮火所毁，而又速度迟慢，操纵不良。其轰炸机之出动，不置伴送战斗机。而义之最精良战斗机，为玛奇及勃莱达式，每小时速度仅三百哩；英则飓风式之战斗机，每小时速度三百三十六哩；而新型战斗机之喷火式三号，至每小时四百哩。至义国速度最快之三发动机萨伏亚马奇蒂式，则又防御性能极小，以枪座在前，而发射线为三发动机所障；又无伴送战斗机以戒不虞；宜其动辄偾军也！然德用杜黑之论以摧波兰，而用之英伦三岛，则无成功。何者？则以英有适用之战斗机以自握制空权，而无虞于集团轰炸之德空军也！一九四〇年八月八日，迄于九月五日，凡二十九日，德机之在英空击落者，一千二百九十四架；而其中一千一百五十三架，为英战斗机所毁也。一九四一年三月中旬，德空军连四天夜袭英伦；而为英之夜间战斗机击落三十四架；至五月十日，竟以一夕而击落德机三十三架。盖开战之初，英之空军，主防御而注意于战斗机之鸷猛。德之空军，尚攻击而精心于轰炸机之制造；而越海以袭英，尤非载量多，航程大之重轰炸机不为功。然重轰炸机形体庞大，而升降不能灵敏，易为战斗机所乘。德国非无大队之战斗机以相夹辅；然有人以英战斗机之喷火式、飓风式两种，与德之米沙西米特一一〇式、亨克尔一一二式战斗机相较；则米沙西米特之直线机身，不如英机喷火式之流线型机头及椭圆形翼者为灵活。其时，英机喷火式之上升最高限度，为三万六千呎；飓风式三万五千呎；而德之亨克尔机，仅三万一千一百呎，亦远逊之！惟德机之最大速度稍胜；然落地之速度亦必加大！即以轰炸机而论：英之威灵顿式，盖用圆弧结构以增加结构之强度，减轻机身之重量；而航程之大，载量之多，皆德机所不如。则是德之飞机制造，不如英之尤适用，而迄以无成功也！其后随大战之进行，而空中战术演进以注重低空攻击及高空飞行二者。高空低空，无往不宜，固所愿欲，而有不能；于是各种机型，分工合作，或长高空飞行；或擅低空攻击。低空攻击，包括俯冲轰炸，机关枪扫射及空中炮击以至攻击坦克及阻截运输而言。英国空军不甚喜俯冲轰炸机，以为战斗轰炸机，亦可胜任，而安全过之！旋风式能以四炮或二五〇磅炸弹作低飞攻击；而敌机之追逐，则擅战斗以飞逸！高空飞行，则可以伸延轰炸距程；而空中堡垒，扬威一时！英空军用之初期空中堡垒，其保护装备较弱，而恃其飞行高度与速度以进行轰炸及安全返回；特最高不得过三万五千呎，为可瞄见目标之高度尔！至以战术之演进，而图制造之改进，则马力尽量增大，而机器尽量缩小，以令之能载较大之重量，飞较大之速度。惟战斗机与轰炸机之翼载重日增，而转动之灵活以减！盖翼载重增加，而旋转圆周之半径，随之增加也；然速度之猛进，足以抵偿转动之不灵！而今日飞机之设计，注意其速度及上升，较转动为重也！轰炸机之设计，有人以为首重速度；然那亚伐鲁·兰开斯特型之轰炸机，速度虽慢而载重量较大；有四炮座，可以发射上下四方。美国波音式之空中堡垒，火力亦甚猛，足以抗拒敌人；惟飞长距离以入敌境，而供应物之载重必增；则以飞行距程之长，而速度及上升之能力必减低！然遇敌人驱逐机之拦击，当以速度高为佳也！特轰炸机推美，而战斗机必称英！其后英之喷火式，每小时飞行六百哩；而德之米沙西米特式，则五百六十哩。美新共和国之雷电式飞机，最大速度，每小时一千一百十哩，而日人零式机，最大速度，不过六百哩！然以频年战斗之经验，而知飞机之火力配备，亦未可忽，或主小钢炮，或重机关枪。钢炮可以发一弹，毁一机；惟一分钟，只能五发；而机关枪，则一分钟，一千二百发！又以炮弹大，而一飞机，不能如机关枪弹之多备多用也！德、法两国之战斗机，皆配备钢炮一，机关枪二；普通钢炮为二十公分口径，机关枪为七·七公分口径。而美国与义大利，则取乎折衷，而配备以十三公分口径之机关枪两架。至于英国，远在一八三五年，众议佥同，而配备八架机关枪以成一浓密之火网；非不知钢炮之威猛也；然所求者不在猛烈之爆破力，而在密集之火力！及大战之起，德国空军，以交绥败绩，而亦增强火力；于是英人采用钢炮之装备，而在喷火机之每一翼上，配备钢炮一，机关枪二；每分钟，炮弹一千二百发，机关枪弹四千四百发；两者合计，每分钟可四百十磅。至于有四座钢炮之飓风式飞机，每分钟火力，共为六百磅；有四座钢炮与六架机关枪之一种波式飞机，每分钟火力，共为七百六十五磅；火力日以加猛，而德国空军望风靡矣！又如海军之战舰，美国以远离本国作战为造舰目的；日本则以接近本国作战为造舰目的。美舰之所长，在航行半径之广大，与重装甲之厚；盖美人造舰设计时之所耿耿在心者，假如海战而有舰受伤，非航行千哩，不能回根据地以事缮修也！日人则无虑乎此，而早夜以图者，厥为在其三岛海岸线密接合作之海战计划；然扩张领海以臻无垠，而不知其战舰之远离根据地以臻不利！日本战舰之炮火密集，速度加强，无疑也；然而发动力不足！盖日人之造舰设计，多参德国；而德国战舰，有装载过重之倾向也！近年以来，日人造舰之注重装甲加厚，大炮加重，固也；美人何尝不如此；然而美人顾虑安全以牺牲速度！日人则不肯牺牲速度，而不知战舰之安全以及海上航行持续力之受牺牲！日本战舰，有高度之速力；英美海军之所望尘莫及！然义大利战舰之速力，尤超过于日本，为世界无敌之快舰；而以与英海军接，亦无役不北；何者？盖义以速率重于钢甲。故减薄钢甲以增速率。而英以钢甲重于速率，宁加厚钢甲以减速率。及其一旦交绥，则英舰以护钢坚厚，可以抵义机之轰炸，舰炮之射击，而无害；义舰以护甲薄脆，不能当英机之轰炸，舰炮之射击，而多毁；虽舰速有以相胜，而甲薄无以自保也。一九四一年三月，美国海军部长诺克斯宣言："战舰之威力有三：曰火力。曰速率。曰钢甲。三者相互为用，而亦相反为比；增强其中之一，必减弱其他之二。在昔太平无事之日，各国海军部，无不增加战舰之速率，以为利进退，而减薄甲装；不知交绥时，敌炮贯甲直入之足以毁灭战舰而制我死命；义之殷监不远也！美则坚持钢甲重于速率；而每舰所装之钢甲，比世界列国加厚二吋至四吋；盖自开战以来，未见有装甲舰如许厚之钢，而敌机之炸弹，能贯甲以入者！英之主力舰罗特尼号，尝中一最重级之炸弹，仅受微伤，而无害于战争也！然德之新舰，则减弱火力以增强甲厚，只有十五吋大炮八门。美主力舰之古罗莱德级，则有十六吋炮九门。易言之：德舰之每一次遍排放，只射出一万六千磅炮弹；而美则二万七百磅。"傥以日本战舰，与美相衡：从火力言，美亦远优！日本主力舰十艘之每一次遍排放，只射出十三万八千磅炮弹；而美十二舰，则二十三万四千磅炮弹。日本主力舰之重炮，皆十四吋；而长门、陆奥两舰，则十六吋。然日舰所设置之次等武器，则比英美为多；如长门舰配备之五·五吋小炮，为二十门；美之同等战舰，则只有十二门之五吋径小炮；而英之同等战舰，亦只有十二门之六吋径炮。然日舰亦以装炮过多，上层过重，而影响于舰之稳固以易沉覆，虽最上级巡洋舰亦然，固不仅一千五百吨级之驱逐舰也！惟主力舰尚无虑此，而亦有以舰桥之庞大如塔，而失其稳者！美舰之速度不如日；美国主力舰之最速者，不过二十一浬；而日舰，则至迟者二十二浬半；通常二十三浬；至于长门、陆奥两舰改建以后，则自二十三浬以增为二十六浬；而日之战斗巡洋舰，速度尤高！惟日本驱逐舰之速度，则比英美迟二浬，而武器之配备较雄！日本所造之一千七百吨驱逐舰，设六门之五吋径炮与九鱼雷管；而英之新式驱逐舰，仅有四门之四吋径炮与十鱼雷管。美之新驱逐舰，不如日人装炮之多；而别置猛烈之鱼雷武器一枚，则日之所无也！日本新航空母舰，亦以美妙之线型，而得必要之速度！以日舰速度之强高，欲战则逆袭，不欲战则驶避，进退有余裕，而战不战之权，可以自操；一旦开战，尚有选择形势之便利，可以集中多舰之火力而攻一美舰。惟美舰之装甲，则远超于日；其主力舰之钢甲，自十四吋以至十八吋；而日舰则惟长门、陆奥两舰之主要部分，装甲十三吋，而炮塔十四吋。扶桑、山城两舰，装甲十二吋。金钢、榛名、雾岛、比睿四舰，装甲十吋。而战斗巡洋舰，不过装甲八吋；攻击力虽强，而自卫力则弱！一九四二年十一月，所罗门之海战，日本金刚级之主力舰，为美重巡洋舰旧金山号所击沉；而旧金山号，则竟受重创而竟未沉没，开世界海军战史上之新纪录；亦以装甲之厚薄不同！兵法：“先为不可胜以待敌之可胜。”而战舰之不可胜在钢甲，可胜在火力。则是世界各国之战舰，钢甲之厚，火力之猛，以美制为最适用；义则减薄装甲以增速率而不适用，故败也！飞机亦资装甲以自卫。日本陆海军之战斗机，重量较轻，而无保护之装甲。德之驱逐机较重，威力较大，速率亦较高，而装甲足以自卫。义大利之战斗机，亦装甲也。日本之海军及空军，无不设计减轻装甲以提高速率；而启衅太平洋以与美交绥，迭遭挫败；而日本参谋部乃大戚，以证为不可偿之失计焉！坦克车之不可胜在装甲加厚，可胜在配炮加大，与战舰同。从前有人谓：“坦克车速度加快，可以突进以迫敌人之防御炮火，使人不及发。”及佛朗哥将军之西班牙内战，而证其不然！观于西班牙内战，而以知平射炮之威力！顾德人漫未注意；其进攻法也，以一〇六型坦克及一一一型坦克为主；一〇六型最高速度，每小时六十公里；一一一型则七十公里；而一〇六型有七公厘至十五公厘厚之钢板装甲；一一一型有十六公厘至三十公厘厚之钢板装甲；然三十七至四十五公厘口径之炮弹，而在中长射程之内，可以摧破三十公厘之钢甲！特以德军坦克之多，与其最高速度之机动，法人仓皇失措，而德人泰然自得以为无敌也！及以一一一型坦克大举攻苏联，而为红军之平射炮及坦克枪摧灭无遗；乃大惊，而革新坦克以有老虎型，装甲加厚，机动加捷，而益配备长射程炮以制压红军之炮兵；盖德人以为在二千至二千五百公尺之距离发炮；可以先发制人而不受红军中级口径炮之射击也！默察新兵器之趋势，陆上贵猛而速；海战欲猛而坚；观兵器制造之孰适于是，可以知孰为能胜也！然兵器之制造，必有待于工业之发展；试进而论工业之能否扩展：现代一师建立之装备，必有四万件之兵器，而枪弹不在内；至炮兵及机械化部队，尤必加铁甲、装甲炮、平射炮等军用品二万件以上。而今用兵动数十百师，其有待于工业之扩展，为如何乎！日本维新以来，工业虽日趋于发达，然其所发达者，仅为轻工业之纺织、食品等类；而钢铁及机器之重工业，则不相副！无钢铁及机器，则所以制造兵器者无其具。日本机器，多自外国输入；而飞机及坦克车之主要机件，不能自制。今日之战争，亦工业之战争也；而工业之战争，尤以飞机及坦克车二者之制造孰优为衡。日本无近代之汽车制造厂；飞机之发动机，仿制外国而脆劣不坚久；方欧洲各国空军经营建造二千马力以上之发动机时，而日本则仅仿制其一千马力以上之原始发动机。日本之一飞机工厂，如接军部之定货单一纸，而以力之不能独造，不得不联合四百五六十小工厂，与之合作；而一小工厂，又必各联三五小制造所以图合力；虽同一定型，而质之坚脆不一，工之巧拙不齐，粗制滥造，亦其航空所以多败事之一因也。当一九三一年，日本军部以计划改组炮兵，而与炮兵工厂订制七十五公厘之野战炮；而炮兵工厂不能如期出品，所制亦不中程而脆劣！然七十五公厘之野战炮，苏德两国已用之步兵团；而日军之侵我也，仍以为炮兵之主炮！所用步枪及机关枪之口径，则为六·五公厘；然欧洲第一次大战，早已证明七公厘以下口径之枪为不合用；而日人故我依然者，则以日本钢铁工业、机器工业之重工业不发达，而兵器不能精制也！太平无事之日，尚不免于竭蹶，更何论战时之扩展！今而后，纵日本有三百万以上之军队，而无三百万人配备之兵器！徒手不能以搏战，亦何能长此相持，再衰三竭，不仅士气也！德国之钢铁工业、机器工业，为环球之冠；而兵器制造之精，自非日本可及！惟希特勒得政以来，无日不备战，倾国力以事军备，而尽所有之重工业以制造兵器，迄于今日，连兵两年，而兵器之制造，已臻其极；国内所有之重工业，不复有余地以为扩展。英之重工业，颉颃于德，而备战之日浅；承平之时，未尝尽所有之重工业，以制造兵器；虽仓猝为德所乘，而重工业留其有余，以为兵器制造之扩展，而德则不能扩展！一九四〇年，美国方开始擘划以汽车工业改为飞机工业，以其他重工业改为军火工业，而德则改无可改！如旷日持久，而德之兵器制造，将相形以见绌，而不能与英美等量！德之所以利速战速决，图孤注之一掷，而不欲长相持者，亦以此也！今英美之兵器制造可扩展；而德之兵器制造不能扩展，久必不支！总之兵器之制造，必植其基于重工业；而日本之兵器，不能精制，以重工业不发达也！德之重工业发达，而兵器能精制，不能扩展，则以兵器之制造太急激，而不为重工业留其有余不尽也！此工业孰优之计也。夫所以衡工业之孰优，固不出于二者：一曰工业生产之扩大。二曰兵器制造之新颖。而兵器制造之新颖，尤必与工业生产之扩大，相剂而不相害。试以飞机为例：开战之初，德国空军之强大，为其飞机生产之集中于若干卓越型飞机之制造；其种类不多，而无不有高水准之性能以适应战术之卓越！一九四〇年，法人之所以为希特勒所乘者，其道多端；而空军之不如德强大，亦其一也！空军之弱，由于飞机之少；而飞机之所以少，则由于航空部长拉湘伯者，达拉第之所信任也，与其所谓专家者，设计新型，人人异制，筑室道谋，式样时改，是用不规于成，而大量之生产无期；则是以制造之新颖，而妨生产之大量也！大抵设计打样之工程师，蕲于推陈出新，以制敌机之先。而负责制造之工程师，则欲以多胜寡，而增我机之数。然设计者，得一新型时，辄欲停制旧机，改造新型，而厂之机构与人事！非相应以改组，则无所措手；而生产停滞矣！此法之所以败也！美人有监于法，于是分全国之制造机构为二，其一制造旧机，其一设计新型；及新型之有成功，而大量生产时，然后停制旧机，改组旧厂，适当配备，而予设计者以第三种新型之试验；如是往复不已，递相循环，日新又新，抑亦日多又多！然非广土众民，工业发达之美，不能有此雄财大略也！英国则开战以来，轰炸战斗，新机日出，从未停滞于一型；则以美机为之消息，而以弥缝其阙也！然而德则如何！则飞机之造，已跻日多又多之极限；而不能日新以又新！如欲改弦更张以设计新型，则生产不得不减低，而大战方酣，供不应求！倘保持生产之大量，久而又久，两军相接，不能推陈出新，必以相形见绌，往日适用，今岁落伍。长此以往，德之飞机，不惟生产之量，不能扩而益大；抑亦制造之型，无从精以求进；此亦旷日持久，于德不利之又一义也。

将听吾计用之，必胜；留之。将不听吾计用之，必败；去之。

（训义）梅尧臣曰：“武以《十三篇》干吴王阖闾，故首篇以此辞动之，谓：‘王将听吾计而用战，必胜；吾当留此也。王将不听吾计而用战，必败；我当去此也。’”

计利以听，乃为之势，以佐其外。

（训义）曹操曰：“常法之外也。”杜牧曰：“计算利害，是军事根本。利害既见听用，然后于常法外，更求兵势以佐助其事也。”张预曰：“孙子又谓‘吾所计之利，若已听从；则我当复为兵势以佐助其事于外。’盖兵之常法，即可明言于人。兵之势利，须因敌而为。”郑友贤曰：“或问计利之外，所佐者何势？曰：兵法之传有常，而其用之也有变。常者，法也。变者，势也。书者可以尽常之言，而言不能尽变之意。五事七计者，常法之利也。诡道不可先传者，权势之变也。常而求胜，如胶柱鼓瑟，以书御马；赵括所以能势而不能战，易言而不知变也。盖法在书之传，而势在人之用。武之意，初求用于吴，恐吴王得书听计而弃已也，故以此辞动之；乃谓书之外，尚有因利制权之势，在我能用耳！”

基博按：自此以上论“计”，以下论“势”；而两语束上开下。“外”者，非内也，“经之以五事”，内自治也，“校之以计而索其情”，外虑敌也。以上所论是也。而下文所论之势，则遇敌攻守之方，尤“外”之“佐”而已。故曰：“乃为之势以佐其外也。”“计”者，熟虑于未战以前；“势”者，善审于临战之时。

右第三节，论校之以计而索其情。

势者，因利而制权也。

（训义）杜牧曰：“自此便言常法之外势；夫势者，不可先见，或因敌之害，见我之利；或因敌之利，见我之害；然后始可制机权而取胜也。”张预曰：“所谓势者，须因事之利，制为权谋以胜敌耳；故不能先言也。自此而后，略言权变。”

兵者，诡道也。

（训义）王皙曰：“诡者，所以求胜敌；御众必以信也。”张预曰：“用兵虽本于仁义，然其取胜，必在诡诈。”

基博按：王氏之言，是也；然而非《孙子》之意也。观其《九地篇》曰："将军之事，静以幽，正以治，能愚士卒之耳目，使之无知，易其事，革其谋，使人无识。易其居，迂其途，使人不得虑。"则是诡者，非徒以胜敌，抑亦以驭众也。惟此一句领起下文，自指胜敌之诡道而言。

故能而示之不能，用而示之不用。

（训义）李筌曰："言己实能用师，外示之怯也。汉将陈豨反，连兵匈奴，高祖遣使十辈视之，皆言可击。复遣刘敬，报曰：'匈奴不可击！'上问其故？对曰：'夫两国相制，宜矜夸其长；今臣往，徒见羸老；此必能而示之不能，臣以为不可击也。'高祖怒曰：'齐虏以口舌得官，今妄沮吾众！'械系敬广武；以三十万众至白登，高祖为匈奴所围，七日乏食。此外示之以怯之义也。"杜牧曰："此乃诡诈藏形。夫形也者，不可使见于敌。敌人见形，必有应。《传》曰：'鸷鸟将击，必藏其形。'如匈奴示羸老于汉使之义也。"何氏曰："能而示之不能者，如单于羸师诱高祖，围于平城，是也。用而示之不用者，李牧按兵于云中，大败匈奴，是也。"

基博按："用而示之不用"，如与"能而示之不能"，上下互文见义，作"不用而示之用"，如下文"近而示之远，远而示之近"之例；用意似更耐人味。

近而示之远，远而示之近。

（训义）李筌曰："令敌失备也。汉将韩信虏魏王豹；初陈舟欲渡临晋，乃潜师浮木罂，从夏阳袭安邑而魏失备也。耿弇之征张步，亦先攻临淄；皆示远势也。"杜牧曰："欲近袭敌，必示以远去之形。欲远袭敌，必示以近进之形。韩信盛兵临晋而渡于夏阳。此乃示以近形而远袭敌也。后汉末，曹公、袁绍相持官渡，绍遣将郭图、淳于琼、颜良等攻东郡太守刘延于白马。绍引兵至黎阳，将渡河。曹公北救延津。荀攸曰：‘今兵少不敌，分兵势乃可。公致兵延津，将欲渡兵向其后，绍必西应之；然后轻兵袭白马，掩其不备，颜良可擒也。’公从之。绍闻兵渡，即留分兵西应之。公乃引趋白马，未至十余里，良大惊来战；使张辽、关羽前进击破，斩颜良，解白马围。此乃示以远形而近袭敌也。”

基博按：希特勒之得政也，所以号于德人，而得其拥护者，曰复仇于法以雪前败也。顾处心积虑，以反苏共为天下号；并奥吞捷，明示东向，而告于法人曰：“不西侵法境，不欲收复阿尔塞斯、劳伦二州！牺牲百万壮士以克复一地，而一地之所获，不足以养众百万也；于我何利！”于是法人大慰，而谢波兰之用兵。及希特勒大举以袭波兰，而法人出兵声援。顾法国统帅甘末林所用之间谍，以侦德者，为德之间谍所贿买，所利用，而以复于甘末林曰：“希特勒之大欲在巴尔干，方疲兵于东，而未遑西略。”于是甘末林命魏刚以精兵赴近东，欲与土耳其联合作战；而所以卫北疆者，皆老弱焉。及波兰既下，而希特勒乘胜远斗，回兵东向，不径走荷、比；而盘马弯弓以占丹麦，攻挪威，若无意于法，然后急转直下，徇荷、比，以袭法之北疆，而乘其不虞；是亦“近而示之远”之明效大验也。至希特勒之攻苏也，以一九四一年五月二日，与墨索里尼会于勃伦纳，早有成议；不动声色，而悉力殚锐以徇南斯拉夫，攻希腊，争克里地岛，而嗾使英伊与英叙之战，若欲进攻苏彝士以扼英人之吭；而示俄人以方骛于西，未遑东顾。一旦宣战，而陆军三百万人，已阵苏边，机械化部队如潮而至；先人有夺人之心，而苏联猝为所乘，节节退却。亦“近而示之远”也。美之以艾森豪威尔将军突袭法属北非登陆也，实以一九四三年十一月八日，而先以八月十九日，英美盟军突袭法之西海岸第厄甫，虽交绥而即退，人以为将于此登陆以图开辟欧洲第二战场也！及艾森豪威尔登陆北非以有成功；而罗斯福宣言：“第厄甫之役，特为声东击西以疑误德人，若将有事西欧；而攻其不备以登陆北非。”则“远而示之近”也。

利而诱之。

（训义）杜牧曰：“赵将李牧大纵畜牧，人众满野，匈奴小入，佯北不胜，以数千人委之。单于闻之，大喜，率众大至；牧多为奇阵，左右夹击，大破杀匈奴万余骑也。”

乱而取之。

（训义）李筌曰：“敌贪利，必乱也。秦王姚兴征秃发傉檀。傉檀悉驱部内牛羊，散放于野，纵秦人虏掠。秦人得利，既无行列。傉檀阴分十将，掩而击之，大败秦人，斩首七千余级，乱而取之之义也。”杜牧曰：“敌有昏乱，可以乘而取之。《传》曰：‘兼弱攻昧，取乱侮亡，武之善经也。’”张预曰：“诈为纷乱，诱而取之，若吴越相攻，吴以罪人三千，示不整而诱越；罪人或奔或止，越人争之，为吴所败，是也。”

基博按：三家之解不同，李筌连上句“利而诱之”读，谓利以诱之，乱而取之也。杜牧则引“取乱侮亡”之义，而乘敌之自乱也；然谓乱之在敌，则与李筌不同而同。至张预“诈为纷乱”之说，则以乱为我之诡道焉；虽似曲解，而亦有理也。

实而备之。

（训义）张预曰：“经曰：‘角之而知有余不足之处。’有余，则实也；不足，则虚也。言敌人兵势既实，则我当为不可胜之计以待之，勿轻举也。李靖《军镜》曰：‘观其虚则进，见其实则止。’”

强而避之。

（训义）李筌曰：“量力也。楚子伐随，随之臣季梁曰：‘楚人上左，君必左；无与王遇，且攻其右；右无良焉，必败；偏败，众乃携矣’，少师曰：‘不当王，非敌也。’不从。随师败绩，随侯逸，攻强之败也。”梅尧臣曰：“彼强，则我当避其锐。”张预曰：“经曰：‘无邀正正之旗，无击堂堂之阵。’言敌人行阵修整，节制严明，则我当避之，不可轻肆也。若秦晋相攻，交绥而退，盖各防其失败也。”

基博按：用兵以全军为上。“强而避之”，所以为全军也。苟军全而不破，则敌强而无害；虽攻城掠地，而敌无法以终保；虽追奔逐北，而我有力以反攻；我之避不终避，敌之强不终强也。一八一二年，法皇拿破仑以三十六万人，挟其百战百胜之威，长驱入俄。而俄大将苦兹则夫移民清野，引兵不战。拿破仑所向无前，列城风靡，留兵置戍；得地虽广，兵力乃分；及至莫斯科，而麾下之众才十万矣！长途不得休而师以老；空城无所资而士以饥；顿兵挫锐，不战自屈，而莫斯科一炬，仓皇引退，溃不成军，而拿破仑之霸业以摧，则以俄人之能“强而避之”也。一九一四年，法大将霞飞之大败德人于玛尔纳河也，不作迎头之击，而先缓退以持；亦以德军之推锋直入，锐不可当，“强而避之”也。苟奋不虑难，而为孤注之一掷，覆军杀将，徒遗敌擒耳！军破而国亡随之矣！我国之抗日以战，坚舰快炮，不如日也；飞机坦克，不如日也；士卒之练，兵众之强，不如日也；然而日人战胜攻取，开疆千里，得我之地，而不能破我之军，再接再厉，以迄于今，连兵四年，而无如我何；亦以我之知“强而避之”也。然所谓“强而避之”者，非望风而逃，委土地人民以资于敌也；盖蓄锐养威，全军而退，诱敌以致之可击之时与地，相机而动，欲以歼于一战，如俄之于拿破仑，霞飞之于德也。其避之也，亦有所以避之法：必移民清野，焚积聚，毁庐舍，以毋赍盗粮，遗敌俘。必毁道路，阻交通，而无予敌以长驱直入。必沿途留兵，四散伏匿，伺敌之进而潜处其后，以策应他日之反攻。必且战且退，步步为营，而左右翼得所控扼，毋予敌人以迂回包围之余地。如敌炽张而势不可当，或疾退以据险而示敌以不可逼；或分兵以四散而炫敌以不知追。凡事有宜，不得尽言。如无程序，无计划，而不谨所以为避之术；我避而敌乘之，堕军实而长寇雠，则又莫如避也！然“强而避之”，抑别有妙！我之抗日也，日人乘胜而去国远斗，其锋不可当；“强而避之”，固也。然我之所以为避，不引兵向后退以为避，而转兵进敌后以为避；纵敌之前而随其后，敌尽前无坚壁，我却退有余地俟敌之深入而不继，占地既广，分兵渐单；然后转退为进，分途合击，以我之合，攻敌之分，无不围而歼之！此则避而不退，进以为避，而弱势亦有以歼强，强敌不保其终强，神而明之，用兵之妙也！六国时，秦以李信及蒙恬将二十万人伐楚，败楚军；楚人因随之，三日三夜不顿舍，大败秦师，亦用此术。徒以楚蹶不振，谈兵者成败论人，罕究其妙尔！

怒而挠之。

（训义）杜牧曰：“大将刚戾者，可激之令怒；则逞志快意，志气挠乱，不顾本谋也。”王晳曰：“敌持重，则激怒以挠之。”张预曰：“彼性刚忿，则辱之令怒；志气挠惑，则不谋而轻进；若晋人执宛春以怒楚，是也。《尉缭子》曰：‘宽不可激而怒。’言惟宽者，则不可激怒而致之也。”

卑而骄之。

（训义）杜牧曰：“秦末，匈奴冒顿初立，东胡强，使使谓冒顿曰：‘欲得头曼时千里马。’冒顿以问群臣？群臣皆曰：‘千里马，国之宝，勿与。’冒顿曰：‘奈何与人邻国，爱一马乎？’遂与之。居顷之，东胡使使来曰：‘愿得单于一阏氏。’冒顿问群臣？皆怒曰：‘东胡无道，乃求阏氏；请击之。’冒顿曰：‘与人邻国，爱一女子乎？’与之。居顷之，东胡复曰：‘匈奴有弃地千里，吾欲有之。’冒顿问群臣？群臣皆曰：‘与之亦可，不与亦可。’冒顿大怒曰：‘地者，国之本也，本何可与！’诸言与者皆斩之。冒顿上马，令国中有后者斩，东袭东胡。东胡轻冒顿，不为之备；冒顿击灭之；冒顿遂西击月氏，南并楼烦白羊河南，北侵燕、代，悉复收秦所使蒙恬所夺匈奴地也。”王皙曰：“示卑弱以骄之，彼不虞我而击其间。”张预曰：“或卑辞厚赂，或羸师佯北，皆所以令其骄怠。吴子伐齐，越子率众而朝，王及列士皆有赂。吴人皆喜，惟子胥惧曰：‘是豢吴也！’后果为越所灭。楚伐庸，七遇皆北，庸人曰：‘楚不足与战矣！’遂不设备。楚子乃为二队以伐之，遂灭庸。皆其义也。”

佚而劳之。

（训义）杜牧曰：“吴公子光问伐楚于伍员？员曰：‘可为三军以肄焉。我一师至，彼必尽出，彼出则归；彼归则出；亟肄以疲之，多方以误之，然后三师以继之，必大克。’从之。于是子重一岁七奔命，于是乎始病吴；终入郢。后汉末，曹公既破刘备，备奔袁绍。绍引兵欲与曹公战。别驾田丰曰：‘操善用兵，未可轻举，不如以久持之。将军据山河之固，有四州之地，外结英豪，内修农战，然后拣其精锐，分为奇兵，乘虚迭出以扰河南；救右，则击其左；救左，则击其右；使敌疲于奔命，人不安业，我未劳而彼已困矣。不及三年，可坐克也。今释庙胜之策，而决成败于一战，悔无及也？’绍不从，故败。”

亲而离之。

（训义）张预曰：“或间其君臣，或间其交援，使相离贰，然后图之。应侯间赵而退廉颇；陈平间楚而逐范增；是君臣相离也。秦晋相合以伐郑，烛之武夜出，说秦伯曰：‘今得郑，则归于晋；无益于秦也。不如舍郑以为东道主。’秦伯悟而退师，是交援相离也。”

攻其无备，出其不意。

（训义）孟氏曰：“击其空虚，袭其懈怠，使敌不知所以敌也。故曰：‘兵者无形为妙。’太公曰：‘动莫神于不意，谋莫善于不识。’”

基博按：“能而示之不能”至“亲而离之”十二语，为目；而

“攻其无备”二语，是纲；乃总束“能而示之不能”十二语而明其妙用，以见“能而示之不能”至“亲而离之”，诡道虽多，两言蔽之，不过曰“攻其无备，出其不意”云尔！而析言之，则先发制人之谓“攻”；曰“攻其无备”，则出以突击而为奇袭；曰“出其不意”，则不拘寻常而为机动；此孙子所以提示战略战术之原则也。欧洲兵家著书，无不实事求是；而罕有片言揭要以提示原则！及今日之大战，而美人尼古尔逊始发凡起例以揭九原则；而要其指归，不出《孙子》所谓“攻其无备，出其不意”两语；而特以为九原则必相互为用，乃能制胜而不为人所胜！其说曰：“凡事，无不有基本原则。战争有战争之原则，犹之圬者必依圬之原则以为圬也。战争原则者，历来名将所以战胜攻取之战略工具也。近代战争之武器日新；然坦克车及飞机，未能改变战争原则以别出新裁也！吾早岁从军，而探讨战争之原则，求之于军事学课本，求之于行军条例及所发操典，所得者，非散而无纪，则泛而无当也！不得已而旁求之于军事历史，于名将自传。福煦将军所著书，仅提示三原则；而近在美国有尽人传诵之一书，则仅有一原则以相提示曰‘攻’。福里斯德之言曰：‘战术之要，莫如集中兵力以先发制人！’则以一言而说明福煦之三原则，可谓简而得要矣！然而未也！诚窃以为欲尽制胜之道，必据九原则以设计，我之说明九原则，不欲以先后为轻重；而运用之妙，必知以参互为用，而后能推行尽利；若知其一而不知其他，顾此失彼，未免于败也！所谓九原则者：（一）曰攻，此胜之最后手段也。今日之大战，民主国家，不明乎此，而安安静静以取守势；我不攻人，人将攻我；无动为大，坐以待毙而已矣！攻则制人而不制于人！其（二）曰安全。攻而不策以安全，则攻亦或以覆败！安全者，动态之守势，而以掩护攻势者也；未制胜，先虞败；而进攻之时，凡吾军之两翼，后路及上空，无不策安全以善掩护！然人亦有言：‘猛攻为最好之国防！’不善用兵者，往往留大兵以掩护后方，而进攻之力遂薄；则安全沦为守势矣！善用兵者不然，则以下一原则而以决定进攻与安全所需兵力之正确比例。其（三）曰兵力之节约。此之云者，谓留少兵以置不重要之地，而集中大军于主要目标。善用兵者，往往以吾军利用内线，而迫敌军于外线作战以节约兵力；此固德军之所擅也，常用少兵以牵制敌人，掩护我军，而集中主力以进攻主要目标。其（四）曰主要目标之认识。主要目标，不必为第一目标也！所谓第一目标者，非当前最危及我之敌人；即以我最短进攻线而可进攻之敌人；非然者，则吾人进攻主要目标时，不得不假途之地带也！主要目标，则或距我辽远之敌人，非剪其羽翼，撤其前卫，不能以进攻征服；而置之第一目标之次！德之未以全力攻英也，先灭波兰，徇丹麦、挪威，下荷兰、比利时，以次及法，而英之羽翼日削，前卫尽撤；德乃徐以肆志于英矣；顾移兵苏联以转移主要目标，此不可逭救之致命伤也！其（五）曰集中兵力。如不节约兵力，亦何能集中兵力！如不确定目标，抑何能节约兵力！倘指挥战事者，不由英明元帅之独断，而出于委员会之折衷群言，则必以目标之不易确定而分散兵力！今日民主国家之败局，在步步为营，处处设兵；而不知孰为要害之地以集中兵力！德人大举以攻法，而英人出兵以援法；法人则以其空军散布于地中海及义大利之阿尔卑斯山，而留百分之四十置于国境以抵抗德人；德人则集中其全国空军百分之八十，而以对法国空军百分之四十；众寡之不敌，已不言可喻！英人则以其空军分散战场辽远之地方服务，而留一部以自卫英伦三岛；遂授德人以制胜！而究其所以：一由于同盟国联军之意见纷歧，无人能负责决定孰为要害之地以集中兵力。一亦由于不知兵力节约，而置兵无用之地。然不能不要其归于同盟国联军之不易合作也！其（六）曰合作。拿破仑有言：‘我不患人之有同盟！人有同盟，我即可以制胜！’何也？以联军作战，不易协力；而雄主独断，指挥在我也！一九四〇年，德军之侵荷兰、比利时以攻法也，比、荷拒英、法之举行联合参谋会议，可为联军不合作之证。同盟国之联军合作是一事；而一国军队之各部队合作又是一事。其（七）曰指挥统一。指挥不统一，何能言合作！合作必在统一指挥之下！同盟国之联军，不可不有统一之大参谋部以事联系；而一国之军队，亦必于元帅之下，有联系海陆空军之参谋总部。今日同盟国之联军以及吾军，各不相谋；非经挫败以证指挥之必统一，未能及早改图也！如指挥既不统一，而又无人当机立断，则不能以用突击矣！其（八）曰突击。日本之袭珍珠港，突击之适例也！一九四〇年，德之进攻亚尔丁也，亦为突击！能突击者，必能为非常之将材；其不然者，蠢材而已！其（九）曰机动。突击而不出以机动，抑亦不能成功！譬之力士之摔角也，双脚跳动，愈快愈得劲，则敌人不知措手足而为我胜矣！法人以大兵置于马奇诺防线之后，无动为大；不惟违反机动之原则，抑亦大乖攻之原则也！”综观所论，以攻为前提；而以突击与机动要其终；抑与《孙子》所谓“攻其无备，出其不意”同指。特《孙子》以“能而示之不能”至“亲而离之”十二势，设计于未攻之先，而多方误敌以不为备。尼古尔逊则以“安全”至“合作”六原则，匠心于欲攻之时，而万全设计以成突击。《孙子》为敌之可胜；而尼古尔逊先为不可胜，殊途同归，其事相成也！又有美人古柏著《敌人之战略类型》一文，而依据“奇袭”与“机动”两原则以明德日战略之善节约兵力，其说曰：“观于美国之南北战争，而以征参战之人，如研究战略而能实践，纵武器不如人，而亦未尝不可以制胜也！战略者，用兵之科学；蕲以兵力之节约，用其兵力，而能达国家之总战略以有成功也。战略之至高无上者，莫如军事布置之本身，明示敌人以抵抗无用，不战而屈人之兵，善之善者也！战略之典范，不出历代名将之箴言集，而流传甚多，好尚不同！有人喜拿破仑之箴言；亦有人喜非烈德立、克老山维兹、约米尼、毛奇、孙子以及其他兵家言；精义纷纶，莫探指归！二十年来，各国治兵学者，颇多折衷群言，旁搜战史，欲以观其会通而籀明战略之原则。堪萨斯州里温华士堡垒参谋指挥学校发凡起例，以一九三六年刊布专论，而揭七原则，最为得要！所谓七原则者：（一）攻；（二）战斗力之集中；（三）兵力节约；（四）机动；（五）奇袭；（六）警戒；（七）协同；是也。其中尤要者，莫如‘兵力节约’；有军事理论家，以为此战争之定律也！所谓‘兵力节约’云者，谓以适当之兵力，用于预期之目标，而恰如分际；譬之工焉，毋以成人之所胜任，责之孩提；亦毋以孩提之所能为，托之成人！倘预期目标之牺牲过大，不妨慎重考量，顾而之他以不多耗兵力。而兵力所以节约之法，莫如‘机动’与‘奇袭’！‘机动’以惊敌人而使之仓皇失措。而‘奇袭’，则以击破敌人之心理均衡，而将军夺心，三军夺气以致溃败！总而言之：‘兵力节约’，为战略之第一原则；而‘机动’与‘奇袭’，则‘兵力节约’之系论也！”战略与战略类型之应用，殆胜败之所由分；而吾人之大敌，曰德，曰日；试观吾敌人之作战，揆之战略类型为何如；吾人乃以知吾敌人今日之所以胜，异日之如何败；而为不可胜以待敌之可胜也！日人与德人相同，有活力，有创造力，有野心；又以地狭民稠，有人口之压迫；万戎讲武，以力图扩张生存空间。其用兵，皆采取约米尼之所谓“内线作战”，而以其国为中心地位，往外向四周之邻人进攻。菲烈德立、俾斯麦及威廉第二之德国战略计划，与希特勒德国之战略计划无二！神武皇帝与丰臣秀吉时代之日本战略计划，以视今日之日本，所不同者，武器而已！惟德立国于大陆，不如日本之为岛国！日本以岛国而在亚洲大陆之东北滨海地方，仿佛英国之在欧洲大陆西北海岸；日本政策，与一五八五年以前之英国政策相似！英国至一五八五年以后，始放弃统治欧洲之企图，而采取欧陆势力均衡以建海外帝国之论。今日本采用英国之前期政策，势之自然；而日本在亚洲之企图，无不为中国所扼；非征服中国，不能以称霸东亚！至一九三七年，而中日战争以爆发！日本陷入中国泥淖之论虽盛，然非军事专家之所许！美国陆军威鲁贝上将以一九三九年出版《战争中之机动》一书，于日人作战之勇，备极推崇，以谓："就战略而论：参谋工作以执行机动之概念；日本大本营，已建立高度之表演纪录！日本作战范围之庞大，堪与拿破仑媲烈也！"中日战争，与美国南北战争相似！华盛顿与南部纽奥连斯之位置，犹之上海与广州。而多内康达之战略，则封锁东部诸海港以窒息南部同盟诸州；而以大军向维克斯堡推进，截南部同盟诸州为二；于是南部同盟诸州不能自振矣！今日本占领中国沿海，而以向汉口推进；及一九四一年，而中国之沿海平原，无不为所占领！又乘法国之溃败以占越南，而控制泰国；于是中国运输供应之大门，惟滇缅一路而已！日本之占领越南以握南部亚洲之锁钥，正如往年之并朝鲜以把握亚洲北部之门户！越南，为进攻菲律宾、马来亚、苏门答腊、爪哇及缅甸之中心根据地；而以越南为支柱之台湾、广州、海南岛一线，比诸英美之香港、马尼拉线为强固多也！于是后顾无忧而以进攻太平洋之英美荷属地！日本用师三十万以组成特种部队，分布于几百万平方哩之海陆，战胜攻取，而兵力不形不足；不六月而占有次于英国属地之一殖民帝国；中国仅有之输入供应路线，亦以告断！吾人应知日本之不同于德国！日本不惟有强大之陆军及空军，抑亦有海军以占世界第二位！使德国亦有日本之海军，而加以固有之武力，抑何至顿兵以占加莱及克里地岛而不进！吾人从日本之战略，而以见海陆空三军之联合利用！日本借海陆空三军之联合利用，而未得占者，惟苏联之海参崴及印度之加尔各答耳！日本已尽占东亚之一切工业中心与原料中心；倘岁月之久，政权以固，则日本之强大，非举全世界团而为一以悉力相抗，未见其有幸也！今而后，可以攻日本者，惟有中国与西伯里亚！然中国以武器之配备不足，只以困扰日本而已！苏联则以在西欧与德国作殊死战，必不能有事西伯里亚以攻日本也！日军据要害以控制海陆，而敌人之势自瓦解！日本不必尽占所有英属各岛也，只占新加坡及香港，足以瓦解英国东方属地矣！不必占夏威夷也，只毁珍珠港，足矣！中国，则占工业区以妨其生产；封锁外国以断其供应；而中国困不得振矣！日军之战略，在据要害之地以控制敌人不得攻，而不必歼灭敌人以不反攻；在蹈敌人之瑕，而不蹈敌人之坚！兵力节约之一原则，实为日军所以制胜之定律。日人能以适如其量之兵力，而左宜右有，投之无不利！吾人往往估计其兵力过低；而不知其善运用，少而见多，善为机动，出以奇袭！奇袭为日人所喜之战略！一五九八年，丰臣秀吉用之；而一八九四年之对中国，一八〇五年之对俄国，无不以奇袭胜！今日之役，以奇袭珍珠港，而美国之海空军几熸；尤惊心动魄者也！美国克里尔中校尝著论《步兵杂志》，而以证明日本之士兵，能以七十二小时，而为一百二十二英里之机动行军！观其负步枪与一百五十发之子弹以及四十磅之背包，日夜不休，兼程而进；及其既也，休眠四小时，而疲劳以复！惟其善走与耐劳，此所以随地机动，能无虞山川之阻，而以出人不意也！然而德国则何如？十九世纪，普鲁士占据大陆中心位置之战略，菲烈德立用之于七年战争而有成功！观其以希特勒摧破波兰之姿势，突袭萨克逊，不数星期而亡之；遂以犯天下之不韪，而法、奥、俄与瑞典以及其他日尔曼诸小国，联军声讨；将以四面合围。顾菲烈德立则利用其中心地位，而各个击破之以不得协同作战。及今日之大战，而希特勒第三帝国有同一之中心地位，以及内线交通之便利；顾有鉴于上次欧洲大战，而以知二十世纪之大军团，有强大之防御力；殊有妨于菲烈德立迅速决胜之遗教！至一九一七年，协商同盟，苦战不休，欲以突破二十五哩之一防御地带，不可不集中七十师之兵力，计一百二十万人；易为守而难为攻，顿兵挫锐，相持不决，而师以老！南征北讨，各方受敌，而力以分！情见势绌，遂以溃败！盖一中心地位之作战，须不断进攻以保持主动；其为攻也，尤必在同一之时间，取同一之方向以集中绝大兵力，并心一向而进攻若干敌人之一以速决之！如不速决其一，则必两面作战，而一九一八年之覆辙重寻；此德国统帅部之所大患也！欲以恢复迅速决胜之传统，必先建立迅速决胜之战术；于是以西班牙参战之历练而有得焉！闪电战者，机动战术之极度也！第三帝国兵力，以极度机动而节约。大战之初，置少兵西线以牵制英法；而集中七十师人以闪击波兰，才十六日而波兰以溃！则留少兵以掩护东线，而转锋西向以厚集其力；法以世界最大之陆军国，一挫于爱登爱麦尔，再挫三挫于色当、敦刻尔克，而大败不支！法人慑于第三帝国兵力之雄厚，战术之机动，锐不可当，遂以解甲！一时声威所播，示人以抗必无幸！匈牙利、罗马尼亚、保加利亚，不战而屈；而希腊、南斯拉夫，一战而溃；则机动战术之明效大验也！然第三帝国乘胜远斗以掩有巴尔干半岛，兵锋所极，苏联不能无戒心；而英人狼顾于西，思湔前败；然英人以第三帝国之夜间空袭及潜艇攻击，疮痍之余，猝不自振，可以无虞也！于是摧锋而进以大举侵苏矣！第三帝国有军三百师，而侵法一役，只用七十六师；以视一九一七年之用七十师而以进攻二十五哩之一防御地带者，其兵力之节约为何如也！每一役之兵力，绝不超出所需；而曾未有一役使用其全部兵力四分之一以上者！及其大举以侵苏联也，最高估计用三百师；而希特勒宣言："此一战线，蜿蜒两千哩！"则是平均六十六哩有一师；而其闪击荷兰、比利时以侵法也，战线之长，未尝过四百哩；而用七十六师，则是平均五·三六哩有一师；而知第三帝国之侵苏联，以视侵法一役，兵力尤大节约；而所以失败，则由于低估苏联之力！比利时、荷兰之猝不足以当一击，实以其幅员褊狭，无地回旋，闪电战战术之奇袭，一变而为战略之奇袭，此第三帝国之所以成功也！至苏联则幅员数万哩，泱泱大国；而利用边区之深广以缓和闪电战之震动力；战术之奇袭，只成战术之奇袭而已！第三帝国为机动之怪物；亦以恪守机动之原则而战无不胜！然苏联之地形与气候，非机动之战术所能推行尽利！北部之沼泽森林，既以妨碍机械化战斗之不易进行；而一九四一年秋季，大雨连绵，尤以延缓德军之前进！德军机动之成功，只限于乌克兰及南俄；而苏联则避不交绥，一任德军之纵横驰突；顾再衰三竭，至史丹林格勒而势以蓄缩，顿兵挫锐，不能增援，只有退却；而以掩护退却之后卫，无不被红军包围而歼灭矣！战斗力之集中，抑以辅兵力之节约；然第三帝国侵法一役，能以战斗力之集中，而辅兵力之节约；而侵苏，则以兵力之节约，而妨战斗力之集中！第三帝国在苏联前线，每一哩之兵力，比之侵法一役，少百分之二十七！倘德军能闪击红军以迂回，亦或以寡胜众；顾红军则善用空间以避免德军之闪击与迂回！方德军以一鼓作气，推锋而前以抵伏尔加河与高加索，列城风靡；然史丹林格勒与巴库之不下，师老力竭，则其最初之胜利，何当最后之成功！有美国新闻记者，问红军第六十二军军长朱可夫将军，谓："德军战术之失败何在？"朱可夫将军曰："德军之失败，在战略，不在战术！所以战术之胜利，无补战略之成功也！"歼灭战，为德国战略类型之主旨；今希特勒第三帝国，不能占领莫斯科以歼灭红军，则以迅速决胜之战术，而不能以达迅速决胜之战略，左顾右盼，介于英、俄两大之间，而不能速决其一以陷于两面作战；仓皇失措，第三帝国无幸矣！观于《孙子》论势，而归之"攻其无备"，"出其不意"；尼古尔逊氏、古柏氏论战略战术，而特重"奇袭"，"机动"；异词同趣，所以为迅速决胜一也！然迅速决胜而不得，则如何？尼古尔逊氏、古柏氏之所不言矣！《孙子》则预虑于未发而先之曰"能而示之不能"，"用而示之不用”；曰“实而备之”，“强而避之”；先为不可胜以待敌之可胜；知柔知刚，其惟孙子乎！

此兵家之胜，不可先传也！

（训义）杜牧曰：“传，言也；此上言之所陈，悉用兵取胜之策，固非一定之制；见敌之形，始可施为；不可先事而言也。”

基博按：“计”者先事而虑。“势”者临敌以施。自“势者因利而制权”至此，而卒言之曰：“兵家之胜，不可先传”；盖必临敌而制变，不可以此为先务之急；而先务之急，只在“计”尔。

右第四节，论势。

夫未战而庙算胜者，得算多也。未战而庙算不胜者，得算少也。多算胜，少算不胜；而况于无算乎！吾以此观之，胜负见矣。

（训义）王皙曰：“此惧学者惑不可先传之说，故复言计篇义也。”郑友贤曰：“或问得算之多，得算之少，况于无算，何以是多少无之义？曰：武之文固不汗漫而无据也；盖经之以五事，校之以七计，彼我之算，尽于此矣。五事之经，得三四者为多，得一二者为少。七计之校，得四五者为多，得二三者为少。五七俱得者，为全胜；不得者，为无算。所谓冥冥而决事，先战而求胜，图乾没之利，出浪战之师者也。”

基博按：“算”，即“计”也。上文所谓“经之以五事”，知己也。“校之以计而索其情”，知彼也。知己知彼，度德量力，乃所谓“多算”；非指兵家诡道也。

右第五节，论多算少算以分胜负，为一篇结穴。

基博按：德国克老山维兹著《兵法》第二卷《论战之原理》，有曰：“兵之为法，作战之法；所以兵法之为学，作战之学也。惟战，有一时一地之交战；有不一时不一地，数次以至数十次数百次之交战，而成一大战。然战必为数十百次交战之所积累；而未有以一时一地之交战决胜负者。是故兵法有二：杀敌致果，用兵以为一时一地之交战者，谓之战术。而料敌制胜，计险厄远近，调节空间时间以运用各地之交战，而蕲以达最后之胜利者，谓之战略。易言之：盖用兵以求交战之胜利者，战术也。用交战以达征战之主旨者，战略也。”观其论兵有战略战术之分。而《汉书·艺文志》载：汉兴，张良、韩信序次兵法，凡百八十二家，删取要用，定著三十五家。诸吕用事而盗取之，武帝时，军政杨仆捃摭遗逸，纪奏兵录，犹未能备。至于孝成，诏步兵校尉任宏论次兵书为四种，曰权谋，形势，阴阳，伎巧。其称：“权谋者，以正守国，以奇用兵，先计而后战，兼形势，包阴阳，用伎巧。”是则克氏之所谓“战略”。而谓“形势者，雷动风举，后发而先至，离合背乡，变化无常，以轻疾制敌。”则克氏之所谓“战术”也。《孙子》书以《计篇》挈十三篇之纲，而究其所以为论者，曰“计”曰“势”。“势”者，兵家之诡道；“计”者，庙算之先胜。必先校之以计而索其情，乃为之势以佐其外。“势”者，因利制权，施之临战。“计”者，量敌审己，虑于未战。自《计篇》以下《作战》、《谋攻》及《形篇》三篇，反复丁宁于“先胜而后求战”；“不尽知用兵之害，则不尽知用兵之利”；“知彼知己，百战不殆”；皆阐发《计篇》未尽之蕴。孙子之所谓“计”，任宏谓之“权谋”；而克氏之所谓“战略者”者也。《势篇》以下，《虚实》、《军争》、《九变》、《行军》、《地形》、《九地》、《火攻》八篇，皆论势；其大指不外言“战者以正合，以奇胜”；“后人发，先人至”；“以诈立，以利动，以分合为变”；“由不虞之道，攻其所不戒也”。此则任宏之所谓“形势”，而克氏谓之“战术”者矣。惟《孙子》之意，重“计”而不重“势”；则是战略重于战术。而欲为计，必先知彼；苟不知敌之情，安能校之以计而索其情乎？用间者，所以知敌之情也；故以用间要其终焉。

作战篇第二

（解题）李筌曰："先定计，然后修战具，是以战次计之篇也。"张预曰："计算已定，然后完车马，利器械，运粮草，约费用以作战备，故次计。"陈启天曰："作，有兴起造作之意。作战，谓发动侵略战争也；与现代所谓作战有别。"

基博按：《作战》以次《计》之后者，以必计定而后作战，作战不过以验计之得失耳。而作战之道，必速战速决，必在敌国境内。"兵贵胜不贵久"，所以不可不速战速决。而"务食于敌"，所以必在敌国境内。此为作战之两大原则，而德国兵家奉之为金科玉律者也；不意孙子著书于数千年以前，已先发其义于此！

孙子曰：凡用兵之法：驰车千驷，革车千乘，带甲十万。

（训义）曹操曰："驰车，轻车也；革车，重车也。"杜牧曰："轻车乃战车也；古者车战。革车，辎车，重车也；载货财器械衣装也。《司马法》曰：'一车甲士三人，步卒七十二人，炊家子十人，固守衣装五人，厩养五人，樵汲五人。'轻车七十五人，重车二十五人，故二乘兼一百人为一队。举十万之众，革车千乘，校其费用度计，则百万之众皆可知也。”王皙曰：“井田之法：甸出兵车一乘，甲士三人，步卒七十二人，千乘总七万五千人。此言带甲十万，岂当时权制欤？”何氏曰：“十万，举成数也。”张预曰：“驰车，即攻车也。革车，即守车也。按曹公《新书》云：‘攻车一乘，前拒一队，左右角二队，共七十五人。守车一乘，炊卒十人，守装五人，厩养五人，樵汲五人，共二十五人。攻守二乘，凡一百人。’兴师十万，则用车二千，轻重各半，与此同矣。”

千里馈粮；

（训义）李筌曰：“道里县远，千里之外赢粮，则二十人奉一人也。”

则内外之费，宾客之用，胶漆之材，车甲之奉，日费千金，然后十万之师举矣。

（训义）贾林曰：“计费不足，未可以兴师动众。故李太尉曰：‘三军之门必论’，有宾客论议。”王皙曰：“内，谓国中；外，谓军所也。宾客，若诸侯之使，及军中宴飨吏士也。胶漆，车甲，举细与大也。”张预曰：“去国千里，即当因粮；若须供饷，则内外骚动，疲困于路，蠹耗无极也。宾客者，使命与游士也。胶漆者，修饰器械之物。车甲者，膏辖金革之类也。约其所费，日用千金，然后兴十万之师。千金言费重也。”

基博按：此以物力之消耗言之也。《用间篇》曰：“凡兴师十万，出兵千里，百姓之费，公家之奉，日费千金，内外骚动，怠于道路，不得操事者七十万家。”则兼人力言之也。然今日之战，前线之一战士，一日之所消耗，必有十七人在后方一日之所生产，始能足给；而生产之范围，乃包工厂、农村及其他一切而言。前线一自动火器，后方必有七八人之合作，乃得。一辆两人驾之小型战车，必有四十六人于后方支持。一飞机，则必六十人。假如有二百万兵作战，至少非有二千万人在后方努力以事生产，不可也！然壮丁必征调以作战，惟有妇女及其他成年人事生产耳！顾战争之既烈，而生产之量，必须扩大；日夜开工以增多生产，则劳动力之需要，尤较太平无事之日为多！经济动员之范围，愈扩愈大，而战时生产之效率，乃愈提愈高；何止“日费千金”，“不得操事者七十万家”乎！

其用战也，胜久，则钝兵挫锐；攻城，则力屈；

（训义）贾林曰：“战虽胜人，久则无利。兵贵全胜；钝兵挫锐，士伤马疲，则屈。”梅尧臣曰：“攻城而久，则力必殚屈。”

久暴师，则国用不足。

（训义）张预曰：“日费千金，师久暴，则国用岂能给？若汉武帝穷征深讨，久而不解，及其国用空虚，乃下哀痛之诏，是也。”

夫钝兵挫锐，屈力殚货，则诸侯乘其弊而起；虽有智者，不能善其后矣！

（训义）李筌曰：“十万众举，日费千金，非惟顿挫于外，亦财殚于内；是以圣人无暴师也。隋大业初，炀帝重兵好征，力屈雁门之下，兵挫辽水之上，疏河引淮，转输弥广，出师万里，国用不足；于是杨玄感、李密乘其弊而起；纵苏威、高颎，岂能为之谋也！”张预曰：“兵已疲矣，力已困矣，财已匮矣，邻国因其罢弊，起兵以袭之；则纵有智能之人，亦不能防其后患。若吴伐楚，入郢，久而不归，越兵遂入；当是时，虽有伍员、孙武之徒，何尝能为善谋于后乎！”

基博按：孙武《十三篇》，为列国交兵说法；而注释诸家，生秦汉以后，习于内战，多不得其解。如“钝兵挫锐，屈力殚货，则诸侯乘其弊而起”。张预之说，是也。而李筌乃以隋之杨玄感、李密为说，此叛徒耳，安得为诸侯！惟钝兵挫锐，屈力殚货之大患有二：诸侯乘其弊而起；如吴伐楚，入郢，久而不归，越遂入吴。一也。民穷财尽而起内乱；如隋炀帝久劳师于外，民不聊生，而群盗四起。即如一九一四年欧洲大战，联兵不解；而俄、德、奥三大帝国，先后革命，一时瓦解，尤为明效大验。二也。《孙子》仅以诸侯究其弊，未免漏义。

故兵闻拙速，未睹巧之久也！

（训义）曹操曰："虽拙，有以速胜。未睹者，言其无也。"杜牧曰："攻取之间虽拙于机智，然以神速为上。盖无老师费财钝兵之患，则为巧矣。"何氏曰："速虽拙，不费财力也。久虽巧，恐生后患也。"

基博按：战，非胜之难，胜而不久之难。德国克老山维兹著书论兵，每谓"战争之道，尤贵迅速决胜"；而毛奇将军以来，传授心法，奉以周旋。欧洲第一次大战，自一九一四年，奥、塞开衅，至一九一九年，巴黎议和，前后亘五年。大抵德人利在速战，英、法困以持久。然在德人开战之初，本确有迅速制胜之具，其计划有略可推见者。盖俄军动员之迟滞，远非德比；俄全军集于西境，须在二十日以上。德人当此期间，暂可无东顾之忧，则注全力以西征法。德、法境上，堡垒罗列，不易攻坚；而法、比境上，守备空焉，越比以袭法之不备，如是则不待旬日而巴黎可下。义大利同盟之国，如能守约勿渝，相与戮力，而犄法之南。以柔靡淫佚之法人，其非德敌也明矣。德则据法全境以因其资力，而与他敌国相持；其时俄军方始集中耳，然后回师东指以与俄角。英陆军之不武，天下所共闻，德人未尝以为意也，惟谋所以制其海军。而海军战略，则将主力要舰，皆蛰伏于北海军港及基罗大运河内，毋使致于敌；而惟用旧舰、小舰、鱼雷、潜水艇等以扰敌师，次第减少其战斗力，使与我等，然后一举而决战。夫既破法，则英人胆落矣！先声所夺，英之殖民地，必将纷纷叛乱；英之海军以捍卫各地，不能集中，则可以一击而殪之；海军殪，则不得不乞和；不乞和，则以德陆军入三岛，如虎入羊群耳；即英之海军未能遽歼，而既抚有法境，则可以复行拿破仑封锁大陆之政策，而英亦将坐困；如是，则所敌者惟一俄耳。德人固不肯蹈拿破仑覆辙，深入俄境以取败；而距俄军使不得入德境，其力自恢恢有余。然后转战于波兰、芬兰之野，徐俟俄之疲敝，或更以术煽其内乱，使之狼顾。夫德既抚有全法，而因法资以与俄相持，俄之不敌明矣。如是，则俄亦服。德人自始所以策战略者大略如此。顾自开战后形势观之，其海战计划，与东部陆战计划，皆未尝误也；独至西部陆战，则大反其所期。其一义大利宣告中立，法人无南顾之忧，得并力相拒；然义之同盟，本不足恃，德人固已料及，不必恃为援也。其二乃为德人所万不及料，则比利时抵抗力之强，足使全世界瞠目结舌！德人竭狮子搏兔之力，廑乃克之；所死伤已数万人，而坐此停顿军势十余日。一面则法人守备之具已完，英之援师亦至，非增加倍蓰之兵力，不能决胜。一面则俄军已集于东，不能不分军力以御之；巴黎屹不能下，而德人之奔命则已罢矣。夫德人而欲迅奏肤功，必以先服法为第一义；法既未服，则无先声以震悚英之殖民地，故彼等犹慑于英之积威以为之守；而海军最后制胜之数，未敢知矣。法既未服，则不能因其资以与俄相持；而陆军最后制胜之数，未敢知矣。夫“胜久，则钝兵挫锐；攻坚，则力屈；久暴师，则国用不足”。方其时，吾国严复与友人论，以为：“英、法之海军未熸，而财力犹足以相持。军兴费重，日七八兆镑，久之，德必不支。要而言之，德之霸权，终当屈于财权之下。”美乃徐起以承其弊而制全胜。故曰：“速虽拙，不费财力。巧虽久，恐生后患。”观于德而可知也！今希特勒挟其闪电战以纵横欧洲，灭国十四，雷击霆震，所当者破；然而西不能直捣英伦三岛以擒贼擒王；东又劳师以袭远而连兵苏联；武器渐耗，精卒尽丧，战胜而不能决胜，速战而不能速决，顿兵挫锐而师以老，屈力殚货而民多饥；久而无功，叛者四起；有承其弊，何以善后！覆辙重寻，殷监不远；“未睹巧之久”，盖可断言！

夫兵久而国利者，未之有也；

（训义）贾林曰：“兵久无功，诸侯生心。”梅尧臣曰：“力屈货殚，何利之有！”

基博按：一九一四年欧洲大战，协约同盟，苦战不解，伏尸千万，交困俱弊；不惟俄与德、奥三大帝国，先后瓦解；而英、法亦屈力殚货。英为海军一等国，世界贸易一等国之地位，亦以低落。乃知“兵久而国利”为“未之有”之无与于胜负；“胜久则钝兵挫锐”，“屈力殚货”，旷日持久，败固可危，胜亦不利，乃为“未之有”三字真实解诂，故以上专就胜为勘发以征“兵久”之不利，而“未之有”三字，兼该胜负而言。然而希特勒其知之矣！方其一举而歼波兰也，尝欲胁英、法媾和，以收速战速决之利，而保波兰之胜，与人言：“今西线战局之苦相持，我所未喻！苟其连兵不解，而德、法之间，必重分疆以划一新界线焉！然大兵之后，莽莽大地，岂复楼台庄严之世界，而为破瓦颓垣之一片焦土；是诚何心！从古历史，几见有战胜之事，而常两败以俱伤！”岂得谓之言不由衷也！然我欲保其胜，而人孰安于败！速战速决，我之愿然；再接再厉，人亦自卫；欲速之不达，必久相持。及相持之日久，则先发制人，而欲乘人于猝者，用之既暴，力亦先竭；而后起以应者，能留有余，以相周旋，情见势绌，岂有幸乎！然则我欲决而人不与我决，速战速决，有其略而不必有其事也！如其有之，不出二端：其（一）小国失援以遇大国，如摧枯拉朽之不足以当一击；如义之于阿比西亚、阿尔巴尼亚，德之于波兰，是也。其（二）见可而进，知难而退，速战速和；如一八六六年，普奥之战，普军一战而胜，而俾斯麦介法皇拿破仑第三以媾和于奥，不索偿，不割地。一九〇五年，日俄之战，日本海陆军大胜，而明治天皇介美总统罗斯福以媾和于俄，虽以和议之失败，而牺牲战胜之所欲得，以拂舆情，召众怒，而有不恤；然而胜则保矣！则是以速和胜，而非以速战胜也！一九一四年，德人之战英、法、俄，几乎无役不胜；而一九一五年以后，每胜之后，必示意欲和；而英、法莫之许也！今我国以二十六年抗战而迄于今，蹙地数万里，几乎无战不败；而每败之后，日人必示意欲和，而我国人亦莫之许！盖德与日欲以和而保战之胜；而英、法与我，何可以和而成德、日之胜也！而于是速战速决之志荒矣！然则希特勒之所为惘于西线战局之苦相持者，非诚悲天悯人而于心有戚戚焉；特以英、法之不即和以成其速决，而心所谓危以为呻吟焉尔！是故波兰灭而欲媾和于英、法，法国降而又欲媾和于英；盖非和不足以保战之胜也；乃欲和而人不之许，于是战胜而不得决胜，速战而不得速决，而于是希特勒之计穷矣！

故不尽知用兵之害者，则不能尽知用兵之利也。

（训义）张预曰："先知老师殚货之害，然后能知擒敌制胜之利。"

右第一节论兵久而国不利，在军则钝兵挫锐，在国则屈力殚货，盖深戒之也。

善用兵者，役不再籍，粮不三载。一本作"再载"。

（训义）曹操曰："籍，犹赋也；言初赋民便取胜，不复归国发兵也。始载粮，后遂因食于敌，还兵入国，不复以粮近之也。"李筌曰："军出，度远近馈之；军入，载粮迎之；谓之再载。越境，则馆谷于敌，无三载之义也。"杜牧曰："审敌可攻，审我可战，然后起兵，便能胜敌而还。郑司农《周礼注》曰：'役，谓发兵起役；籍，乃伍籍也；比参为伍。'因内政，寄军令，以伍籍发军起役也。"张预曰："此言兵不可久暴也。"

基博按："粮不三载"，曹操注似作"再载"解。

取用于国，因粮于敌，故军食可足也。

（训义）曹操曰："兵甲战具，取用国中。粮食，因敌也。"何氏曰："因，谓兵出境，钞聚掠野，至于克敌拔城，得其储积也。"郑友贤曰："或问因粮于敌者，无远输之费也；取用必于国者，何也？曰：兵械之用，不可假人，亦不可假于人；器之于人，固在积习便熟而适其长短重轻之宜，与夫手足不相鉏铻，而后可以济用而害敌矣。吾之器，敌不便于用；敌之器，吾不习其利。非国中自备而习惯于三军，则安可一旦仓卒假人之兵而给己之用哉。《易》曰：'萃，除戎器以戒不虞。'太公曰：'虑不先设，器械不备。'此皆言取用于国，不可因于人也。"

基博按：克老山维兹《兵法》第五卷《论战斗力》，有曰："凡军队，不论以攻人之国，抑或以自卫其国，无不依赖于供给！盖以军队之存亡，依于供给之有无也；供给充裕，则战斗力强！而军队供给之所需，不出二者：其一为凡属在农产之地，无不能供给者，则不必取用于国，而以粮食用品为主。其他则为本国以外，不能取得；如兵器、弹药、被服、装具等，谓之补充用品。"则亦与《孙子》"取用于国，因粮于敌"之说同。

国之贫于师者远输；远输，则百姓贫。

（训义）贾林曰："远输，则财耗于道路，弊于转运，百姓日贫。"张预曰："以七十万家之力，供饷十万之师于千里之外，则百姓不得不贫。"

近于师者贵卖；贵卖，则百姓财竭。

（训义）贾林曰："师徒所聚，物皆暴贵，人贪非常之利，竭财物以卖之；初虽获利殊多，终当力疲货竭。"又曰："既有非常之敛，故卖者求价无厌；百姓竭力买之，自然家国虚尽也。"王皙曰：

"夫远输，则人劳费；近市，则物腾贵；是故久师则为国患也。"张预曰："近师之民，必贪利而贵货其物于远来输饷之人，则财不得不竭。"

基博按：国之所以贫于师者有二：其一"远输，远输，则百姓贫"；言远于军事区域之后方，以征集物资，远输以供军，而后方之物资缺乏，故百姓贫。其二"近于师者贵卖，贵卖，则百姓财竭"；言近于军事区域，则大军云集，以消费者增多，而"物价腾贵，故百姓财竭"。物资缺乏，消费增多，两者互为因果，而"力屈财殚"之害，无救矣！

财竭，则急于丘役，力屈财殚，中原内虚于家；百姓之费，十去其七。

（训义）杜牧曰："《司马法》曰：'六尺为步，步百为亩，亩百为夫，夫三为屋，屋三为井，井四为邑，四邑为丘，四丘为甸。'丘，盖十六井也。丘有戎马一匹，牛四头；甸有戎马四匹，牛十六头。丘，车一乘，甲士三人，步卒七十二人。"王皙曰："急者，暴于常赋也。"张预曰："丘役，谓如鲁成公作丘甲也；国用急迫乃使丘出甸赋，违常制也。运粮，则力屈；输饷，则财殚；原野之民，家产内虚，度其所费，十无其七也。"

公车之费，破车罢马，甲胄矢弩，戟楯蔽橹，丘牛大车，十去其六。

（训义）梅尧臣曰："百姓以财粮力役奉军之费，其资十损乎七；公家以牛马器仗奉军之费，其资十损乎六；是以竭赋穷兵，百姓弊矣。役急民贫，国家虚矣。"王皙曰："楯，干也。蔽，可以屏蔽。橹，大楯也。丘牛，古所谓匹马丘牛也。大车，牛车也；《易》曰：'大车以载。'"张预曰："兵以车马为本，故先言车马疲敝也。蔽橹，楯也，今谓之彭排。丘牛，大牛也。大车必革车。始言破车疲马者，谓攻战之驰车也。次言丘牛大车者，即辎重之革车也。公家车马器械，亦十损其六。”

故智将务食于敌，食敌一钟，当吾二十钟；萁秆一石，当吾二十石。

（训义）曹操曰：“六斛四斗为钟，计千里转运，二十钟而致一钟于军中也。萁，豆稭也。秆，禾藁也。石者，一百二十斤也。转输之法，费二十石，得一石。一云：萁，音忌，豆也。七十斤为一石，当吾二十石，言远费也。”李筌曰：“远师转一钟之粟，费二十钟，方可达军。将之智也，务食于敌以省己之费也。”杜牧曰：“秦攻匈奴，使天下运粮，起于黄腄琅玡负海之郡，转输北河，率三十钟而致一石。汉武建元中，通西南夷，作者数万人，千里负担馈粮，率十钟余致一石。今校《孙子》之言，食敌一钟，当吾二十钟，盖约平地千里转输之法，费二十石，得一石。不约道里，盖漏阙也。”张预曰：“千里馈粮，则费二十钟石，而得一钟石到军所；若越险阻，则犹不啻。故秦征匈奴，率三十钟而致一石，此言能将必因粮于敌也。”

右第二节论因粮于敌，或以纾屈力殚货之害。

基博按：《孙子》之所谓“因粮于敌”，今日则谓之“以战养战”；如希特勒吞捷克，而因其军需工业以为资；占丹麦，而因其农产品以为资；降法国，而因其军械，因其生铁以为资；服罗马尼亚，而因其汽油以为资；其他物资，亦多因征服国之所有，予取予求。日本亦欲以战养战，而攫取我沦陷各地之物资。今日之战争，其大欲在经济之掠夺，物资之侵占。《孙子》言“因粮于敌”，今日则无所不因；所因者广，疑若战亦可以自养，而不必取用于国；此“以战养战”之说也。然希特勒以经济参谋部之计划，于一九四一年，每月得自征服国之物资，估值美金四万万元，而揆之其时德国每月军费二十万万元，才五分之一耳；仍无救于屈力殚货也！至一九四二年，日人既以奇袭挫英败美，陷香港、新加坡，取荷印，占缅甸，而逞志于南洋；然日本经济学者石滨知行著论以谓：“日人虽占南洋之土地，而无法以取南洋之资源。其一战事方亟，日本现时仅有之生产力，不能集中以开发资源。其二以敌人之采焦土战术，生产工具，无不破坏，非技术建设，不能开发！其三新占之地，人民仇视，而富有敌性，非政治善其措施，则技术无从进行！”以战养战，谈何容易！

故杀敌者，怒也。

（训义）贾林曰：“人而无怒，则不肯杀。”张预曰：“激吾士卒，使上下同怒，则敌可杀。《尉缭子》曰：‘民之所以战者，气也。’谓气怒，则人人自战。”

取敌之利者，货也。

（训义）杜牧曰：“使士见取敌之利者，货财也；谓得敌之货财，必以赏之，使人皆有欲，各自为战。后汉荆州刺史度尚讨桂州贼帅卜阳、潘鸿等，入南海，破其三屯，多获珍宝；而鸿等党聚犹众。士卒骄富，莫有斗志。尚曰：‘卜阳、潘鸿作贼十年，皆习于攻守，当须诸郡并力以攻之。’令军恣听射猎。兵士喜悦，大小相与从禽。尚乃密使人潜焚其营，珍积皆尽。猎者来还，莫不泣涕。尚曰：‘卜阳等财货，足富数世，诸卿但不并力耳；所亡少少，何足介意！’众闻，咸愤踊愿战。尚令秣马蓐食，明晨，径赴贼屯，阳、鸿不设备，吏士乘锐，遂破之。此乃是也。”梅尧臣曰：“杀敌，则激吾人以怒。取敌，则利吾人以货。”

故车战，得车十乘已上，赏其先得者，

（训义）杜牧曰：“夫得车十乘已上，盖众人用命之所致也，若遍赏之，则力不足；与其所获之车，公家仍自以财货赏其唱谋先登者，此所以劝励士卒。故上文云：‘取敌之利者，货也。’言十乘者，举其纲目也。”梅尧臣曰：“遍赏则难周，故奖一而励百也。”张预曰：“车一乘，凡七十五人，以车与敌战，吾士卒能获敌车十乘已上者，吾士卒必不下千余人也；以其人众，故不能遍赏，但以厚利赏其陷阵先获者，以劝余众。”

而更其旌旗。

（训义）贾林曰：“令不识也。”张预曰：“变敌之色，令与己同。”

车，杂而乘之；

（训义）梅尧臣曰：“车许杂乘，旗无因故。”张预曰：“己车与敌车参杂而用之，不可独任也。”

卒，善而养之；

（训义）王皙曰：“得敌卒，则养之与吾卒同；善者，谓勿侵辱之也；若厚抚初附，或失人心。”张预曰：“所获之卒，必以恩心抚养之，俾为我用。”

基博按：所获之卒，养之善，则为我用；养之不善，亦为我虞！然或虞其不我用而以阬降，则敌之降者可阬，而敌之未降者不能阬，必以坚其力战之心而致死于我，终难以得志于天下矣！战国之世，秦昭王使武安君白起为上将军，伐赵，而王自之河内，赐民爵各一级，发年十五以上，悉诣长平；大破赵军于长平；赵卒四十万人降武安君。武安君计曰：“赵卒反覆，非尽杀之恐为乱！”乃挟诈而尽阬杀之，遗其小者二百四十人归赵；赵人大震！其后秦复发兵攻赵邯郸，少利，秦王欲使武安君将。武安君言曰：“邯郸实未易攻也！且诸侯救日至；彼诸侯怨秦之日久矣！今秦虽破长平军，而秦卒死者过半，国内空，远绝河山，而争人国都；赵应其内，诸侯攻其外，破秦军必矣！不可！”秦王自命不行；遂称病。秦王怒，赐之剑自裁。武安君引剑曰：“我固当死！长平之战，赵卒降者数十万人，我诈而尽阬之，是足以死！”遂自杀！其后何晏论之曰：“白起之降赵卒，诈而阬其四十万，岂特酷暴之谓乎！后亦难以重得志矣！向使众人皆豫知降之必死，则张虚拳犹可畏也！况于四十万披坚执锐哉！天下见降秦之将，头颅似山；归秦之众，骸积似丘；则后日之战，死当死耳；何众肯服，何城肯下乎！是为虽能裁四十万之命而适足以强天下之战；欲以要一朝之功，而乃更坚诸侯之守；故兵进而自伐其势，军胜而还丧其计！何者？设使赵众复合，马服更生，则后日之战，必非前日之对也；况今皆使天下为后日乎！其所以终不敢复加兵于邯郸者，非但忧平原之补袒；患诸侯之救至也；徒讳之而不言耳！可谓善战而拙胜！长平之事，秦民之十五以上者，皆荷戟而向赵矣；秦王又亲自赐民爵于河内。夫以秦强而十五以上者死伤过半；此为破赵之功小，伤秦之败大；又何以称奇哉！若赵之降卒，善而养之者，则秦众多矣；降者可致也；必不可致者，本自当战杀，不当受降诈也！战杀虽难，降杀虽易；然降杀之为害，祸大于剧战也！”语见《史记集解》引。《孙子》言“卒善而养之，是谓胜敌而益强”；今武安君不善而阬之，所以胜敌而转弱；可不熟图而审处之乎！一九四四年一月，美国陆、海军两部联合公布，称：“日军虐杀在菲律宾所俘之美国将士五千二百人。”全美人士无不震愤以矢必报！古之阬降，今之虐待敌俘，皆无裨于耗敌之力，而适以增敌之怒！敌知降与俘之无幸，则必之死靡他以致怒于我，人怀必死，我宁有幸乎！

是谓胜敌而益强。

（训义）杜牧曰：“因敌之资，益己之强。”张预曰：“胜其敌而获其车与卒，既为我用。则是增己之强。”

右第三节论胜敌益强，则可免钝兵挫锐之祸。

故兵贵胜不贵久。

（训义）梅尧臣曰：“上所言皆贵速也；速，则省财用，息民力也。”张预曰：“久，则师老财竭，易以生变。”

基博按：战无常法，兵无定势，“贵胜不贵久”，固理之自然；能久乃能胜，亦势有相因。大抵小国而暴强，可以乘人于猝，而凭借不厚者，贵胜不贵久，久则师老而财竭；如德国、义国、日本，是也。大国而积弛，未虞受人之攻，而仓猝以应者，能久乃能胜，久乃力厚而气足；如中国、苏联、英、美，是也。贵胜不贵久，于是乎有歼灭战；而希特勒所呼之闪电战，乃歼灭战之极诣也。能久乃能胜，于是乎有消耗战，而委员长所倡之磁铁战，亦消耗战之大成也。歼灭战者，在厚蓄其力，乘人之不虞，而用之于最初之一击，及锋而试，速决战速胜。消耗战者，则厚蓄其力，待敌之既衰，而用之于最后之一击，相机以动，不决胜不战。歼灭战者，电发霆震，开战之初，亟求敌之主力以快心于一决。消耗战者，好整以暇，开战之初，强而避之，不与决战，使不得逞志于我，以保我之主力，而徐起以承其弊。《兵志》曰："先人有夺人之心"；此歼灭战之旨也。揭暄曰："我处其缩，以尽彼盈；既舒吾盈，还乘彼缩"；此消耗战之意也。惟胜负之分，必以决战；而决战之法，只有攻击。歼灭战以进攻为决战。消耗战以反攻为决战。而所以为决战者有三：曰备战，曰集团，曰突击。所谓备战者，未战之前，明耻教战，整军经武，缮完器械，鼓励士气，而精神之振奋，物质之充裕，皆属焉。所谓集团者，兵力宜集中，不宜分散；集中，则威力大；分散，则力量薄；宜厚蓄其力而集中之，悉力殚锐以用之于决战之时与地；至于地之非我所欲决战，则不宜置兵无用之地，而少置之以疑敌人而分其势，仅足自卫，可尔。所谓突击者，集我之兵，攻敌之瑕，彼竭我盈，而予以不可御之突击，以歼灭敌军，而溃其武力也。特消耗战之反攻，用之于最后之一刹那；然以消耗战始者，仍不得不以歼灭战终，而收功于攻击；反守为攻，乃能战败为胜；无攻击，则无决胜，固与歼灭战殊途而同归也！考之欧洲战史：普鲁士菲烈德立大王用消耗战；而法帝拿破仑，则以歼灭战。盖菲烈德立大王之战，以横队而用佣兵；横队，则兵势散而不能集中以突击；佣兵，则兵力耗而不易征募以继战；主力必求保持，攻击以伺时机；此所以为消耗战也。至拿破仑，则变横队为纵队以利突击；而其兵制，又为志愿兵与征兵，征募既易，补充不难，而又同仇敌忾，有爱国之热情，有决战之勇气，可以一鼓作气，而为歼灭战也。然普鲁士菲烈德立大王之消耗战，所谓“君以此始”，而不必以此终；包围歼灭之战术，由菲烈德立大王开其先河；而继继绳绳以有老毛奇将军，导扬神武；而迄史梯芬元帅搜集古今之歼灭战例，著为一书以申儆所部；而手定德军速战速决之作战计划，即所谓“史梯芬计划”以成典型，而集其大成者也。一九一四年，大战开始，小毛奇传授史梯芬之心法，迂回包围以入法之北疆，而用歼灭战；一击不中，而法大将霞飞、福煦，乃用消耗战以承其弊而制全胜。然而此一役也，德人创巨痛深，不以歼灭战之不可用，而用之不得其道也；于是焦心苦思，以求贯彻“兵贵胜不贵久”之旨；塞克特将军主其计，白鲁希兹将军措诸事，二人者，皆受学于鲁登道夫者也；一本史梯芬之传授心法，极深研几，而采义大利杜黑将军制空权之论，以建设空军；采英国飞勒将军坦克车集团军用之论，以创新机械化部队；而媵之以苏联所倡降落伞部队之运用，乘间抵巇，以配合陆军之步骑炮兵，相与僇力，然后可以为突击者，加猛加速，敌人不知所措手。此闪电战之术，所以盛倡于德国；而所以为闪电战之具，则非创自德人；所以试闪电战之用，亦非始于德人也！闪电战之具：曰飞机，曰坦克车，曰降落伞，坦克车之用于作战，起自英人，而坦克车之制造，英、法两国，早久开始；惟用之于战，则英、法两国兵家之议论，微有不同。法人以为坦克车者，不过一种随从之武器，可以辅步兵推进，而制压敌人之机关枪火力耳！非协步兵以俱进，不可也！英人则不然！谓“坦克车，可以利用所有之速度与火力，纵横驰突，不必偕步兵以协进。苟用坦克车群，而作集体之进攻，无坚不摧，理有可信，敌阵虽坚，亦复何用！”而首倡其说者，飞勒将军也！乃以一九一八年八月八日，用飞勒将军之说，而试之于西战场之佩纶。德军瞠目不知所为，大溃不止，而阵地丧失。鲁登道夫将军亦为太息曰："自开战以来，未有如此之黯淡丧气也！"士气大挫，一蹶不振！于是飞勒将军欣喜欲狂；益信坦克车者，不仅以辅步兵作战，抑亦可以独力作战者也！大战既终，而飞勒将军，孜孜矻矻，夙夜弗懈，以研求坦克车、装甲车及其他自动车辆协同猛进之法。二十年来，其思想之传播，而为塞克特将军之所采用者不少焉！此闪电战之具一也。顾飞勒将军欲以坦克车图集团之作战；而义大利杜黑将军，则倡以飞机为集团之作战，于一九二一年，刊行一书，曰《制空权》，其大旨谓："今后战争，如有一国焉，于开战之初，能以大队之飞机，乘敌军之未及集中，而深入敌境，握制空权，集团轰炸，以溃其军，耗其资者，必无不胜！"墨索里尼采其议，而德国空军统帅戈林将军，则尤杜黑之信徒云！此闪电战之具二也。然空军可以制空，而不能掠地；可横空以轰炸敌后，而无法落地以扼吭拊背；于是苏联训练降落伞部队，设计以飞机运载步兵及小炮、坦克；飞将军可以从天而下，批吭捣虚！此闪电战之具三也。有其具矣，墨索里尼初试新铏，以一九三五年十月，袭阿比西尼亚；此闪电战之破题儿第一次试用也！特闪电战之名未定耳！方其开战之初，列国兵家惩前毖后，而推测胜负以断言者有三：一曰："壕沟制度，不论发展如何；而强大之炮兵与步兵以联合之袭击战术，未尝无效；征之上次大战而可知也。"二曰："如用大队之坦克车，集中以猛攻敌阵之一点，必可摧坚以制胜！"三曰："制胜之要素为时间。纵实行征兵之国，一旦开战，动员之时间，必以十天；而集中之时间，尚在外。当今之世，未有国焉，太平无事之日，而动员集中一国之军队，以时时戒备于不虞者也！徒以一国之财力有限；未有和战未定之际，而遽动员以图集中者也！方敌国欲动员以图集中之时间，则是予我以袭击之机；

而袭击之不可缺者，厥为汽油机械之武器，即飞机与坦克车，是也。”墨索里尼有其武器以袭击矣，而乘军备落后之阿比西尼亚，以攻其不备；固不足以当一击也！然兵家因以知飞勒将军坦克车独立作战，杜黑将军制空权之论，有未尽善，而待斟酌者四焉：（一）大炮射程以外之敌军后方，如以飞机空袭，而予以猛烈之轰炸；虽不能决胜，可以耗敌之物资，挫敌之士气。（二）陆军必以飞机佐战，乃可制胜。（三）坦克车如独力作战，而不得步兵护持以锐进，必为敌之步兵所围歼。（四）坦克车如参加步、骑、炮、空等军以协同作战，斯无不胜之战。此阿比西尼亚一役之所启示也。于是白鲁希兹将军究极利病，而不为拘虚，斟酌损益，以得结论者有三：其（一）空军之大用，可以炸袭敌后之军需工业与交通要道，而断其接济，阻其运输；然不能决胜；可以耗毁敌力，而无法占领敌土；可以暂时制空，而无法永久占空；如无陆军以相协力，虽猛烈之空袭，亦无成功；不如协同陆军以作战之威力为大；而追击尤猛迅！其（二）陆军之坦克车队，如以独立进攻，鲜不为敌之步兵包围而俘获，此危道也！如协同步、骑、炮兵及空军以进攻，则威力之发挥极大！而进攻敌之坚垒要塞，尤非飞机及炮兵之僇力，不能相与以有功也！其（三）敌人之飞机、坦克车及炮兵，不如我之猛而多；我进攻而敌败退，机械化部队如与空军协力，而急起直追，不予敌军以喘息之机，务歼灭之为快；斯可以一战而定，以贯彻“兵贵胜不贵久”之旨矣！顾犹未以自信，益遣诸将，赴西班牙，指导佛朗哥将军内战，助以空军与机械化部队，而为实地之演习；乃知用重轰炸机以轰炸敌之防御阵地，而以佛朗哥将军之证明，不如用炮兵集中射击之收效大；而用轻轰炸机以轻磅炸弹，与机关枪射击以向敌阵作俯冲攻击，则成功出于意外！当坦克车冲锋时，如不得炮兵与空军以掩护，则人员车辆之牺牲不可计！佛朗哥将军之步兵，每于临阵之际，以火焚其协同作战之坦克车；盖战之方酣，而汽油不继，无法以动；不焚，则为敌之战利品矣！益以证空军与机械化部队，不能以代步兵、炮兵之用；而惟与步兵、炮兵相辅以进，乃可摧坚破锐以制胜尔！墨索里尼亦以阿比西尼亚一役之有成功，而以再试于阿尔巴尼亚；战事将起，海陆空军，倾国以赴，予之猛袭；阿国之军未及动员；而已控制其要害焉！此闪电战之第二次试用以有成功也！然而闪电战之名犹未立；只称曰“时间之奇袭”而已！于是白鲁希兹将军，相观而善，变通以尽利，申儆于国，而务以为不宣而战，乘人之不虞，厚蓄其势于开战之初，悉力殚锐，予敌以当头之猛击；而不零星增援，与敌为动员竞赛于开战以后。其为战也，施之有序。大抵先集中所有之空军，以歼灭敌之空军及其根据地，而握制空权。其次则以大队之轰炸机，蜂起云集，而轰炸敌之兵营、弹药库及军需工业，以损耗敌人作战之资力；轰炸敌国之汽车路、铁路、桥梁、车站，及其运输车辆，阻绝交通，不予敌人以行军之利，于是敌人不得动员集中以增援前方。又其次以空军指导炮兵，集中火力，以猛烈轰炸敌要塞阵地之堡垒、壕堑，及一切防御工程，务尽摧毁之以毋为我障。又其次以飞机运输降落伞部队，降落敌后；据其要害，以阻其前线之增援；袭其司令部，以摧其中权之指挥，使之前后不能相顾，左右失其连系。又其次以坦克车队，在空军掩护之下，冲入敌阵，而继之以装甲车队、摩托脚踏车队组合之轻机械化部队，如潮之涌，汩汩而来，以猛烈之突击，而薄敌军以全线之崩溃。又其次以卡车运输大队之步兵与炮兵，占守敌人要塞；而以大队中型坦克车及机械步炮工兵组合之重机械化部队，与空军协力以猛迅追击，毋予敌以搜乘补卒，卷土重来之机。于是兵之“贵胜不贵久”，乃在机械工业发达之德国，实事求是，代有生动力以无生动力，而以猛锐无前之势，纵横驰突于一九三九年以后之欧洲大陆；一战而灭波兰，再战而歼英法联军，其间下丹、挪，徇荷、比，不出两月，所当者破，近古以来，未尝有也！于是英、法之人，震惊相告，曰："何其神也！此闪电矣！"而希特勒亦掠人之美，以为大言夸耀，喻如闪电之目不及瞬，疾雷之耳不及掩，言其猛而加疾，亦以疾而加猛也！然而闪电战，德行之而有功；而他国效之，未必有成功。同一德也，用之于波兰，于丹、挪，于荷、比，于法，乃至南斯拉夫、希腊，无不有功；而用之于苏联，亦无成功。此其故何也？盖闪电战，亦必知彼知己，而后可以推行尽利，左宜右有；非能战必胜，攻必取也，而所以行闪电战而有功者，有二端焉：一曰在我者有其能。二曰在敌者有其可。何谓在我者有其能？国家以工业立国，而机械工业日以精进；然后铜铁器材及发动机、摩托，于太平无事之日，制造日多；而可资以建设大队之空军及机械化部队。至于交通与农业，亦必机械化，然后人民日习于摩托；一旦有事，可以征役而为摩托之士兵。一也。战之所以为闪电，在空军与机械化部队之猛速运用；而空军与机械化部队，无汽油，则不能运用；尤必一国汽油之生产，足以自给。二也。国家之政治为极权；而社会之组织，敌涣散而我严整，令出惟行，可以猛速行动而制机先。三也。外交之运用，间谍之宣传，可以摇惑视听，扰乱人心，而莫知我之所欲攻；然后乘人之不虞。四也。四者具，而后在我者有其能也。何谓在敌者有其可？交战之国，壤土相接，而汽车之路，六通四辟，平原大野，而后机械化部队，可以纵横驰突；空中陆战队，便于降落集中。一也。敌之人民财产、物资、工业，皆集中于都市，而不能以疏散；可以一举而摧毁之，不能自振以无力再战。二也。敌之国小而力薄，可以摧之于一击。三也。三者具，而后在敌者有其可也。岂有无施不可之闪电战哉！惟德为能闪电战，以其工业发达，政制极权，而外交之运用灵活，间谍之发纵神秘也。然而汽油之生产，每年不过六十万吨，而空军及机械化部队之猛速运用，久必不继。惟波兰、丹麦、挪威、荷兰、比利时，及法国，乃至南斯拉夫、希腊，可以用德之闪电战而有功；以其与德接壤，交通便利，空军及机械化部队，运用自如；而又波兰、丹麦、挪威、荷兰、比利时，乃至南斯拉夫、希腊，小国不足当一击；法国之人心涣散，而为民主政体，不如德之社会严整，而统以极权也。然中国、苏联，不能以闪电战胜；而日本，则虽欲为闪电战而不能！何者？盖日本之机械工业不发达，不能自造飞机与坦克；又汽油百分之九十，不得不资之国外输入；则所以为闪电战者无其具。而日本之为君主立宪国，议会虽不必有力，而亦有权能，足以掣军阀之肘；军阀干政而未能柄政，意见亦极纷歧，而莫适为政；不如德之为极权国，则所以运用闪电者无其体。故曰："日本虽欲为闪电战而不能"也。至于中国，地大物博，人民财产，尚未集中都市；而山岭川泽，地形丛复，交通不便；闪电战纵横驰突以掠我边，而不能长驱直入，溃我腹心，及其再衰三竭，而我进退绰有余裕，徐起以承其敝。此日本之所以顿兵挫锐，而心所谓危者也！苏联则又大国而极权，社会有严整之组织，略同德国，而不如法之涣散；广土众民，而加之以高山叠岭，间以川泽，机械化部队之猛速运用，有其限度，则又同于中国；而机械工业之发达，飞机坦克之能自造，以有大队之空军与机械化部队，皆中国所不如，而力足以与希特勒之德国相周旋，德国闪电，苏联亦电闪，此僵彼仆，未知鹿死谁手？顾希特勒欲施故技以摧之一击，亦多见其不自量已！夫侵略者，贵于速战速决以宜歼灭战；而被侵者，则宜稳扎稳打以用消耗战。日本、德国，不能速决，已无胜算；而中国、苏联，苟能持久，即已不败。盖为歼灭战者，张脉偾兴而力先耗竭；而用消耗战者，故事蓄缩而力留剩余；彼竭我盈，而胜负可知也。然惟大国之如中国、苏联者，可以用消耗战，而持久于不弊；而小国则不能！盖欲消耗敌，亦必自消耗；小国寡民，敌未耗而我先消。惟广土众民，凭借既厚，强而避之，则退有余地；再接再厉，则兵有余众；待敌势之已衰，而我力之未尽，然后以我之盈，乘彼之竭，此所以胜也！夫歼灭战之衍变为闪电战，在加速，加猛，予敌以不可抗之攻击。而消耗战之衍变为磁铁战，尤贵忍，贵缓，予敌以不可耐之迟延。非敌势之已衰，不为反攻；而未反攻之前，我则故控其力。敌人长驱以来，大兵缓退以持其前，而散兵狙敌以伺于后，化整为零，侧击横袭，亟肄以疲之，多方以误之，且战且退，亦愈退愈战，与敌相战而不与会战，予敌以胜而不予以决胜；敌欲进则散兵后掣，欲退则大兵反追，决战不得，而又欲罢不能；如铁之为磁所吸，进退失据，此磁铁战之所由称也。然则闪电亦成虚语，而速战速决，岂能尽如人意！一九三八年，希特勒之将侵捷克也，其军部参谋部，固尝怀疑速战速决之未易，而以郑重相告矣！使速战速决之计不遂，然希特勒亦预有以善其后乎？曰："有！用战求其速决；经济为其持久；两者相反，而以相成。"盖用兵之道，在以最小限度之牺牲与消耗，而得最大之胜利；莫如制人机先以破坏敌之胜利，而后成我之胜利；其最高之效率，厥惟速决！如战而不能速决，旷日持久，而乖经济之原则，消耗日多，必有"屈力殚货"之患；此用战之所以求速决也。然经济不预为持久；万一速战而不能速决，则军未败而财先匮，必为敌人所乘，而无以善其后！一七五六年，普鲁士菲烈德立大王与奥战，连兵七年。奥联俄、法，而普势孤；大王以小敌大，以寡战众，而操胜算者，则以开战之初，经济为其持久也。大王以普之国小而民寡也，人口只二百五十万，而养兵八万；顾大王不欲普之人，舍生产以事于战；八万之兵，佣自外国；而开仓济民，奖励生产；人皆知奋，力耕勤获，虽七年苦战，而民不饥；此所以胜也。一九一四年，欧洲第一次大战开战之初，威廉二世以德国精锐久练之陆军，而用老毛奇之速决战略，重以史梯芬之计划缜密，何难一战而定！孰知速战而不能速决，及旷日之既久，所失败者，不在军事而在经济；后方经济，不能支持，民不聊生，而士亦投戈，前方以溃；则以过信速战之能速决，而经济未为持久之图也！希特勒其知之矣；所以战略虽求速决，而经济预图持久；设经济参谋部，以惩前败；而厉行菲烈德立促生产以利战争之策；所异者，不佣兵于外国以事战争；而佣工于外国以督生产。外国之土地已被德所占领而尚未兼并者，有人口一万四千八百万；其中荷兰、比利时与法，久擅工业，尤多熟练之机械技工。此外尚有二千四百余万人，在德之势力范围之内，而受其控制；其中亦有自由国家，如瑞典、瑞士；亦有国家溃败而土地尚未占领者，如法之未沦陷区；莫不拥有近代之工业设备。一九四一年，欧洲沦陷区，有三百五十万人，为德人所雇以作工；其中一百五十万人，为战时俘虏；二百万人，为沦陷区政府所遣致。而波兰军火工人之为德雇者，予以双薪。假使劳工之不给而为数量，则以德所俘虏之众，何难取之左右逢其源耶！或者虑俘虏之怠工罢工；苟管理之严，而证之上次大战，可以明其无虑！所困难者，不在俘虏之怠工罢工，而在其技术太差，不谙近代工业之生产方法；抑以不习德语而谈话隔阂，训练亦难！所以雇用俘虏，实不得已而非德人之所欲；观于一九四二年八月十一日，赖伐尔与德人秘密协定，载德人愿释放五万法国俘虏，以交换一万五千法国技术工人而服务于德之工厂，可以知其故已！德之劳工部长苏克尔及其前任曼斯菲德博士无不知工作须出自愿，强征或以偾事。自愿工人，无论外籍或本国，其效能比之工人征调或强迫而来者为佳也！所以德之外籍自愿工人，备受优待，工资高，膳食高，而可汇款以济家用；尚有其他种种优待办法，以鼓励外籍工人之投效；而在其占领国内，则拒绝供给工人粮食券，拒绝发给工作证，强迫当地工厂主开除工人，不供给工厂原料以促工厂之倒闭；工人无工可作，无食可谋，不得不散而之四方；而德人劳来以优待；或推之，或挽之，而德之外籍自愿工人，予取予求，至一九四一年九月，而达二百万人矣；其中二万九千丹麦人，九万三千荷兰人，十二万二千比利时人，十四万九千法人，二十二万波希米亚、斯洛伐克与麻拉菲亚人，二十七万二千义大利人，三万五千匈牙利人，十万九千巨哥斯拉夫人；而来自荷兰、法之北部、义大利及捷克斯洛伐克之机械工人与矿冶工人，技术甚佳！此外尚有俘虏一百五十万人以弥缝其缺。假使曼斯菲德征调百余万苏俄工人及增雇其他各国工人之计划而有成功，则德之外籍工人，可增至五百五十万而或过之；则德国工人二千五百万之中，百分之二十二为外国人。然而劳工问题之严重不解，所以然者，与其谓德缺不熟练半熟练之工人，不如谓德国今日工矿业之高级技术人员及其他各部门管理之专门人才需要益大！盖德国国内人力之蓄备已竭，而不得不多雇国外之技工；苟非有相当之专门人才，而为有效之管理；则工作之效率与生产量必减！然则如之何？曰：其他利用外国劳力之有效方法，则为德人与国外工厂订约以代制造军事物质；使原料之供应无缺，而厂址隐藏以不受空袭，因利乘便，而厂屋、给养、工人之管理及军需之供应，咸得以解决焉！此其有事于工业生产者也。一九四二年春，德国二百一十三万农民之中，有一百二十万为外国人；而一广大之农场，场长及其家庭，只雇一德人以为助手，而督七八外籍工人以事耕植。此国内劳农之不得不用外国人也。然而因利乘便之有效方法，亦如工业，莫如利用占领国之土地，使之农业德国化；而抚定占领国之劳农以事耕作，促进其生产。希特勒灭国者十四，奄有欧陆；而经济参谋部之设计，采德国工业及农业之计划，而施之于沦陷诸国，以促进其农业现代化；抚定农民，以安耕作。巴尔干农民，以其谷物、烟草及大豆，全部出卖，而按期予以贷款。荷兰之植果蔬者，庆其丰获，而祝以来岁。波兰之栽甜菜者，以德人之取求，而广其面积至一倍；马铃薯之收成，增加百分之十六以至二十；而油田之面积，亦被扩充。此其有事于农业生产者也。皆沦陷区人民也。盖沦陷区人民力穑勤工以事生产，而供德人之战；犹之七国之秦，以秦人战，而诱三晋之民以耕矣！至德国军费之匀摊于征服诸国者，大抵欧洲受德国保护或占领之国，岁缴德军之防费，占其全部支出百分之二十；而波兰与挪威，至三分之一。挪威每年每人缴德军防费三百七十五马克为最多。波兰每人三百马克。丹麦人一百二十马克。比利时人二百马克。荷兰人九十马克为最少矣！法则每月缴德国军费四万万法郎；其中一万二千万法郎，为德军维持之费；而其余则为企业维持费，以收买法国之股票。盖德国人民之军费负担，渐以不支，而转嫁于诸国也。昔商鞅教秦，耕战并重；而希特勒，则经济设计之持久，与战略之速决，双管齐下，而图有以善其后；所以虞歼灭战之穷也。然德之陆军，由歼灭战而演变为闪电战以加猛加速；而德之海军，则不得不纡徐为妍以用消耗战。盖消耗战者，弱之所以制强。一九一四年，第一次欧洲大战开始，德人自知海军之不足以抗英也，于是以主力舰蛰伏北海军港及基罗大运河内，而避不与英交绥；惟用小型舰之鱼雷、潜水艇等以为游击，巡弋英吉利海峡及爱尔兰海附近；截掠商船，封锁英伦，断其给养；而遇英之主力舰，则狙击而沉之，蕲于渐消渐耗，而英之主力舰日减，及我之力足以相胜，然后一举而歼之。特以英之海军，远过于德，而德未获逞其志；然英之商船，损失一千一百万吨，英伦三岛，濒于饥饿：则德海军之消耗战，有以致之也！于时德潜艇只有一百四十艘，而协约国之船只被击沉者有二千艘！鲁登道夫在其大战回忆录中，言："海军大臣，为帝国总理之友，而建议无限制潜艇战之策；预计半年之内，必可制胜；而船舶之损失，海上贸易之阻害，已断英国之命脉，而使之不能继续作战。"故以潜艇战而论，不得不谓德人之成功！迄于希特勒得政，德之海军，创制袖珍主力舰以游击英商船，广造大中小各型潜艇以狙沉英军舰，欲以消耗英之海军，而处心积虑，尤注意于潜艇闪击战！盖潜艇闪击战者，为海军以弱制强之惟一战法，德国海军，才当英百分之三十五；而以大战，寡不敌众，势必无幸！惟有以潜艇为游击；吾宁斗智，不能斗力；出没无常，潜行海底！乘间抵巇，予以突击，声东击西，莫可测识；英之海军，罢于奔命，时有狙沉，而以大困！然开战之初，德人只有潜艇六十五艘；特以制造之积极，每月可得新潜艇十五艘乃至三十艘，而倍于每月作战之所损失；至一九四三年春，而德有潜艇五百艘以上，以视上次大战之潜艇，乃为三倍半；而荷兰、比利时及法国之地，咸为德所占领，潜艇活动之范围亦广！上次大战之时，德人潜艇根据地，仅限于德、比两国海岸；而欲出海袭击，非绕道苏格兰北岸，而涉险以经英之封锁线不可；此危道也！而今何如？北起挪威之拿维克，南迄法国海岸之巴央纳，延亘之大西洋东岸，无不在德人控制之下；而挪威之德伦的英以及法之布勒斯特与罗利翁，皆潜艇活动之优良港湾也！方英美盟军未在西北非登陆以前，而达喀尔与卡萨布朗卡都，亦为德潜艇在南大西洋活动之根据地。从前威廉二世之潜艇队，出海袭击，需时四五日而今希特勒之潜艇队则仅一日或一日半可以驶入大西洋潜艇之活动既广而潜艇之制造亦改进，迥非威廉二世所用可比！第一，结构之强固。今日德国潜艇，可以悠闲自在，在六七百呎之水深下潜行；抑亦能在海底停泊以节省燃料；于是驱逐舰之深水爆炸弹，可以无虞！深水爆炸弹，诚为潜艇之大敌；然可以在水深三十六呎至三百呎深度爆发，而不能达三百呎以下！第二，航速之突进。每小时能行海面二十哩至二十四哩；盟国非改装驱逐之引擎，不能追踪！第三，武器之威猛。潜艇之主要武器，依旧鱼雷；然以视昔日，发射准确，而射程益远，爆力益大！英相丘吉尔以一九四三年一月二十六日，与美总统罗斯福会于西非卡萨布朗卡都，商讨作战计划；而回国以后，向下院报告，中谓：“潜艇战之足以制我死命，无待深论；英、美政府之作战计划，莫急于战胜潜艇！惟潜艇为足以稽迟吾人之行动，而妨害吾人以全力作战！然吾人之反潜艇战已有进展，而潜艇之侦察力亦渐减！开战之第一年，每潜艇一艘，沉我船十九艘；第二年，减为十二艘；第三年，则七艘半；我沉没之船艘愈减，则我英、美两国之作战努力当必大增！惟希特勒必加紧潜艇战以阻害美国大量之供应品运抵所指定之目的地，而消耗吾作战之努力以不得开辟第二战场。”于是海军之消耗战，不妨与陆军之闪电战，双管齐下；亦实以海军之不足以与英度长挈短，自知之明，不得不出此也。是故德之建舰政策及其舰队设计，与英、美大海军国不同。英、美舰队之设计，在千浬远斗以渡洋作战，而有巨量之排水，有远伸之航力，有坚厚之护甲。德之舰队设计，则以袭击为主旨；其主力舰之特点，在速力大，火力猛，则以便于袭击之故；而辅以重潜艇之制造，欲以潜艇战术，扰敌之航运，截敌之物资，而以封锁制胜焉！义之建舰政策媲于德；而日则以攻为守，折衷二者之间；其造舰也，速力之大，火力之猛，同于德；而巨量之排水，远伸之航力，则比肩欧美！德之造舰，以小型为主，而日则大小兼骛，不以小型舰之匠心，而忽略大型之主力舰！然主力舰之造，费用不赀；虽以海军大国之美，亦重难用之，而不欲孤注一掷。一九四〇年，美海军少将施德霖尝论：“美如与日战，将留驻主力舰队于日本海军力所不能及之夏威夷群岛；而用潜艇、驱逐舰及轻巡洋舰以游弋海洋，封锁日本舰队之运输与交通；而战斗舰则避不交绥。”日本伊藤正德亦言：美如以海军与日相角太平洋，必不以主力舰队，而出二策：一曰分散分击战；所谓分散分击战者，盖不以主力为决战，而以分队为游击，分散敌之兵力以不得集中，相机狙袭而逐一歼灭之；所歼灭者，不必敌主力之一部也；苟敌之军舰，狙袭而日以少；即我之海军，相形而日以强。白奈特提以此而创制空军巡洋舰。空军巡洋舰者，有六寸口径炮八门，有飞机二十四架，而后有甲板，以为机之起飞与降落，回翔绰有余地；盖以巡洋舰而兼有航空母舰之用者也；有八千吨至一万吨之排水量，速力三十五节，续航力一万二千浬，航程远而驶进速，可以侦察，可以狙袭，亦可以远航而单独作战，美人称之曰攻势母舰群；而以其敏于应战，亦可称之为海上闪电部队。盖为分散分击战之理想舰型，而知美国海战之必出乎此也。其次为封锁战。美人尝坦白而言曰："以美国一国，可以击败日本；然而日本一国，则不能封锁美国。"前说固失之夸；而后说则余日人不能不承！何者？太平、大西两洋，浩渺无际，而美人夹两大洋以立国，纵以英、日两国之连合舰队，亦不能全面封锁；纵能封锁，而以美之地大物博，闭关可以自给，则封锁亦有何用！况以日本一国之海军为封锁，则大西洋门户大开，运输自如；而东南太平洋，力亦有所未逮；此日本一国所以不能封锁美国也。然而美国之封锁日本，则异是矣！日本之所以不如美国者，壤土狭而资源薄，所产者寡，不能自给也。美如封锁日本，则可以大队之潜艇，航行一万八千浬，狙劫运输，断绝给养；而麻六甲海峡、中国海、对马海峡，皆为封锁之海面矣。曰分散分击，曰封锁，亦德之海军所以制英之战略，而欲收功于消耗者也。而究其所以匠心经营，而善消耗战之用者有三，而主力舰不与焉！其一曰空军巡洋舰。其一曰潜艇。而更益之以蚊式鱼雷艇。蚊式鱼雷艇之视主力舰，虽若渺小不足道；然能以小制大而出奇制胜！以其有远伸之航力，追风破浪，在我可用以远征！以其为神速之驶行，左萦右拂，在敌不易于瞄准！而尤以其舰身小，吃水浅，可以潜入敌人之海口，而不为觉察，不虞搁浅！纵或为敌人所觉察焉；则以其引擎之强有力，舰身之渺小，驶行固速，摆动尤大；不论空中之扫射，陆上之射击，瞄准皆难，命中不易！人莫之毒而能毒人，装有重鱼雷，以制大型舰之死命而无坚不摧；特以蚊形为标识，喻其小也！然则日人不以小型舰之匠心而忽略大型之主力舰；美人亦岂以主力舰之伟大，而漠视小型舰之运用；此美之所以备战也！然而日本海军则何如？日本海军之不敌美，犹之德之海军之不足以与英度长挈短也；于是广制驱逐舰、小型航空母舰、大型潜水艇以为游击狙袭之用。盖日本海军欲以称雄于太平洋者，不在主力舰，在小型舰；先是元世祖之征日本也，常造大舰，出雄师，以占对马群岛，而在九州登陆；方其交绥于海上，元舰大而日舰小，小固不可以敌大，屡以挫败！然元以舰大而运掉濡迟；而日以舰小而驶转轻疾，久之所以乘间抵巇而出奇制胜！此为日人小型舰之原始认识，而应用之于新海军建设者有二：一为驱逐舰之多与其炮力之强。一为潜水艇之多与其艇型之大。方太平洋未开战以前，日本最杰出之舰型，无过于驱逐舰！日本拥有百数十艘之驱逐舰与二十余艘之大鱼雷艇，虽在鱼雷管方面，不及美国，而速力亦少逊；然火力则远优于美国；盖日本之驱逐舰，装有多数之炮位，火力务求迅速，而利用直接统制以使一切炮火同时开放也。日本海战体系，在舰队动作之前，及其后，尤致力于强烈之鱼雷攻袭；日俄之役，尝以致胜；殆不欲以主力舰作孤注之掷，而图以小制大，先消耗敌之主力舰尔！然以鱼雷制人，则亦防人之以鱼雷制我；所以造舰不重装甲而重速度，然必力图舰艘之坚，足以耐鱼雷之射袭而无虞也！日本海军以侧向潜艇政策著。一九四一年五月二十四日，其退休海军中将和渡声称："日本海军，不论时代及人事变迁如何，必坚持潜艇政策而不怠！且以华盛顿海约之规定，日本之制造主力舰受限制；何可不以潜艇之优势，补其不足！"太平洋战争之未发生，已拥有潜艇七十余艘；其中二千吨者有二十艘，装有五·五吋之炮五门，而航距在一万六千英里以上，能横渡太平洋以进扰美领海。犹以为未足，而有超级运货潜艇之设计，其数为二十八艘；而海面航速每小时二十四浬，水底航速十浬，载有可以拆卸之飞机两架，六吋炮四门；能装大量之货物以运输。传者言尝有一艘试航于德，而越过英美之封锁线，运载德国之飞机及造船专家三百人以返三岛云？又设计一万五千吨之劫掠巡洋舰二艘，其速力超过德国袖珍舰之德意志号，而装有十二时之大炮与二十余飞机。方其经营之始，美国海军专家莫测何用，以为糜费巨而效能小，疑为不可信？不知今日之海战，与昔日不同。第一次欧战之时，有白昼之海战；而英伦海军家，无不以夜战为冒险而出于不得已；且射击之效力不佳！今则以空军之发展，而舰队不能为昼战！盖昼战，则无不有空军以进行长距离之空中袭击，而为舰队之前茅；舰队，则以避免敌舰俯冲轰炸机及鱼雷之袭击，而不敢驶近敌舰以在我射程之内！惟有伺夜以乘敌不虞，乃能驶近敌舰以发炮射击。所以今日之争海权，不复如往古之以大舰队控制海面为战争；而声东击西，化整为零，不会战而狙袭，以小胜为大胜，德如此，日、美亦将如此！日本之创制劫掠巡洋舰，犹美之创制空军巡洋舰，皆原于德之袖珍主力舰而加改良，可以侦察，可以狙袭，亦可以远征而单独作战，以巡洋舰而兼资航空母舰之用者也。德、义两国，领海浅狭，而用如此之劫掠巡洋舰，易被搜捕！惟日本在水天相接之太平洋，可以纵横四出，用此一万五千吨之劫掠巡洋舰而无虞尔！日本虽不能封锁美国，而海战准备之为分队狙击，以蕲收功于消耗，而不为歼灭战；一也。苏联，大陆之国，出海无口，而海军无用武之地，则亦侧重潜艇战以夹辅陆军。一九〇四年，日俄之役，帝俄之海军歼焉；而潜艇则出没对马海峡以狙沉日本之运输舰，而消耗其人力物力以不得集中用于辽东战场；盖对马海峡之海水极深，潜行不易发见；而水温亦和，可以不设暖房，尤便于潜艇之寒季也。上次欧洲大战，帝俄潜艇之狼号，尤予德国海上运输以惨烈之沉没。及希特勒肆志于苏，红色潜艇屡袭德沿海港口；一九四一年冬季，尝潜航冻结之芬兰湾冰面下，以至芬兰湾海岸，狙沉德舰，而潜航以归焉！德之攻苏以陆军，而军需供应，亦资海运，循挪威海滨以抵芬兰北端之贝柴摩港口而登陆。惟红色潜艇之狙击有成功，而德人大量用以进攻苏联之坦克车、大炮及军火燃料，无不沉没海底矣！苏联以潜艇狙袭海运，而消耗德之军资，以不得供应大陆战场；犹之德人以潜艇狙袭海运，而消耗英美之军资，以不得开辟欧陆第二战场。然则潜艇者，匪惟可以消耗敌人海军舰队之主力；抑亦可以消耗敌人陆军供应之物资；此潜艇战之又一作用也。自德人新主力舰俾斯麦号之沉没也，美记者阿本德著论以谓："近代空军发展，大军舰如无空军之保护，即无以自存！若驶入敌人陆上空军根据地之活动范围以内，尤无不为所摧毁！历史上大规模之舰队作战，将不可再见；而易以零星片段之战斗。惟潜水艇能潜入深海，以避空军之攻击，而成游击奇袭之功。"盖潜水艇之所以有利于海战之奇袭者，第（一）可以隐而不见。英国海军大学教官克雷上校称："攻潜水艇之法，研讨之成功极微！而最有效者，为施放水中爆雷；然潜水艇非发射鱼雷以袭我舰；我则无法以察识其所在，而予以反击也！"美国美捷尔将军亦谓："潜水艇虽在水上，亦非飞机所能侦伺而得！盖在今日所有之水陆战具，未有如潜水艇之不能以飞机发现者也！若深潜入海，则更无法以轰击矣！"其（次）无所往而不可。汪洋大海，随地潜伏，而敌人莫测！一九四一年，柔德兰之海战，以英国舰队之强大，而不敢追奔逐北，以歼灭德国舰队者，则以吉利珂提督虞德国潜水艇之袭击；而实无之，遂以纵敌也！然潜水艇之于海洋，亦非无往不利！何者？盖地中海海水澄清，潜水艇虽入水三十呎以下，亦或为飞机所发见！而北海，则以水之混浊，流之急涌；飞机侦伺，骤难发见矣！太平洋水流混浊，波涛汹涌，殆有甚焉；此利于潜水艇之伏航者也。然以太平洋之水深，而现代潜水艇之潜入深度，自一百呎以进展至六七百呎；但以海水之压力，尚不能超过七百呎；而潜水艇驶离根据地以后，不能定泊海底以休息也！地中海之深处亦然！而北海作战之潜水艇，则可以泊于浅水之沙底，悠然自在，以听音机听察敌舰之行动，伺其至，而徐起以袭击焉！至于袭击之法：阻挠运输，狙袭商船，以封锁敌海，断其接济；一也。潜水艇纵横海底，出没无常，或袭敌人海岸之渔村商港，或骚扰其偏僻航线，虽不足以制敌死命；而足以疑误敌人为警备，以牵制其舰艇，东西声援，罢于奔命；二也。潜水艇以配属主力舰，或为前进时搜索敌潜水艇之用；或为作战时歼袭敌主力舰之用；三也。单独潜驶，以狙袭敌人行进或巡逻之舰队；四也。潜伏敌人海军根据地附近，时时加以狙袭；五也。潜伏敌人海军根据地，或敌人舰队之航程附近，伺敌舰之行动以随时通报，如日人潜水艇之潜伏新加坡，而威尔斯基亲王号及却敌号两主力舰之行动，皆为探知，而以告其空军来轰炸，六也。惟驱逐舰搜索潜水艇，而以保护主力舰、运输舰，不受潜水艇之进攻！然一九四二年，美国输英之物资，百分之四十为德潜水艇所击沉；于是英海军横跨大西洋以联成驱逐舰带，十浬八浬，置一驱逐舰，巡视护航；而德潜水艇之肆暴如故！惟潜水艇亦有其短：潜行速度极低，而耐力亦不高！德潜水艇，在海面航行之时，用内燃引擎以推动，而潜行，则恃蓄电池之电力以发动引擎，而一天半之时间内，只能走三浬至四浬；倘潜行之速度超越，则蓄电池之电力不给；一也。潜水艇潜行几小时以后，而蓄电池之电力以罄；则不能不浮水面以装电，而亦须几小时之时间；于时，则轰炸机之最好目标也！潜水艇之潜望镜，不能瞭望天空；而一架轰炸机，则在几哩之外，可以见潜水艇之出浮，投以炸弹而使之不及避；二也。潜水艇如以出浮而中弹，则不能再潜入水底；使其离根据地太远，则必有沉没之虞；三也。英海军之驱逐舰带，既不能以戢德潜水艇之暴，于是以美之空军，辅英之海军，从天空侦视潜水艇之出没，而以革新护舰之组织；其组织，以飞机及小型航空母舰为主力，而配合驱逐舰及其他护送船艘，组成护航队。当护航时，将舰队组成轮形，而以所护之运输舰、军舰，置于核心，环以小型航空母舰，而以驱逐舰及其他护航舰组成外围，又分内外两层，包于航空母舰圈之外侧。其航行也，不时以母舰起飞之飞机，巡逻侦视；而德潜水艇，则以欲避飞机之侦视，而潜入水中，速率锐减，不能追踪；于是英国之运输大畅以无虞于德潜水艇，而美国则广播潜水艇于太平洋以狙袭日海运，消耗日海军矣！夫以潜水艇之制造，而消耗战之奇袭，必盛行于海，犹之坦克车之制造，而歼灭战之奇袭，必盛行于陆。惟坦克车以速力之猛，而能协同空军轰炸以为奇袭；潜水艇则以潜形之隐，而务避免空军轰炸以为奇袭。陆军以空军之轰炸，而以成大会战之歼灭；海军则以空军之轰炸，而以避大会战之歼灭。其间胜负得失之故，所贵好学深思，心知其意；固难为浅见寡闻道也！

故知兵之将，民之司命，国家安危之主也。

（训义）梅尧臣曰："此言任将之重。"

基博按："知兵之将"之"知"何知也？曰：知兵之"贵胜不贵久"也。不尽知用兵之害者，则不能尽知用兵之利。故曰："民之司命"，曰"国家安危之主"，盖反复丁宁而郑重言之也。正与上《计篇》起语"兵者国之大事，死生之地，存亡之道"云云，一脉相承，倘但知"胜"之利，而不睹"久"之害，屈力殚货，钝兵挫锐，则失于所以为计，而不可谓"知"；民以之死，国以之亡矣。可不慎其所为"知"哉！

右第四节归束到"贵胜不贵久"；郑重以丁宁之。

谋攻篇第三

（解题）曹操曰："欲攻敌，必先谋。"李筌曰："合阵为战，围城日攻，故以次战之下。"

基博按："谋"与"计"不同："计"者兼政略而言，筹之于未战之先；"谋"者指战略而言，决之于临战之日。"谋攻"以次"作战"之后者，一以战胜而后攻取，攻乃继战而起。二以"伐兵"已非上兵，"攻城"又其下者。题曰"谋攻"，而旨在非攻；以"下政攻城，攻城之法为不得已"两语为结穴；蕲于"伐谋""伐交"，不以力征经营，而以谋制全胜，故以谋攻题篇。《三国志·马良传》裴松之注引《襄阳记》载：诸葛亮征南中，问计马谡？应曰："用兵之道，攻心为上，攻城为下；心战为上，兵战为下。"所谓"谋攻"，此物此志也。

孙子曰：凡用兵之法。全国为上，破国次之。

（训义）杜佑曰："敌国来服为上，以兵击破为次。"张预曰："《尉缭子》曰：'讲武料敌，使敌气丧失而师散，虽形全而不为之用，此道胜也；破军杀将，乘堙发机，会众夺地，此力胜也。'然则所谓道胜力胜者，即全国破国之谓也。夫吊民伐罪，全胜为上；为不得已而至于破，则其次也。”

全军为上，破军次之。全旅为上，破旅次之。全卒为上，破卒次之。全伍为上，破伍次之。

（训义）张预曰：“周制：万二千五百人为军，五百人为旅，百人为卒，五人为伍，自军至伍，皆以不战而胜之为上。”

是故百战百胜，非善之善者也。

（训义）张预曰：“战而能胜，必多杀伤；故曰‘非善之善。’”

不战而屈人之兵，善之善者也。

（训义）孟氏曰：“重庙胜也。”杜牧曰：“以计胜敌。”王皙曰：“兵贵伐谋，不务战也。”

基博按：“不战而屈人之兵”，斯能“全国”；盖不欲“百战百胜”以破人之国也。而今希特勒之用兵，则“全国”与“破国”，肆其兼并以错综为用；有“百战百胜”之闪电战，亦有“不战而屈人之兵”之心理战、间谍战与外交战。灭波兰，下丹、挪，徇荷、比，降法，乃至摧南斯拉夫及希腊，皆用闪电战以“破国”而有成功者也。至于并奥，吞捷，而开战以来，亦既败英降法，而转兵东向，挟战胜之余威，利诱威胁，慑匈牙利、罗马尼亚、保加利亚三国以为之用；是则间谍战，外交战之成功，而有全国以不战屈者也。空军、机械化部队以及陆军之炮工步兵，乃至降落伞部队，皆所以为闪电战之具；而宣传部、情报部、外交部以及驻外使节领署，政治警察、第五纵队，乃至男女德侨，形形色色，则无不为间谍战外交战之具；而神明其用以心理战，发踪指示自参谋部。希特勒之下丹、挪，徇荷、比，而降法也，非惟为闪电战之成功，抑亦为间谍战之妙用！而间谍战与外交战亦有种种；其详不可得闻，而要不外宣传战、思想战、恫吓战、神经战之迭相为用，以变通尽利而已！夫闪电战，无坚不摧；

而间谍战与外交战，则无孔不入。以间谍战与外交战为前茅，以闪电战为后盾，而以心理战绾中权。心理战、间谍战与外交战，已有效而不获竟全功，则继之以闪电战而要其终。闪电战有成功而声威赫奕，又继之以心理战、间谍战与外交战而大其用。盖在我战胜之威，先声可以夺；而人则惊弓之鸟，虚弦可以下，如匈、罗、保之于希特勒，其可见者也。以闪电战收间谍战与外交战之功，亦以心理战、间谍战与外交战而免闪电战之用。然则“全国”者，“破国”之余威；而“破国”者，“全国”之先声；参伍错综，而希特勒之所以遂其兼并者也。然希特勒之法，一本于克老山维兹，而自为神明变化。克氏之书，其指要可得而论者有三：一曰“战之为道，尤贵迅速决胜，而必以歼灭敌国之军队及其战斗力”。二曰“战略无妨政略，外交以辅军事，斯其战胜不忒；如恃胜好战，而外交因应无方，则未有能终保其胜！”三曰“操纵敌国之舆论，以煽诱敌国之人心，使之厌战而自为瓦解，夫如是其孰能御我！”要之以攻心为破国，以先发为制胜而已！斯希特勒之闪电战、心理战、间谍战与外交战，错综为用之所由昉也。前但泽议会主席罗许尼格博士言：“闪电战之袭击，声东击西之佯攻，不过希特勒公开之战术；而潜以分散敌国之团结，消杀抗战之心理，所以攻心也！希特勒尝语我曰：‘我欲摧败敌人于未战之前；而决不如一九一四年之役，用步兵死守壕沟以罢于相持也！开战之前，造谣暗杀，先用宣传以把握敌人之心理；及敌国之起而欲战，而敌国之民心已摇，敌军之士气早竭！当我之进兵敌国，有欢迎而无抵抗；军至如归，浩荡直入以占参谋部，占各部院；而其国之行政首长，负责官吏，或俘或遁，莫知所为计；其军队无人指挥，其政治无人领导，而与我素有默契之人，乃从中起而代之，组织政府以相僇力。我欲得其人而用之，亦复何国蔑有；而所得者，必为一国之秀；政治之野心，政争之失意，不得志于当国，而欲资我以为用，皆足以范我驰驱，而不必以贿致也！倘我无把握以使军心涣丧之敌人立即降服，我不揭开战幕也！我发踪指示以领导敌国人民之革命，斯可以不战而自服；盖得之苏俄共产党，而我行我法者也；世界最精之拳击，只有在敌手之下，可以学到耳！夫宣传世界革命，岂非苏俄之拿手好戏乎！我恨之，何恤学之，我之能策动法国革命，与把握德国之不革命，同一确定！法国之军队虽强大，而以国内之骚动，群众意志之纷歧，必不能发扬威力以僇力同仇，可断言者！总之敌人精神之混乱，情感之矛盾，意志之犹豫，与思想之麻痺，皆我不战而屈人之武器！当敌军之精神已摇动，敌国之革命已蕴酿，而社会不安，党派互哄，时乎时乎不可失，而董之以武师，有不战，战必胜矣！’”呜呼！此希特勒所欲以“不战而屈人之兵”者也！知此者，而后可与言希特勒之战胜攻取！

故上兵伐谋，

（训义）杜佑曰：“敌方设计，欲举众师，伐而抑之，是其上。故太公云：‘善除患者，理于未生，善胜敌者，胜于无形。’”张预曰：“伐谋者，用谋以伐人也；言以奇策秘算，取胜于不战，兵之上也。”

其次伐交，

（训义）王皙曰：“谓未能全屈敌谋，当且间其交，使之解散。彼交，则事巨敌坚；彼不交，则事小敌脆也。”张预曰：“或曰：‘伐交者，用交以伐人也；言欲举兵伐敌，先结邻国为犄角之势，则我强而敌弱。’”郑友贤曰：“或问兵以伐谋为上者，以其有屈人之易，而无血刃之难；伐兵攻城为之次下，明矣。伐交之智，何异于伐谋之工而又次之？曰：破谋者，不费而胜；破交者，未胜而费。帷幄樽俎之间，而揣摩折冲，心战计胜其未形已成之策，不烦毫厘之费，而彼奔北降服之不暇者，伐谋之义也。或遣使介，约车乘聘币之奏；或使间谋，出土地金玉之资。张仪散六国之从，阴厚者数年；尉缭子破诸侯之援，出金三十万。如此之类，费已广而敌未服，非加以征伐之劳，则未见全胜之功；宜乎次于晏婴、子房、寇恂、荀彧之智也。”

基博按：“伐交”之策，盛于七国；一纵一横，抵巇捭阖，钩心斗角，具著《战国策》一书。昔康有为、梁启超论李鸿章之办外交，以谓：“不知万国公法，而徒袭战国纵横之余智，捭阖抵巇，卒无当焉而以速尤召侮！”一时以为名论！其实自轻家丘，而以成败论英雄耳！德国铁血宰相俾斯麦有言：“国际无公道；强权即公理也！”彼心目中何尝知有万国公法哉！观于上次欧洲大战，协约同盟，钩心斗角；以迄于今，同盟轴心，捭阖抵巇，彼之所谓外交家者，何尝不袭战国纵横之余智，而别有奇谋乎！所贵好学深思，心知其意！谓李鸿章不善承纵横之余智，可也，谓李鸿章承战国纵横之余智而以偾事，不可也！何谓纵？何谓横？纵亦作从。《韩非子·五蠹篇》言：“从者，合众弱以攻一强也。横者，事一强以攻众弱也。”吾则谓从有群从之义；横有横恣之意。恣一强以兼并曰横。群众弱以抵抗曰纵。观于七国，秦为横；齐、楚、燕、赵、韩、魏六国为纵；而按当今，德、日为横；中、苏、英、美为纵。秦之得肆其志，在六国之纵不合；而德、日之不免于败，在中、苏、英、美之纵不散也！何以言其然？夫秦之所以谋六国者，远交而近攻；而秦之所虞于六国者，畏秦而合纵；此何也？则以远交而近攻，斯可以各个击破而六国以次并；畏秦而合纵，则无法各个击破而六国难卒胜也！是故六国之所利者，合纵也；而秦之所为计，在离六国之纵以相与；挑六国之争以相弱；恫吓以胁之为与，离间以挑之使斗，然后乘间抵巇，而徐起以承其弊！然六国之弱而逼于秦，不敢不事秦者惟韩、魏；秦之所能以兵相加而无虞于败者亦惟韩、魏；此可以秦之下兵、下甲恫吓也！至燕弱而远于秦；齐强而远于秦；楚与赵，则强而接于秦；皆非可以秦之下兵、下甲恫吓也！观张仪说楚，则挟“韩、魏攻其北”以相胁；说齐，则云“驱韩、魏”，“悉赵”以相攻；说赵，则云“告齐”，“驱韩、魏”以相攻；说燕，则云“驱赵”以相攻；然则秦之所以残六国者，仍以六国之力而驱之相攻，胁以为用；非能以寡敌众也！盖以六国之力相为残，而善蓄我有余不用之力，以承其敝；彼竭我盈，必大克也！吾读《战国策·燕策》：秦召燕王；燕王欲往。苏代约燕王，论秦之于六国，虚声恫吓以胁相事；多方离间以绝其援；战不利，则以和为诳；稍利，则又以攻为取；曲尽情伪，如见肺肝！势异事迁，古今代易；然希特勒之所以纵横欧陆，亦岂能外于秦之所以谋六国，而别有锦囊妙计哉！吾恨张伯伦、史丹林之不读苏代此论耳！苟其读之，则张伯伦必不为慕尼黑协定；史丹林必不订苏德互不侵犯条约矣！张伯伦之为慕尼黑协定，希特勒之虚声恫吓以胁英为与也！史丹林之订苏德互不侵犯协定，希特勒之多方离间以绝英之援也！然六国不悟，而英、苏卒悟！丘吉尔不受赫斯之奔，而史丹林亦声明不与德为媾；德之和平攻势无效，则德不得以和为诳而图纾喘息；既罢于西，又鹜于东，连兵不解，树敌日众，资源渐竭，锐卒以尽，情见势绌，而英、美徐起以承其敝，德无幸矣！是何也？则皆知德之无餍也；非尽亡环球之国而奴役世界之民，必不休也！秦人伐韩，而魏不救；朱已谓魏王曰：“韩受兵三年矣；秦挠之以讲。韩知亡，犹弗听；投质于赵而请为天下雁行顿兵。以臣之观之，则楚赵必与之攻矣；此何也？则皆知秦之无穷也；非尽亡天下之兵而臣海内之民，必不休矣！”希特勒倾国殚锐以图逞志于苏；苏知亡而投质于英，请为世界雁行顿刃！英美固与之攻以为楚赵；而以德之顿兵挫锐，欲罢不能，其势必无幸于为秦！是何也？盖秦之所以利于六国者，畏而受和；秦之所以虞于六国者，大畏而知亡；畏而受和，则可以休兵而再举；大畏而知亡，则必出合纵以僇力！今英、美、苏大畏而知亡矣，其交益亲，其约益固；而德张脉偾兴以日竞于战，挠苏以讲而不得；此固秦之所为虞，而希特勒之心为危也！希特勒之所畏者莫如苏，以其大国而接境；而秦之所畏者莫如楚，亦以大国而接境！秦人欲伐楚。楚人有黄歇者，游学博闻；襄王以为辩，故使于秦，说昭王，止毋伐楚；其辞以谓：“善楚，则可以并韩、魏而接地于齐；伐楚，斯徒以肥韩、魏而归重于齐！”然暂为楚缓兵，而深为秦伐交！秦、楚合而为一以临韩、魏，韩、魏亡而楚岂有幸！此何也？盖秦无形格势禁之虑；楚有势孤失援之害；此犹一九三九年，苏、德订互不侵犯之约；而德无虞于苏，以东肆志于波兰，西逞兵于法国；波溃法亡而苏亦受兵；以德无形格势禁之虑也！呜呼！纾伐楚之患于一日，而贻亡国之祸于不复，谁则谓黄歇智足以谋国者乎！然后知罗斯福之援英，丘吉尔之援苏，皆智于谋国，而不予希特勒狡焉启疆以远交近攻也！盖苏屈，则希特勒可专志于英而无后顾之忧；犹之楚亲，则秦可以肆志于韩、魏而无后顾之忧。英亡，则希特勒可以移兵临美而亡屏障之限；犹之韩、魏亡，则秦可以移兵齐、赵而亡韩、魏之隔！黄歇告秦，谓：“一善楚，而关内两万乘之韩、魏，注地于齐，是王之地一经两海，要绝天下也！是燕、赵无齐、楚，齐、楚无燕、赵也！然后危动燕、赵，直摇齐、楚！”使以今日之苏，而况当日之楚；秦一善楚，而成韩得魏，注地于齐；德一与苏约不互犯，而溃波取法，注地于英！使希特勒得逞其狡而终善苏，如秦之善楚；是德之地一经两洋而要绝全球也！是英、美无苏联，苏联无英、美也！然后劫持苏联，直摇英、美；则六国兼并之势成，而希特勒为秦始皇矣！观范雎之所以说秦昭王，而为秦画兼并者，不出二端：外则远交而近攻。内则壹权以擅国。此何也？盖远交而近攻，则可以各个击破；而国际反抗之力，以分散而弱！壹权以擅国，斯可以政令出一；而国内涣散之势，以集中而强！然后以我之聚，乘人之散；以我之强，摧人之弱；斯秦之所以虏使其民而并六国；抑亦希特勒之专政于德而纵横欧陆者也！惟范睢以谓：“秦之国，四塞以为固，北有甘泉、谷口，南带泾、渭，右陇、蜀，左关、阪；奋击百万，战车千乘，利则出攻，不利则守；此王者之地也！民怯于私斗而勇于公战；此王者之民也！王并此二者而有之，以治诸侯，霸王之业可致也！”今德之人，怯私斗而勇于公战，希特勒有其民矣！然希特勒有王者之民，而无王者之地！德，四战之国，条达辐奏，其形势颇似六国之韩、魏，而不如秦之四塞以为固！顾德人则以韩、魏之形势，而欲为秦之兼并；利则出攻，而不利，则无所入以自守；此威廉二世之所以百战百胜而不振于一蹶；而希特勒亦必无幸于今日者也！方今之建国，四塞以为固；而能整齐其民人以怯私斗，勇公战者，其惟苏联乎！盖所谓“并此二者而有之”，而接境于中国，自西北而东迤，地形犬牙相错；而今而后，天下无变则已；天下有变，实逼处此，而为中国患者，盖莫大于苏联也！然英、美亦不能无虞心于苏联，交不待伐而其势孤！英、美亦非扶植中国，不能以维持世界之均势；亲仁善邻，国之宝也！夫伐交固以先于伐兵；而亟战亦不能废外交。国际战争之外交运用，新战国之与旧战国，一也！而验之当今，按于《国策》，籀为大例，可得而论者有六策焉：（一）战略可以运用外交，而不可以外交操纵战略！以和辅战，而毋以和妨战；以战得和，而毋以和为媾！《秦策》：张仪说秦王曰：“秦与荆人战，大破荆，袭郢，取洞庭五都江南；荆王亡，奔走东伏于陈。当是时，随荆以兵，则荆可举；举荆，则其民足贪也，地足利也；东以威齐、燕，中陵三晋；然则是一举而霸王之名可成，四邻诸侯可朝也；而谋臣不为，引军而退，与荆人和；令荆人收亡国，聚散民，立社主，置宗庙，令帅天下西面以与秦为难；此固无霸王之道一矣！天下有比志而军华下；大王以诈破之，兵至梁郭；围梁数旬，则梁可拔；拔梁，则魏可举；举魏，则荆赵之志绝；荆赵之志绝，则赵危；赵危而荆孤，东以威齐、燕，中陵三晋；则是一举而霸王之名可成，四邻诸侯可朝，而谋臣不为，引军而退，与魏氏和；令魏氏收亡国，聚散民，立社主，置宗庙，此固已无霸王之道二矣！赵氏，中央之国，杂民之所居也；其民轻而难用，号令不治，赏罚不信，地形不便；上非能尽其民力！彼固亡国之形也，而不忧民氓，悉其士民，军于长平之下，以争韩之上党。大王以诈破之，拔武安。当是时，赵氏上下不相亲，贵贱不相信；然则是邯郸不守！拔邯郸，完河间，引军而去，西攻修武，逾羊肠，降代、上党；代三十六县，上党十七县，不用一领甲，不苦一民，皆秦之有也！然则是举赵，则韩必亡；韩亡则荆、魏不能独立；则是一举而坏韩，蠹魏，挟荆以东弱齐、燕，决白马之口以流魏氏，一举而三晋亡，纵者败！大王拱手以须，天下遍随而伏，霸王之名可成也！而谋臣不为，引军而退，与赵氏为和，乃取欺于亡国！赵当亡不亡，秦当霸不霸，天下固量秦之谋臣一矣！乃复悉兵以攻邯郸，不能拔也；弃甲兵，怒战栗而却，天下固量秦之力二矣！军乃引退，并于李下，大王又并军而致与战，非能厚胜之也，又交罢却，天下固量秦之力三矣！”此秦以和失胜，而荆、魏、赵则以和捄败；秦以和妨战，而荆、魏、赵以和备战也！《赵策》：秦攻赵于长平，大破之，引兵而归，因使人索六城于赵而讲；赵计未定，王以告虞卿。虞卿曰：“不如无媾！秦虽善攻，不能取六城！赵虽不守，而不至失六城！秦倦而归，兵必罢！秦索六城于王，王以五城赂齐！齐，秦之深仇也，得王五城，并力而西击秦！”赵王曰：“善！”因发虞卿东见齐王，与之谋秦。虞卿未反，秦之使者已在赵矣！秦亟胜而以媾赵和；赵不和而以来秦使；此赵以战得和，而秦以和为媾也。（二）勿有骤败而过估敌国之力，自馁以媾和；须知我败而兵固挫，敌胜而力亦罢；我苟不和，敌亦无力！《赵策》：秦之大破赵于长平以索六城而讲也，虞卿谓赵王曰：“秦之攻赵也，倦而归乎？王以其力尚能进，爱王而不攻乎？”王曰：“秦之攻我也，不遗余力矣！必以倦而归也！”虞卿曰：“秦以其力攻所不能取，倦而归；王又以其力之所不能攻以资之，是助秦自攻也！来年秦复攻王，王无以救矣！”《齐策》：苏秦说齐闵王曰：“今世之所谓善用兵者，终战比胜，则非国之利也！臣闻战大胜者，其士多死而兵益弱！今夫鹄的，非咎罪于人也，便弓引弩而射之，中者则善，不中则愧；少长贵贱，则同心于贯之者；何也？恶其示人以难也！今穷战比胜，则是非徒示人以难也；又且害人者也！然则天下仇之，必矣！”今之希特勒，亦世之所谓善用兵，终战比胜者也；然而无一大胜，不呼吁和！吾读《秦策》，张仪说秦王，以为六国赏罚不行而民不能死！秦则政令严而民断死；断死与断生也不同，一可以胜十，十可以胜百，百可以胜千，千可以胜万，万可以胜天下矣；然胜而无成功者，则以秦胜而不能乘胜以并力一决，与败者为和；而败者得以其间收亡国，聚散民以重振，与秦为难，秦失兼弱攻昧之道也！夫秦有胜而不知乘胜，则六国虽败而不终底败，转以量秦之谋，量秦之力，而缮甲兵，补卒乘，再接再厉以乘秦于计穷力竭之余；此吴之所以破赵而卒为赵破；齐之所以五战五胜而无救于亡也！仪为秦虑之熟矣！然秦有胜而不知乘胜以失计于和，此仪所以谓“谋臣之拙”也！希特勒则欲乘胜以无力乘而苦不得和，此谋臣之所无如何也！一九三九年以来，希特勒无战不胜，而每胜必媾言和；始也波兰亡而呼吁英、法和；法溃而胁法为和；将图苏而饵英以和；及破苏而又饵苏为和。然德之为胜，在速战速决，而无力以持久；盖势使然，史实具在，天下固量德之谋臣一矣！乃复殚锐以攻英伦，不能拔也；无所逞其怒，望洋兴叹，天下固量德之力二矣！既不得志于英，又肆其东封而欲逞兵于苏，非能厚胜之也，又交罢却，天下固量德之力三矣！内者量德为谋，外者极德兵力，由是观之；英、美、苏之合纵而图德，何所惮矣！内者德甲兵顿，士民病，蓄积索，田畴荒，囷仓虚；外者英、苏、美比志甚固而以僇力相图；此仪之所以为秦虑，仰亦希特勒之心为危也！呜呼！希特勒不云乎：“英国人自夸战必胜，何尝如此！然英人不战则已；战必到底，愈败愈战；则非虚语！”然则秦人之所以胜而卒无有成功者，则以秦人之战不到底，故胜不到底也！于荆然；于魏然；于赵无不然！英人之所以败而无害为强国者，则以英人之战必到底，斯败不到底也！于法皇拿破仑然，于德帝威廉二世然；于希特勒亦将然！何可以骤败而过估敌国之力，自馁以媾和耶！顾目论者，徒拘拘于胜败之迹，强弱之势，气以骤败而递馁，势以相形而益绌；或一蹶以不振；或始奋而终蹶；蓄缩自沮，非善于谋国者也；（三）列国兵争，不能先人以制人于猝，莫若后人以承人之敝！大国后起而重伐不义，则与多而兵劲；后起而承人之敝，则力少而获多；后起而扶弱于危，则恩深而德大！《齐策》：苏秦说齐闵王曰：“臣闻用兵而喜先天下者忧！大国之计，莫若后起而重伐不义！夫后起之藉，与多而兵劲，则是以众强敌罢寡也！语曰：‘骐骥之衰，驽马先之！孟贲之倦也，女子胜之！’夫驽马女子，筋骨力劲，非贤于骐骥孟贲也；何则？后起之藉也！今天下之相与也不并灭；有能按兵而后起，寄怨而诛不直，微用兵而寄于义，则不约亲，不相质而固；不趋而疾；众事而不反，交割而不相憎，俱强而加以亲，何则？形同忧而兵趋利也！由此观之，后起，则诸侯可趋役也！”此大国后起而重伐不义，则与多而兵劲也！《齐策》：齐欲伐魏；淳于髡谓齐王曰：“韩子卢者，天下之疾犬也！东郭逡者，海内之狡兔也！韩子卢逐东郭逡，环山者三，腾山者五，兔极于前，犬废于后；犬兔俱罢，各死其处；田父见之，无劳倦之苦而擅其功！今齐、魏久相持以顿其兵，弊其众；臣恐强秦大楚承其后，有田父之功！”齐王惧，谢将休士也！《燕策》：赵且伐燕；苏代为燕谓惠王曰：“今者臣来过易水；蚌方出曝，而鹬啄其肉；蚌合而拑其喙。鹬曰：‘今日不雨，明日不雨，即有死蚌！’蚌亦谓鹬曰：‘今日不出，明日不出，即有死鹬！’两者不肯相舍；渔者得而并禽之！今赵且伐燕，燕赵久相攻以弊大众；臣恐强秦之为渔父也！”惠王曰：“善！”乃止。《秦策》：齐举兵伐楚。陈轸之秦；秦王谓曰：“齐楚相伐；或谓救之便；或谓不救便？”陈轸曰：有两虎争人而斗；卞庄子将刺之。管与止之曰：“两虎争人而斗，小者必死；大者必伤！子待伤虎而刺之；则是一举而兼两虎也；无刺一虎之劳，而有刺两虎之名！齐楚今战，战必败；王起兵救之，有救齐之利，而无伐楚之害！”此谓后起而承人之弊，则力少而获多也。（四）两国交兵，而弱者乞援，不可不许而不可急救！不许，则弱者知无救，必折而入于强以致怨于我，兵必及我；则是结弱之怨于此日，而承强之兵于日后也！急救，则弱之力未罢，而强之势方张；弱者未罢而祸纾，则德我不深；强者方张而与战，则耗我必多；则是代人受兵，而大耗于我，无德于人也！不如急许救以系弱之望；缓出兵以伺强之弊！《齐策》：南梁之难，韩氏请救于齐。田侯召大臣而谋曰：“早救之孰与晚救之便！”张丏对曰：“晚救之，韩且折而入于魏，不如早救之！”田臣思曰：“不可！夫韩魏之兵未弊，而我救之；我代韩而受魏之兵，顾反听命于韩也！且夫魏有破韩之志；韩见且亡，必东想于齐。我因阴结韩之亲，而晚承魏之弊，则国可重，利可得，名可尊矣！”田侯曰：“善！”乃阴告韩使者而遣之。韩自以专有齐国，五战五不胜，东想于齐；齐因起兵击魏，大破之马陵；魏破韩弱！韩魏之君，因田婴北面而朝田侯。《楚策》：邯郸之难，昭奚恤谓楚王曰：“王不如无救赵而以强魏；魏强，其割赵必深矣！赵不能听，则必坚守，是两弊也！”景舍曰：“不然！魏之攻赵也，恐楚之攻其后！今不救赵；赵有亡形，而魏无楚忧，是楚魏共赵也，害必深矣；何以两弊也？且魏盛兵以深割赵；赵见亡形，而知楚之不救己也，必与魏合而以谋楚！故王不如少出兵以为赵援；赵恃楚劲，必与魏战。魏怒于赵之劲，而见楚救之不足畏也，必不释赵！赵魏相弊而齐秦应楚，则魏可破也！赵得救以不亡，赵之德我深矣！”故曰：“后起而扶弱于危，则恩深而德大”也。（五）救人者，毋代人受兵，而自蹈瑕以攻！《齐策》：邯郸之难，赵求救于齐，田侯召大臣而谋：“救赵孰与勿救？”段干纶曰：“魏氏兼邯郸，其于齐何利焉？”田侯乃起兵曰：“军于邯郸之郊！”段干纶曰：“救邯郸，军于其郊；是赵不拔而魏全也；故不如南攻襄陵以弊魏！邯郸拔而承魏之弊，是赵破而魏弱也！”田侯曰：“善！”乃引兵南攻襄陵。七月，邯郸拔；齐因承魏之弊，大破之桂陵。盖救邯郸，则与魏争锋而代赵战；攻襄陵，则冲魏之虚以承其弊！魏空国以争赵邯郸，而亦不得不亟自救；及邯郸拔而力亦弊，遂为齐所大破！（六）两国交兵，中立观变，而蓄锐养士以兼弱弊强而制其全胜！《齐策》：权之战，齐使魏冉之赵出兵助燕击齐。薛公使魏处之赵谓李向曰：“君助燕击齐，齐必急；急必以地和于燕而身与赵战矣！则是君自为燕东兵，为燕取地也！故为君计者，不如按兵勿出；齐必缓，缓必复与燕战；战而胜，兵罢弊，赵可取燕唐曲逆；战而不胜，命悬于赵！然则吾中立而割穷齐与疲燕也！两国之权归于君矣！”《魏策》：徐州之役，犀首谓梁王曰：“何不阳与齐而阴结于楚？二国恃王，齐楚必战！齐战胜楚而与乘之，必取方城之外！楚战胜齐而与乘之，是太子之仇报矣！”此中立以制全胜也。综上六策，而按之今日之大战：日之侵我，德之侵苏侵英，常欲以战媾和，以和辅战；而中、英、苏则不肯以和为媾，以和妨战；则明乎第一策也！日人屡胜而亟和；我亟败而勿许；日欲速战速和以保胜；我则愈败愈不和以图振；则明乎第二策也！反之而希特勒大败法人，遽以荣誉之和平为饵；而法人弃甲则那，遂为奴役以一蹶不振；则失乎第二策也！

德人先有事于波兰以战英、法；苏联则与德订约互不侵犯以嗾之战英、法，而己按兵以徐图其后；则欲用第三策也！日之逞兵于我也，苏联显以兵械资我，又以航空军人参战，若欲与我为援；而我国人以为日、苏必不免于交绥也，则恃以与日战；而苏虚相委蛇！日人怒于我之劲，而见苏之救不足畏也，与我相持；而苏按兵以虎视，阴以罢日之力，而显以示我为援；则明乎第四策也！日与我连兵，德与苏亟战；而英、美亟声援以鼓中、苏之抗战；徐应战以罢日、德之兵力；则欲用第四策也！英、美不直以兵援苏，而亟辟欧洲第二第三战场以承德人之弊；则欲用第五策也，向者希特勒东出兵以攻波兰。而英、法为之声援，不亟出兵捣德人之虚而拊德人之背；则欲用第四策而失于第五策，希特勒遂反兵而不可制也！列国纷争，而土耳其坚持中立以西不失欢于德，东修睦于苏、北结盟于英；英供飞机，德亦资以大炮；则欲用第六策也！成败利钝，虽非逆睹，神而明之，存乎其人！凡今之人，必明乎此，而后生列国交兵之世，不震不慭，从戎者以再接再厉；宴处者以有识有力，败勿馁，胜勿矜也！书生而不能执兵以战，可也；书生而为庸人之自扰以不能策战，吾恨之，吾尤耻之！

其次伐兵，

（训义）梅尧臣曰："以战胜。"

基博按：之于史，列国兼并，伐兵必先伐交；交伐则兵亦伐。战国之世，秦欲伐齐，齐楚从亲，于是张仪往相楚，说楚王闭关绝约于齐，请献商于之地六百里。楚王大悦而许之。陈轸谏曰："秦之所以重楚者，以其有齐也；今闭关绝约于齐，则楚孤！秦奚贪夫孤国，而与之商於之地六百里？张仪至秦，必负王；是北绝齐交，西生息于秦也；而两国之兵必俱至！"楚王曰："陈子闭口！"于是遂闭关绝约于齐；而秦齐之交合，共攻楚，斩首八万，遂取丹阳、汉中之地。苏秦既一六国从亲以摈秦，要约曰："秦攻楚，齐、魏各出锐师以佐之，韩绝其粮道，赵涉河漳，燕守常水之北。秦攻韩魏，则楚绝其后，齐出锐师而佐之，赵涉河漳，燕守云中。秦攻齐，则楚绝其后，韩守成皋，魏塞其道，赵涉河博阙，燕出锐师以佐之。秦攻燕，则赵守常山，楚军武关，齐涉渤海，韩、魏各出锐师以佐之。秦攻赵，则韩军宜阳，楚军武关，魏军河外，齐涉清河，燕出锐师以佐之。”六国从亲以摈秦。秦兵不敢窥函谷关十五年；其后秦使犀首欺齐、魏，与共伐赵；从散约解以自相屠灭，至使秦人得伺其隙以取其国。秦欲攻安邑，恐齐救之，则以宋委于齐曰："宋王无道，为木人以为寡人，射其面。寡人地绝兵远，不能攻也。王苟能破宋有之，寡人如自得之！”已得安邑，塞女戟，因以破宋为齐罪。秦欲攻韩，恐天下救之，则以齐委于天下曰："齐王四与寡人约，四欺寡人；必率天下以攻寡人者三；有齐无秦，有秦无齐，必伐之，必亡之！”已得宜阳少曲，致蔺石，因以破齐为天下罪。秦欲攻魏，重楚，则以南阳委于楚曰："寡人固与韩且绝矣！残均陵，塞鄳厄，苟利于楚，寡人如自有之？”魏弃与国而入于秦，因以塞鄳厄为楚罪。齐东边海上；秦日夜攻三晋燕楚，五国各自救；以故齐王建立四十余年，不受兵。及后胜相齐，与宾客多受秦间金，观王朝秦，不修战备，不助五国攻秦。秦以故得灭五国；及灭燕而南攻齐，猝入临淄；民莫敢格者，遂降。则是先伐交以孤其势，继伐兵以破其国也。自古而然，于今为烈！方十九世纪之下半期，德意志大宰相俾斯麦纵横捭阖，睥睨欧陆，而意念之所经营，在德意志之统一也；如有国焉，而足以妨德意志之统一者，其势不得不战；然必伐交以使之孤立，而后动于兵。罗马人有古训曰："一时之间，勿战两面。”于是俾斯麦奉以周旋，安法联义以孤奥，而普奥之战胜；间英以孤法，而普法之战胜；岂徒毛奇伐兵之能以制胜；抑亦俾斯麦伐交之先有成功！然而胜败何常，无德不报，尤必伐交之善图后，而后伐兵之能保胜！普方新与奥战而大创之，夺德意志霸权于其手；奥人愤耻未蠲，而普旋结深仇于法；以新造之德，而法、奥二憾日伺乎其傍，欲求一夕高枕而卧，何可得者！俾斯麦知法仇之不可解，而奥恨之可以消也，则先释憾于奥，而徐以图法。普法和约之既画诺也，康必达集国人而申儆之曰："呜呼！愿我子孙勿忘今日！"复仇雪耻，固已铭心刻骨于法人，而誓之以世世；俾斯麦之所熟知也！《孙子》不云乎！"太上伐谋，其次伐交。"而俾斯麦则伐交以伐谋，孤法之援，而莫余毒！奥新败于普，义素亲于法，而俄亦惧德之逼，皆法之可以为援者也。初奥相贝士，常不慊于俾斯麦，虽德秋波频转，而奥终不为动。贝士去位，安德拉西继之；于是奥帝佛兰约瑟，以一八七二年与新相同朝于柏林，是为德、奥交欢之始。俾斯麦虑俄人之见猜也，以皇室姻娅为口实，劝俄帝来朝；俄相俄查哥夫从焉。三帝相会于柏林；遂以九月五日，缔结新神圣同盟；盖五十年以前，维也纳会议之后，俄、普、奥三国，尝缔神圣同盟；俾斯麦遂因之以温旧盟而敦新好焉。明年，德帝复率俾斯麦朝于俄、奥，所以报也。于是德得两强为与国，而稍即安矣！然俄查哥夫，尝嫉德之浡兴，忧俄之见逼，其与德常貌合神离，固俾斯麦之所稔知也。所谓新神圣同盟者，一旦有事，未可恃以为援，又俾斯麦所能预虑也；必图所以固奥之心。于是俄帝亚历山大第二，以援助塞尔维亚独立，会师以伐土耳其，而败之，胁之以成一八七八年三月圣士的夫之约，承认门的内哥、罗马尼亚、塞尔维亚独立；而割亚尔米尼亚州北部、德布的亚州全部及小亚细亚之一部以予俄。初俄人之将战也，尝以告于列国；而其首先宣言为善意之中立者，德人也。战之既起，奥人欲有所抗议，谋之于德。俾斯麦曰："东方之战，吾侪何与焉；幸毋以一弹加遗也！"奥人遂止。及土之败而俄以张，英人出舰队以蹶起执言；奥亦严兵从其后；而德若不闻也者，方假严镇无政府党以为名，日与俄、奥酬酢，而寻所谓新神圣同盟者。当此之时，俄人以为举一世之惠而好我者，莫德若也！圣士的夫之约之既缔也，英、奥大国，固不甘俄之高名厚实，一手把持；而巴尔干诸邦，亦以俄之分配不均，专断一切，啧有烦言；而俄之虚无党蠢动，势不能以再战。于是俾斯麦以为时乎时乎，投袂而起，合俄、奥、英、法、义、土以及巴尔干诸邦，大会于柏林，而为之平亭，矢言曰："吾为诸公作一最公平之经纪人而已！"盖自况于司市者为人谐价，而己无所利于其间也。俄人方以得德为强援，而厚于我者将无量！而孰知俾斯麦包藏祸心，一手遮天，阳示亲于俄，而阴市恩于奥，割罗马尼亚所欲得之伯沙比亚州以予俄；而割塞尔维亚、门的内哥两国所欲得之坡士尼亚、赫斯戈维纳二州以委统治于奥，慷他人之慨，在德为不费，而在奥为大获。于是奥之感刺骨，而俄之怨毒亦甚；遂以明年十月订立德奥同盟，相与约曰："两同盟国，无论何国，如为俄攻，必出兵以相援。若受攻于俄以外之国，则互为善意之中立。惟俄若出兵以援其国，两同盟国，亦必以军相援。"近世所谓攻守同盟条约者，此其嚆矢也。土以数百年世守之地，供人宰割，而以柏林会议，向之所失于圣士的夫之约者，得俾斯麦之力以收复不少；此又俾斯麦之所以市惠于土，而为威廉二世近东政策，下一闲着布一远势者也。然俄则圣士的夫之约之所获，剥夺殆尽；仅得小亚细亚之片土，既无当于欧洲大势之轻重；而割伯沙比亚州以市怨于罗马尼亚；罗马尼亚以非斯拉夫人，而不睦于俄，今殆甚焉；俄之得不偿失明矣！缁衣宰相俄查哥夫，俄之政雄也；不自意见卖于俾斯麦，而又与会各国，自英、俄、法、奥、意乃至巴尔干之塞尔维亚、门的内哥、罗马尼亚、保加利亚、希腊诸小邦，罔不有所获；而德无染指焉以明示大公；噤不得有所言；纵有言也，夫亦口众我寡，而丧气以归，则怨德甚至，乃通殷勤于法。法人颔之。俄募外债于巴黎，不数日而应募者三倍焉！俄帝亲致书于德帝，谓"德若长相厄，则两国之交将不保！"德帝忧之，躬诣圣彼得堡以朝俄皇，而有所协议；非俾斯麦意也！俾斯麦则以其间与奥订德奥同盟；方议之定，而德帝在巴典，俾斯麦遣人赍约稿驰奏；德帝以惮俄之故，沉吟久之；而俾斯麦以去就力争，始画诺焉。夫奥之所畏者俄也，而德之所患者法也；据此盟约，俄若攻奥，德即助之，奥人其可以即安矣！法以独力攻德，斯德足以御之，无虞也；只求奥人中立而已足；特俄如援法以攻德，则德之腹背受敌，国必不堪；必借援于奥焉，而后劫俄莫敢动；此德奥同盟之旨也。犹曰未已，而义者，法之所素亲也；俾斯麦必思有以间之，而后法之交真伐，法之势日孤。时则法在阿非利加洲之北部，有殖民地日阿西里；而阿西里之接壤，有地日突尼斯。突尼斯者，上古迦太基之国都也；当是时，其地属土耳其，而法人、意人移植其间者略相埒，两国皆欲乘间攫取而莫敢先发难也。俾斯麦因以间法、义之交而市惠焉。柏林会议之将开也，德外相彪罗与义全权哥忒言：“将以突尼斯予义。”义相海罗士知其隐而使哥忒谢焉，曰：“德人之言甘，何其殷勤导我以与法哄也！”奥国驻义公使海弥勒亦以此议告于义廷。海罗士曰：“吾义人之赴会也，载名誉之自由以往；及其既也，将载名誉之廉洁以归！”于是俾斯麦之计不得逞，乃转而市之法。于是法人以一八八一年，派兵袭突尼斯，而据之以为保护国焉。夫突尼斯者，与义之西昔里岛，隔海相望，国之所以为屏也。建国三杰之一加里波的者，埋骨于兹焉！今法人掩而有之；义人大愤曰：“吾谊不能忍与终古，不如联德、奥以摈法！”其年九月，义王朝奥，明年朝德；遂以一八八三年，德与义，义与奥，互为同盟。德人与义人约曰：“两国之一，无论何国，为法所攻，必相为援。”义人与奥人约曰：“义与法战，俄与奥战，则奥义各为善意之中立。”于是德、奥、义三国同盟以成，而法之势真孤，法之交真伐！夫法、义，本同种之国也；义之建国，法实助之；讲信修睦，于事为顺；而俾斯麦间之以使昵于我，惨淡经营，用心亦良苦矣！三国同盟既成，自南暨北，贯注一气，而德人坐中枢以绾毂之，莫余毒也已！然俾斯麦犹以为未足，复谋所以间英、法之好而温德、俄之交者。其时英人方投巨赀以收苏彝士运河股票，而英、法以埃及有违言。俾斯麦从而构煽之，说法之康必达，愿相与提携以共图拓境于非洲及太平洋群岛。德实未尝进取也；而法人所至，见厄于英；于是法之怨英，乃甚于德；俾斯麦之术售矣！前此俄查哥夫，恨俾斯麦刺骨，德、俄之交，斯为大梗！俄氏既以愤死；基罗继为俄外相，俾斯麦复好言诱之，以一八八四年，结一约曰："俄德两国，无论何国，为敌所攻时，彼此互守善意之中立。"世称为两重保险政策。一言蔽之，则操纵群雄，使皆昵我以陷法于孤立而已；则是伐交以继伐兵之后，而善图之以保其胜也。昊天不吊！一八八八年，德意志之开国大帝威廉一世，溘焉崩殂。储皇继之，而威廉二世以大孙绍统，年少气盛，不复能委国于元辅；于是佐命勋臣之俾斯麦，怏怏罢就第；实一八九〇年三月也。俾斯麦罢政之数月，德俄之一八八四年密约满期，渐冷之交，势难温续；而俄人正以其时两度募债于法。法人力为之援。一八九一年七月，法舰队聘于俄。俄人掬诚迎之。越八月二十二日，而所谓俄法同盟者遂成立。俾斯麦方栖隐家园，年七十有六矣，闻之搏床而呼曰："呜呼！今而往，吾德人其不安枕矣！"自俄法同盟之成，而法为之介，以合英于俄，而成三国协商之局者，是则法外相狄尔喀西之力也！英与法、俄，积不相能，匪伊朝夕，俄人所怀抱之远东近东政策，殆无不为英人所破坏；百年来，英人之外交方略，什九皆为防俄而设。而英、法之为世仇，亦既百年矣；逮十九世纪之末，法人为俾斯麦之奇计所中以驰骛于殖民政策，而贾怨于英也滋甚；其在东亚，在太平洋上之岛屿，在非洲之马达加斯加，无在不与英犯。一八九八年，法之马西耶将军，乃至在尼罗河上流之法梭达，逼英埃及统监吉青纳将军撤退；英、法国交，不绝如缕！至英、德人种相近，而又甥舅之邦也！柏林会议之际，德之所以助英者至厚，两国睦谊，自昔最称洽焉！然而间德以合英与法者，则狄尔喀西之为也！其时年少气盛之威廉二世，高掌远蹠，威震全欧。巴黎政家，畏其逼也，竞倡联德以冀苟安；而狄尔喀西独深非之，常以联英为法国百年大计，危言激论，指陈利害；值白里安内阁成，狄尔喀西人为外相。初法前外相阿耶特，排英尤力；尝倡言于众曰："吾法无论如何，终与英不共戴天！英之视法，当亦有然！"及狄尔喀西继之，而日俄之战将起；狄尔喀西私忧窃计，以谓："日之同盟，英也；而俄之同盟，法也；使日、俄哄于东，而延及同盟以哄于西；于英、法何利焉！"于是开心见诚，举凡积年与英纠纷之宿案，务一举而扫之；盖七阅月间，而所解决者，大小共三十有二案焉；而其尤要者，则为埃及、摩洛哥之权利交换。法人承认英人在埃及有最高主权；英人承认法人在摩洛哥得自由行动；质言之，则前此英、法两国，共有埃、摩，共争埃、摩；今则交易而退，各得其所焉；于是一九〇四年四月，英法协约成。然摩洛哥者，则固德人所久耽耽而视也；英法蹑足耳语而处分之，是蔑德也，德之见侮至矣！在常人犹不能忍，况霸气弥满如威廉二世者，乃以一九〇五年三月，轻身往朝于摩，谓摩王曰："朕认苏丹为独立国之主权者而来朝焉！朕望苏丹所统治之摩洛哥国，自由独立，勿为豪强所兼并，所独占；开放门户，万邦同休而利赖焉！"四月，倡议开列国会议公决摩洛哥问题。法人开阁议以决从违。狄尔喀西曰："拒之便！"首相罗威顾陆相曰："陆军何如？"对曰："未有备也！"顾海相曰："何如？"对亦如之。狄尔喀西以辞职，而徇德请。以一九〇六年，大会于地中海岸西班牙境内之阿支士拉；英、法、德、奥、俄、义、美、比、荷、瑞、班、葡及摩洛哥十三国，皆遣使焉。开议之前，德人之于列国，百计游说，而迄反其所期以失据败绩，惮于违众，隐忍而已！虽以德人同盟之义，犹袒英、法焉；则狄尔喀西之先有以得义之心也！狄尔喀西虽以此去位，然其用意，在联英也；英既联矣，特以威廉二世之抗议，而英法之交亲愈固；威廉二世所以成狄尔喀西之志者，其勤至矣！于是狄尔喀西退为议员以演说于议会曰：“德固我友邦也，而比年频欲以我所难堪者加诸我！彼曷为尔尔？彼其自一八七一年以来所得之胜利，特以吾法人之力征经营，而凭借之基础已动摇；穷无复之，乃至以开战相恫喝。吾侪爱和平之法人，不忍言战也；姑徇其请以开会议；而今何如？益使彼孤立寡助之情状，暴白于天下耳！余之政策，在持欧洲之均势，以不受三国同盟之逼。然则如何而可？余先调和法、义两国之争以各偿所愿；次则巩固法、班两国之交以无或我虞；更进而与英结协约，以余所见英国之大陆政策，亦欲以保欧洲之均势也；英法协约之职志，亦即在此。吾望此协约巩固之后，更介绍吾新交，以与吾同盟之旧友握手，共言誓之！”所谓同盟之旧友者谁欤？盖俄也。日俄战役之将终也，俄外相槐忒衔全权大臣之命以议和于美之朴斯茅，归及巴黎，而俄驻英参赞哥缁儿突往访焉，出英皇爱德华亲翰，则招槐忒一游伦敦也。问所以？哥缁儿以欲解决两国悬案对。槐忒谢焉，以受命议和，他非所闻，不敢专也！槐忒归而执政；哥缁儿复以斯策进；卒不之许。槐忒之意，以谓：“国军新败，疮痍未复，当务之急，莫如弭内乱，苏民生，未遑远略。”其时德亦以神圣同盟之旧谊，屡托微波，思与俄别结密约，以规复俾斯麦之二重保险政策；俄人亦莫应也！而当时执英政者，为巴尔福之统一党内阁；统一党数十年来，以排俄为职志；而于爱德华亲俄之策，盖微有所不慊焉！一九〇五年，巴拿门之自由内阁成，格黎人为外相，以谓：“俄方汲汲于内治，且海军熸焉，已无力以扰英属地。而威廉二世即位之初，宣言：‘德国之将来，在于海上。’咄咄逼人！而整军经武，海陆并进，异日必为英患，英陆军不足恃也，舍俄，无可与当德者！”以诏于国人，而昵俄之意渐切！时则俄之司徒列宾内阁成，伊士倭士奇人为外相。伊士倭士奇者，缁衣宰相俄查哥夫之记室也；俄查哥夫切齿于柏林会议之役，赍志以殁；伊士倭士奇传其衣钵，视德如仇；又有憾于德、奥相厄以阻俄人之近东发展；目挑心许，亦与英通秋波。而狄尔喀西之徒，窥其隐，殷斯勤斯以为之媒焉；于是一九〇七年八月三十一日，英俄协约成，而英、俄积年之纠纷胥泯！俄之昵英，其借以捍德者，不过十之一二，而借以控奥者乃十之七八；然德自兹乃益孤立矣！则狄尔喀西之以也！呜呼！狄尔喀西，其法兰西之俾斯麦乎！俾斯麦出全力以伐法交，而使法国孤立以不敢动。狄尔喀西还推其矛以陷之，亦出全力以伐德交而使德国孤立以莫之助。狄尔喀西之伐德交也，其最末一着，在特亲英而更牵俄以渐合于英；其最初一着，在特亲义而先间义使渐疏于德。故就任之第一事，即订法义协约，求义人承认法人在摩洛哥自由行动；而法人亦承认义人在德里波利及西里尼卡之自由行动以为代偿；于是法、义之民大和！及一九〇二年六月二十八日，德、奥、义三国同盟期满，赓续订约，而义人则以告于法曰："吾同盟国之一国，而为他国所侵时，吾义大利人谊之所当援也！如其侵袭他国，吾义宁助虐焉；谊之所不敢出也！"夫义之与德、奥，本为防御同盟，而非攻击同盟，载在约章，其义人人所知；而义人独断断向法言之，所以慰借法人者至矣！义与法既日亲，而奥人以一九〇八年十月，宣布兼并坡士尼亚、赫斯戈维纳二州，而骎骎以与义人争长于爱琴海；奥、义之相猜乃日甚！故三国同盟之貌合神离，非一日矣！迄一九一四年六月二十八日，正三国同盟第四次续约期满之时也；奥皇储非的南适以其日遇刺于坡士尼亚州，而滔天之战以起！三国同盟之约未续，本无效力之可言；然德人既向俄法宣战，奥亦向俄宣战；独法之与奥，则相持不发。奥使狄克森，泰然留于巴黎，如无事焉！既而法人借词奥军之进逼法境而宣战。盖奥人欲俟法人先发难，而因以解除义人防御同盟之职责也。然而义人遂袖手不起，既则倒戈以攻；于是奥为俄厄，又虞于义！盖三十余年之同盟，一旦有急，卒不可恃，而俾斯麦之志荒矣！是则狄尔喀西伐交之成功也！于是威廉二世，猓狡锋协，而东援奥以抗俄，西伐法以战英，既疲于西，又骛于东，罢于奔命，卒以不振，非战之罪也！然狄尔喀西伐德之交，而孤威廉二世以倾覆；亦以英人之自伐其交，而援希特勒以再雄。威廉二世之既蹶，而于是有一九一九年凡尔赛之和会，以英、美、法为主盟，而以祸首惩德。法人议分德为七十二小州，众建而分其力，以弱之无力再振；而英人不许也！然《凡尔赛和约》，四百四十余条，繁细苛刻，所以箝制德国，而羁其手足以不许动者，亦既无所不用其极；而法人一意孤德，环德境之列国，无不与法从亲为一以包围德国；四面环堵，而德孤立其间，欲动不得，亦何能为！然法人欲孤德以自保，而英人又虞法以扶德，德人之所以得脱重围如不羁之马者，则英人之以也！盖英人之于欧陆，常欲保持均势，而以己得为轻重；意在扶弱以锄强，岂欲树强以敌己！向援法以攻德者，盖德强欲以相图，而法弱不妨相援也。法则强矣，而德日削；法既无虞于德，而或逞志于英，则是树强以自为敌，非英之利也！及德既弱矣，又转虞法；虞法如何，又转扶德，狐埋狐搰，情岂得已！盖法既强而德又弱也；于是以一九二四年，援德财政。希特勒窥其隐也，凡不得志于法者，而以尝试于英，得寸进尺，至一九三三年，而退出裁军会议，公开扩军，一九三五年，宣布重行征兵制；而于是凡尔赛条约之所以箝德者，破坏无余！英人不惟不申明约束以禁制之，而又助长其势以与订海军协定。所以然者，英人之用心，不惟虞法以扶德，抑欲强德以抗苏。苏联以工农共产新造之邦，而日以倾覆资本主义为天下号；此英人之所大不安也！而机警之希特勒，高张反共之帜，以容说于英人；若曰："我之整军，为防共也；尔无我虞！"于是英人大悦，以谓："我扶一德，而可以制法之强，可以防苏之共，一举而两善备焉，夫何惮而不为也！"而于是希特勒得肆其计！然英虽恶苏以树德；法则抗德以联苏，而有法苏协定。苏联，天府之国，而史丹林得政以抟一民志，整军经武；缮完器甲，降低人民入伍年龄，眈眈虎视，足以拊德人之背，而制希特勒不敢动；此则法人之成功，而希特勒之所大惧也！于是借口以申儆于国人，而改为两年服兵役；则是军额加倍！英人亦以德之浸不可制，而有戒心，于是有四年整军计划。而又倾心于法。顾德之孤自若也！不有帮凶，未敢肆志！而有一国焉，以一九一五年四月，参战以助英法，而不得志于凡尔赛和会以饮恨者，则义也！义首相墨索里尼恣肆咆哮之所以擅义政，束缚驰骤之所以用义民者，则尤希特勒之所师承，而亦步亦趋以用于德者也；同恶足以相济，借口防共，以一九三六年十月，与义结成轴心。既而与日亦成防共协定，则为一九三六年之十一月。而于是德有与国，东海西海，心同理同，沆瀣一气，而德不孤，羽翼已成，横绝四海矣！然德虽得义、日以为助，而英、法之与不少！苏联尤以德与义、日成防共协定，而四面楚歌，相煎太迫；于是李维诺夫主张参加国联，参加集体安全，以向英人送秋波，而图与之修好以敌德；然而英人不理也！及希特勒乘间抵巇以图并捷克；而法、苏咸与捷克有盟约，苏联欲合英、法以联中东欧小协约诸国，援捷克而制德。假令英人仗义执言，起而为之主盟，以声罪致讨于德；而法对捷，有条约之义务；小协约诸国对捷，有条约之义务；苏联对捷，有条约之义务；以此而战也，法助之，南斯拉夫助之，罗马尼亚助之，波兰助之，苏联亦助之；此外爱好和平之国家，当无不向风慕义，而从英人之后矣！义问昭宣，天下归心，高名厚实，孰有大于此者乎！顾英相张伯伦尸居余气，谓实力不足也。且曰："捷克，乃远方不知谁何之小国耳！"于是协商于法，以有一九三九年慕尼黑之会议，而委捷克于德！然德之大欲未餍，而苏联之心大伤！英以此失列国之心，而背盟弃信以拆散集体安全，英之交尽伐，而德之势益张！苏联以捷克为西门，而英嗾法以卖同盟，此苏联之所以深怨极恫也！苏既伤心怨英，德遂乘机媾苏，而柏林报纸无不载威廉一世之遗言曰："勿与俄失和！"所以为秋波之送也。未几而苏联大使至柏林。继之里宾特洛甫赴苏报聘，将行，希特勒送之曰："此一行也，岂特公政治生命之荣替攸关，抑亦德意志国命之所系焉！”郑重诏告。而英、法亦悔祸于厥衷；苟德不得解于苏以纾东顾之忧，必不敢逞兵以肆志英、法；此英、法之所熟知也，亦遣使焉。苏亦有虞于德，而不能忘情英、法；乃英、法、苏谈判四十五日，而不得要领。莫洛托夫曰：“英、法之来，其果出于诚耶！事未可知！”迄七十日而依然如故；而求症结所在：一为波罗的海诸小国保障问题。一为远东问题。波罗的海诸小国之有系于苏联国防，犹荷兰、比利时之于英伦三岛。拿破仑尝言：“比利时者，针对英国之一利剑也。”则波罗的海诸小国与奥兰岛之形势，亦无异于针对苏联之两柄霜刃矣！米美尔港，已为德有；而但泽港，旦暮归德；德之海军，如占奥兰岛，则波罗的海为德国之内湖；而苏联为所封锁，虽有雄伟之克隆斯达军港，将何所用之！德人之国际信义，久已扫地；虽与波罗的海小国，订互不侵犯之约，宁足以保障苏联西北之安全！苏联对于罗马尼亚、土耳其及波兰等东南欧国家之安全，既予英法以支援之诺言；则英法对于波罗的海之安全，独不予苏联以保障乎！然波罗的海小国及芬兰，亦自矜重其国家之独立；一九三四年，缔结波罗的海协约，虽无大效；而两大国之间，事齐事楚，煞费平章，小国亦图所以自全；德之兼并，固所寒心；而遽牺牲独立，以受苏联之保护，亦岂所甘！英如贸应苏联之求，制德之功未见，而先失诸国之心；此英人之所踌躇也！德之与日，协定防共，以为苏联也；今苏联合英法以有事于德，而不能无虞于日人之拊其背！德人之所大患，在英法与苏联携手，而西战英、法，东战苏联，以陷于两面夹攻；得日与协定，则苏联虞日人之拊其背，而不能有事于德。日人之所大患，在中国与苏联携手，而东侵中国，西防苏联，以陷于两面夹攻；与德为协定，则苏联虞德人之伺其后，而可以肆志于我。形格势禁，而苏联之所大患，则在德与日协定，而西抗德，东虞日，以陷于两面夹攻；声请与英订约：“如日人一旦开战，则英必出兵援苏。”英诺其请，惟不欲以明文订约。顾苏联则以口头之保证为不可恃！于是李维诺夫曰：“英、苏谈判之不得当而迟延，我不能无疑于英人之用心，果为保障和平来也，抑别有所图？”顾张伯伦之所以策苏者曰：“希特勒以反共涣然大号，而德、苏之仇隙已深；苟苏联不联英、法，抑亦无路可走；何患不得当也！”盖所以授使指者如此！使者奉以周旋，多方迟难。然苏联未得当于英，亦不遽绝德；而英人欲得苏以御德；顾不欲以重伤日人之心！谈判至百有四日而苏人大怒！十二年以前，史丹林尝言：“英国资产阶级，不爱出身犯难以与人战，往往假手于人！”及是而回忆一九一四年七月，英人尝告于德曰：“如不攻法，而移兵东向；英人愿守中立！”惧英之相卖也，于是进德使而订互不侵犯之约！英、法使者失色而归！希特勒亦既无虞于俄，则亦何惮英、法；进兵波兰，而欧洲第二次大战轩波起矣！则是希特勒之“伐交”有成功，而后动于“伐兵”；抑亦英、法之自伐其交，而后来希特勒之“伐兵”也！苟英人而不虞法以扶德，斯德亦无力以自振！使法苏协定而有效，形格势禁，而捷克不亡，斯希特勒亦不敢动于恶；何来此后之“伐兵”以偾军覆国乎！希特勒以间谍战“伐谋”，以外交战“伐交”，以闪电战“伐兵”，而以心理战弥缝其阙，神明其用，喑呜叱咤，求所大欲；是则慕尼黑德意志地理政治学院院长霍斯浩佛有以教之也！希特勒之有霍斯浩佛，犹汉高祖之有张良！史称良多病，未尝独将，常为画策臣，时时从汉王；而霍斯浩佛姓名不见于报纸，纽纶堡每年一次之国社党年会，亦未见其出席，从未公开演说，然而无一日不与希特勒以电话接谈，无一星期不赴希特勒勃许塔斯伽登山居别墅以盘桓作座上宾；希特勒所著之《我之奋斗》一书，无一言一行不根据霍斯浩佛之著书！史又称张良貌如妇人女子，不称其志气；而霍斯浩佛亦身长不逾中人，举止安详，皤然一老儒，发已斑白！霍斯浩佛为一退职之少将，三十余年前，任德国驻日使馆随从武官，尝建议联日以抗盎格罗撒逊民族，而力斥不可一世之威廉皇帝黄祸论；德国陆军参谋本部传为笑柄，使馆同寮目为疯人；而孰知希特勒身体力行，以传授心法于三十年后之今日也！希特勒之未得志也，尝以霍斯浩佛之介，而得见德之军阀财阀，资多金以支国社党。霍斯浩佛尝倡地理政治学，而阐论地理政治之演进，以谓：“合小以成大，兼弱而为强，盖世界政治之加速度前进；而《凡尔赛和约》用民族自决以成立诸小国，只开倒车而已！诸小国之独立，只有求助于大国，屈服于大国；而在大国领导之下，以协约联盟，合而为一；何尝为世界政治之真实独立国！盖小国之所愿欲者有二；小国固欲保其独立；而尤愿得所依附；必觅取较强之国家，而依托所缺之力量，然后可以自保；其为独立也仅矣！民族自决之运动，其初不过造谣撒谎以瓦解德意志帝国；今则俨成真理，而英、法所属领土之民族，迅速宣传，洋洋盈耳，而摧毁其殖民地之统治权矣！英国之统治本能，已退化而成又老又钝之器官。一九二六年，英国规定帝国之与属地，以平等为基础；此不过统治者之降服，而以放弃世界权威之地位尔！世界莫不以极权巩固其领土及人口之时，而不列颠帝国之体制，日松日弛，而渐成联合之王国！年迈之帝国，老至耄及，而无力以自运其肢体矣！精疲力尽，而无法以自振其意志矣！英国之自动裁军，是则意志衰弱之表现！在新兴之强国方振军经武之时，而自动放弃其强国之具；则是愿甘伏输，而强国之意志已熄；尚望其发愤为雄以与我作殊死战乎！何难取而代也！法亦垂死之民族也！其人妖娆而颇得人欢；然好乐不事事，政弛民散，精神委靡，已无从前法国人之野心与庄严，闭户自守，亦何能为！吾人不可不坚强有统治外国领土及外国人民之意志！世界使命之神秘信仰，时断时续，而锻炼吾德人内在之力量，以臻空前之强劲，应运而起以建盖世之功！民主国家，如一盘散沙，无一定之信念，无真实之信念，可以使人民为国舍身！而无信念之人民，必为失败主义者，彼以抵抗为无用也！如欲在民主国家，而欲发展德国政治之运动，人才不难物色，而各阶层，各级教育程度之人，应有尽有；多多少少，惟吾所欲！东欧与西欧之别，只是西欧不能不多用钱而已！然所用之钱，真可谓一文不落虚空地；异日可以少派几军团之兵也，民主国家之破残，亦何待于用兵；苟引诱其官吏腐化，促成其政治分裂，而鼓动不逞，煽惑内战，众志既涣，其何能国！民主国家，于此无措！而欲抟壹其民以不分化，只有国家专制之一法；政制苟能独裁，人民何法分化！兵力可以威胁，而战端不可轻开；慎毋以所有争取前途之大计，孤注一掷！在各国和平斗争之中自政治运动以迄武力解决，吾德有崭新之方式；而扰乱民心之道德战，亦有崭新之武器与前人梦想不得之宣传方法；然后相机而动，出人不意以为袭击！”其论具见所著《地理政治学》、《德国之未来道路》、《太平洋之地理政治》、《世界列强以外解放之挣扎》等书；盖始于攻心，而终以“伐兵”，无不与希特勒之国际行动符合！然希特勒大放厥辞以诋共产主义，而骂苏联领袖为浸透血液之亚洲蛮人；霍斯浩佛著书，曾无片语只字以指斥苏联，而于希特勒之狂言丑诋，则亦任之！霍斯浩佛明知希特勒之衷心反苏，而意则别有作用，阳以斥苏联之悖，而阴以安英、美之心，若曰：“德之扩军，为苏联耳”；而英、美可以不戒备！方希特勒咆哮谩骂之时，而霍斯浩佛则在地理政治学院，与其徒从容讲论，以计议德苏条约之签订；以谓：“苏联共产主义足以倾覆世界之自由资本主义经济；而尤以英、美为甚；苟有可以覆灭盎格鲁撒逊之世界强国者，何惮不用也！”然而联苏，霍斯浩佛之意也；用兵波兰，非霍斯浩佛之意也！霍斯浩佛尝向希特勒建议，谓：“波兰之施压力也以渐，刚柔迭用，必有低头之一日！可忍耐而不可暴躁！战争必须避免！”而希特勒则以一九三九年三月，向波兰提出条件时，波外长柏克不予考量，断然拒绝；以为蔑我甚矣！忿不思难，而滔天之战祸以起！然张伯伦误估苏联之必不合德，而不虞苏联之铤而走险！希特勒误估英法之必不用兵，而不图英法之穷而挺刃！阴差阳错，天开杀劫！希特勒之意，以谓：“德既得苏，英、法失措，志沮气丧，必不敢战；而坐视德之进兵，充极其量，不过抗议而已；并奥吞捷，已成事实，无不承认；波兰如为德并，而得承认于英、法，亦何难焉！假令英、法今日，能于波兰问题而开战，曷不于捷克问题而开战！”此所以不惮倾国之师以东向，而无虞于西境之法，只留少兵以相持也！英、法宣战，已非所料；而苏联与德互约不犯；然不犯德而犯波兰以进兵，胁波罗的海诸国以订约互助；此亦希特勒之所不意！蝮蛇螫手，壮士断腕，不得不放弃波罗的海诸国，以安苏联之心；而波兰之攻，德人徒受首祸之名，苏联乃享分利之实，得不偿失，已以隐恫；而窥苏联之用心，又不止此！苏联当日必以为德军攻波，英、法将捣其后；英、法出兵以东，德必回师迎战；然后苏军乘虚以入波，不独囊括波兰以为己有；而伺德人之不虞，以拊其背；德必不支，所获益大！幸也英、法仓卒宣战，而未成军，日望德军之东，以争波兰而与苏联冲突，冀收渔人之利，而按兵不动以观其后；于是希特勒得收波兰之功；而睹苏联之雄师乘边，虎视眈眈；乃有虞心而大不安！计西不得英、法之谅解，而东何以解苏联之威胁，于是思霍斯浩佛之言而呼吁和平！英、法不理；引为大恨，以为蔑我甚也；于是广播演讲，大放厥辞，抒其忿郁；然而不即肆毒于法以逞兵者，盖欲以心理战救其穷，而霍斯浩佛亦自有法教希特勒以“不战而屈人之兵”也！德国鲁许尼格博士者，尝任但泽会议主席，而国社党要人之一也，既意有不慊，而脱党焉；尝著《德国之虚无主义革命》一书，而于一九四〇年三月再版，重以弁言，中谓：“波兰之亡，亦且半年；何以英、法不攻希特勒，而希特勒亦不进攻英、法欤？盖在不和平之和平状态，而出以心理战焉；何必堑濠战，而后为战乎！钩心斗角，破坏国内政治之团结，摧毁人民抵抗之意志，阴阳捭阖，所以为心理战也！战争已采取一种消耗战略之特殊形式，旧日之军事理论，不适于用；而封锁战，亦不如心理战之有效也！有人言：‘大战方在准备之时，而大战之至，将出双方意料之外！现代之战争机械，极深研几，几乎倾一国所有之人材物质，以罢精竭力于此；苟无绝对胜利之把握，而贸然一战，危孰大焉！’然一战而胜，又将何如！战争之结局，非可以战争决之！盖审己而量敌，于我乎，于彼乎，曾无一焉以跻于绝对之优势；此希特勒之所知也！希特勒之意，假定以为我不进攻西欧；西欧列强，决不进而相攻；而在西线相持之下，继续进行全民动员，人力物力，予取予求。于是西欧列强，亦予取予求以动员其人力物力，广土众民，源源不竭，德固相形以或绌；然而不能跻绝对之优势，则亦无绝对胜利之把握，而不敢贸然以相攻；只有继续不断以扩张军备，迄至精疲力尽而止耳！然而德则何如？相持之日久，以物力言，或德更不给；而在心理论，则德为有利！夫以德意志帝国之统治，人民久习于铁之纪律，唯命是听，予言莫违；以视民主国人民，平日之安于社会自由，欲争政治自由，而不惯拘管者，孰能堪全民动员之负担，而以久不敝乎！人民不惯拘管而厌兵，谣言，煽动，恐吓，引诱，在此战而不战之日，而以施之习于太平佚乐之英法人民，岂不足以摇动斗志，而思家回乡乎！德国人民，如从西线归家，将何得哉！纪律，命令，拘管，不自由，岂有异于从军乎！不过由排长拘管，而易之以地方党部行政官而已！德国人可静守西线以至发白，而自由国家之人民则不能！自由，欢笑，只有在家；而以前线之生活相较，何能忍此终古，而不叛乱乎！抑自由国家以全民动员，而不得不放弃其以往之社会秩序与经济秩序，由自由而集体化。然集体化者，德国极权之政制也；徒以德国之全民动员，而迫使民主国家，亦步亦趋，以追随集体化之政制；向也反对集体化，仇视德国，而卒不得不集体化其机构，以自动摧毁其自由组织，狐埋狐搰，独立之工商业，无不隶中央统制之下，此尤自由人民之所不惯与不解者也！然则德国之物力，即或支绌；而英、法之心力，必先耗竭，久之又久，人民畔涣，然后大举而乘之以闪电战。”此希特勒之所处心积虑，而欲以不战而屈英、法之兵者也！然而可以溃自由国家之法，而不能以遽破自由国家之英；则亦有效有不效也！呜呼！“国必自伐，而后人伐”；孟子之论，岂欺我哉。

下政攻城。

（训义）李筌曰：“若顿兵坚城之下，师老卒惰，攻守势殊，客主力倍，攻之为下也。”

基博按：“攻城”者，求战而不得也；敌坚壁以老我师，顿兵挫锐，而力屈矣！故曰“下政”。古之“伐兵”者，以“攻城”为“下政”；今之为闪电战者，以阵地战为大戒！盖闪电战之所长，在速，在动；动则我之兵力得展而极其用；速则乘人之不备，而敌之兵力，不得施展；如遇阵地战，而相持不动，顿兵挫锐，以失闪电之用；斯敌之备御有所施，而予我以反攻矣！希特勒之攻苏联，亶不然乎！

攻城之法，为不得已！

（训义）张预曰：“攻城，则力屈。所以必攻者，盖不获已耳！”

修橹轒辒，具器械，三月而后成；距闉，又三月而后已。

（训义）曹操曰：“修，治也。橹，大楯也。轒辒者，轒床也；轒床，其下四轮，从中推之，至城下也。具，备也。器械者，机关攻守之总名，蜚楼云梯之属。距闉者，踊土积高而前，以附其城也。”杜佑曰：“轒辒，上汾下温。修橹，长橹也。轒辒，四轮车，皆可推而往来，冒以攻城。器械，谓云梯、浮格冲、飞石、连弩之属，攻城总名；言修此攻具，经一时乃成也。距闉者，壅土积高而前，以附于城也。积土为山曰闉，以距敌城，观其虚实。《春秋传》曰：‘楚司马子反，乘堙而窥宋城’也。”陈皞曰：“盖言候器械全具，须三月，距闉又三月，已计六月；将若不待此而生忿速，必须杀士卒；故下云‘将不胜其忿而蚁附之，灾’也。”张预曰：“三月者，约经时成也。器械言成者，取其久而成就也。距闉言已者，以其经时而毕工也。皆不得已之谓。”

将不胜其忿而蚁附之，杀士三分之一，而城不拔者，此攻之灾。

（训义）曹操曰：“将忿不待攻城器械，而使士卒缘城而上，如蚁之缘墙，杀伤士卒也。”张预曰：“攻逾二时，敌犹不服，将心忿躁，不能持久，使战士蚁缘而登城，则其士卒为敌人所杀三分之一，而坚城终不可拔，兹攻城之害也已！或曰：‘将心忿速，不俟六月之久，而亟攻之，则其害如此。’”

故善用兵者，屈人之兵而非战也；

（训义）杜佑曰：“言伐谋伐交，不至于战。故《司马法》曰：‘上谋不斗。’”

拔人之城而非攻也；

（训义）张预曰：“或攻其所必救，使敌弃城而来援，则设伏取之；若耿弇攻临淄而挠西安，胁巨里而斩费邑，是也。或外绝其强援，以久持之，坐俟其毙；若楚师筑室反耕以服宋，是也。兹皆不攻而拔城之义也。”

毁人之国而非久也；

（训义）杜牧曰：“因敌有可乘之势，不失其机，如摧枯朽。”贾林曰：“兵不可久，久则生变。”

必以全争于天下，故兵不顿而利可全。此谋攻之法也。

（训义）梅尧臣曰：“全争者，兵不战，城不攻，毁不久，皆以谋而屈敌，是曰谋攻；故不顿兵，利自完。”张预曰：“不战，则士不伤；不攻，则力不屈；不久，则财不费；以完全立胜于天下，故无顿兵血刃之害，而有国富兵强之利，斯良将计攻之术也。”

右第一节论攻之不可不出以谋，而谋之不可不蕲以全为谋攻正文。

基博按：《孙子》之所谓“谋攻”者，非“谋攻”也，谋不攻也。攻城则力屈，斯“下政”矣！岂惟谋不攻，抑且谋不战！盖“全国为上”；“不战而屈人之兵，善之善”；“故上兵伐谋。”读近代战史，而知孙子老谋胜算之为不可及也！何以言之？（一）近代战役之决胜日以少！盖一战之为胜，而不必即以决胜；自十七世纪三十年战争以后，此义渐为人知；而迄一九一四年，第一次欧洲大战，而益以征信！试思德人之战，几乎无役不胜；此德军人之所自豪，而英大将海格亦以承认者也；然而无救于德之败！日本之攻我也，亦几无役不胜；然胜而未能决胜，连兵不解以有今日，我之力未屈而彼之师已老矣！（二）战术之胜利，转而变为战略之胜利，迄近代而日以难！此以法国革命战争之战线，变而为长方形始；而至第一次欧战之变战线为战面及战体，乃以大定！观于德奥同盟，与英、法协商，殚精竭锐以出奇制胜，不下数十百战；曾无有一焉战术之胜利，可以转而变为战略之胜利者也！况以战略之胜利，而欲成为政略之胜利，得乎！盖政略可以主持战略之胜利，而战略不能支配政略之成功；此“百战百胜”，所以“非善之善”，而“上兵”之为“伐谋”也！《孙子》之所谓“伐谋”者，盖欲善吾政略之运用，“不战而屈人之兵”以免于“伐兵”耳！然而德大将鲁登道夫，著《全民战争论》一书，乃谓：“政略不过战略之侍婢，而备战之外无政略。”其然，岂其然，抑亦异于《孙子》已！亦以见纠纠武夫之卤莽灭裂耳！近世之所谓“制空权”、“闪电战”，皆战术之奇，可以为一战之烈，而无当于战略之决胜者也！

故用兵之法：十则围之；

（训义）曹操曰：“以十敌一，则围之，是将智勇等而兵利钝均也。若主弱客强，不用十也；操所以倍兵围下邳，生擒吕布也。”杜牧曰：“围者，谓四面垒合，使敌不得逃逸。凡围四合，必须去敌城稍远，占地既广，守备须严；若非兵多，则有阙漏，故用兵有十倍也。吕布败，是上下相疑，侯成报陈宫，委布降，所以能擒，非曹公力能取之。若上下相疑，政令不一，设使不围，自当溃叛，何况围之，因须破灭。《孙子》所言‘十则围之’，是将勇智等而兵利钝均，不言敌人自有离叛。曹公称倍兵降布，盖非围之力穷也；此不可以训也。”王晳曰：“此以下，亦谓智勇利钝均耳。”

五则攻之；

（训义）曹操曰：“以五敌一，则三术为正，二术为奇。”杜牧曰：“术，犹道也。言以五敌一，则当取己之三，分为三道，以攻敌之一面；留己之二，候其无备之处，出奇而乘之。西魏末，梁州刺史宇文仲和据州不受代，魏将独孤信率兵讨之，仲和婴城固守；信夜令诸将以冲梯攻其城东北，信亲帅将士袭其西南，遂克之也。”张预曰：“吾之众五倍于敌，则当惊前掩后，声东击西，无五倍之众，则不能为此计。曹公谓‘三术为正，二术为奇’，不其然乎！若敌无外援，我有内应，则不须五倍，然后攻之。”

倍则分之；

（训义）曹操曰：“以二敌一，则一术为正，一术为奇。”李筌曰：“夫兵者，倍于敌，则分半为奇。我众彼寡，动而难制；苻坚至淝水，不分而败；王僧辩至张公洲，分而胜也。”杜牧曰：“此言非也，此言以二敌一，则当取己之一，或趣敌之要害，或攻敌之必救，使敌一分之中，复须分减相救，因以一分而击之。夫战法非论众寡，每阵皆有奇正；非待人众，然后能设奇。项羽于乌江，二十八骑，尚不聚之；犹设奇正，循环相救；况于其他哉！”张预曰：“吾之众，一倍于敌，则当分为二部，一以当其前，一以冲其后；彼应前，则后击之；应后，则前击之；兹所谓‘一术为正，一术为奇’也。”

敌则能战之；

（训义）曹操曰：“己与敌人众等，善者犹当设伏，奇以胜之。”杜牧曰：“此说非也，凡己与敌人兵众多少，智勇利钝，一旦相敌，则可以战。夫伏兵之设，或在敌前，或在敌后，或因深林丛薄，或因暮夜昏晦，或因隘厄山阪，击敌不备，自名伏兵，非奇兵也。”梅尧臣曰：“势力均则战。”王晳曰：“若设奇伏以取胜，是谓智优，不在兵敌也。”张预曰：“彼我相敌，则以正为奇，以奇为正，变化纷纭，使敌莫测，以与之战，兹所谓设奇伏以胜之也。杜氏不晓凡置阵皆有扬奇备伏，而云伏兵当在山林，非也。”

少则能逃之；不若则能避之。

（训义）杜牧曰：“兵不敌，且避其锋，当俟隙，便奋决求胜。”

基博按：“能”字须注意；不惟“战”不易，须有本领“能战”；即“逃”与“避”，亦须有本领“能逃”“能避”也。然亦有不逃不避，而视敌人以不测，转败为胜者！拿破仑大帝言：“我之进攻兰兹胡特也，道遇柏舍耳，方率兵退。我命之曰‘进’！柏不可，曰：‘敌军甚盛！’我固命之曰‘进’！于是柏返兵以进。敌见其退而骤进，以为柏之兵必增强，未易以敌；乃遁也。战之为术，就是如此！凡战之制胜，往往在刹那间一念之一闪！方开战之初，聚精会神，无论何事，慎不可忽！及临阵之时，因利乘便，如有机会，亟勿放失！机会，即好运也；好运如好女，汝今日追逐而不见，慎毋以为来日有再见之缘也！战之为术，在乎见之明，而审慎以自守；又必勇于决，而迅速以进攻！”运用之妙，在乎一心！凡事有宜，不得尽言！

故小敌之坚，大敌之擒也！

（训义）曹操曰：“小不能当大也。”杜牧曰：“言坚者，将性坚忍，不能逃，不能避，故为大者之所擒也。”

基博按：汉李陵《答苏武书》，自称：“先帝授陵步卒五千，出征绝域，五将失道，陵独遇战，而裹万里之粮，帅徒步之师，出天汉之外，入强胡之域；以五千之众，对十万之军；策疲乏之兵，当新羁之马，然犹斩将搴旗，追奔逐北，灭迹扫尘，斩其枭帅，使三军之士，视死如归。陵也不才，希当大任，意谓此时功难堪矣！匈奴既败，举国兴师，更练精兵，强逾十万，单于临阵，亲自合围，客主之形，既不相如；步马之势，又甚悬绝；疲兵再战，一以当千；然犹扶乘创痛，决命争首；死伤积野，余不满百，而皆扶病，不任干戈；然陵振臂一呼，创病皆起，举刃指虏，胡马奔走；兵尽矢穷，人无尺铁，犹复徒首奋呼，争为先登。”可谓“小敌之坚”矣；然而军歼身降，卒以不免，则“大敌之擒”也！一九一四年十月，德大将兴登堡以第九路军军长，率德军十八师以进攻波兰，欲渡外悉塞尔河。俄尼古拉夫大公方驻波兰之首都华沙，以俄兵六十师迎战，分为两军，以一军缘外悉塞尔河，与德人相持；而大兵从华沙侧出，突击以袭其后；欲图围而歼之也。兴登堡曰：“不如战也！我坐而待困，将先发制之！”于是乞奥匈同盟军以固守外悉塞尔河，而集中德军，欲乘俄之大军未集，歼集华沙南方之俄军以挫其锐。不意奥匈败退，外悉塞尔河不守，而俄军大至，向西延展，以包德之左翼。兴登堡曰：“彼众我寡，而我两翼，已为所扼，不退，必为所围！”引兵疾退，毁道路以阻俄兵之进；仅乃得免！不退，则“小敌之坚”矣！此所谓“少则能逃之，不若则能避之”也。然兴登堡之进兵波兰也，奉诏以解波匈之危；兴登堡退，而俄军四面至，长驱深入以攻细勒西亚；是则第九路军司令部之所在也。于是兴登堡曰：“惟反攻可以阻俄军之势。然俄军数倍于我；如摧锋而进，以寡击众，徒为擒耳，不如蹈俄军之瑕以包其北翼，而横击以出其后；俄人势必反顾，则我无虞矣！”乃广布疑阵以与俄人相持，而引大军北出。俄人亦引兵北以御兴登堡；而细勒西亚之围以解！则知“少”与“不若”，亦非“逃”与“避”之为能，杜牧所谓：“兵不敌，且避其锋，当俟隙，便奋决求胜”；正谓此也。兴登堡善以寡击众，往往不“逃”不“避”而以“攻”。先是一九一四年八月，俄大将三索诺夫，驱八十万人，大炮一千七百尊以进攻东普鲁士；而兴登堡将德兵二十一万人，持炮六百尊以拒之；知寡之不可以敌众也，然而不“逃”不“避”；则以疑兵当中坚，而厚集其势于两侧以抄俄军之左右翼，而直出其后，反击之。俄军不知所为，遂大败，俘虏者六万人；所谓泰伦堡之役也。一九一六年三月，德军之攻凡尔登也，方倾全力以猛攻掠取阵地。法军惟取“能逃”“能避”之原则，决不耗其主力以求原阵线之维持；而故控其力，取攻势于敌人既得阵地以后，以我之力有余裕，乘彼之攻坚力屈，则是非以“逃”与“避”为“能”；而暂“逃”暂“避”，“俟隙便奋”之为“能”。以“逃”与“避”始者，何可以“逃”与“避”终也！抑亦有“逃”与“避”不足以自全，而惟攻为能自全者，如兴登堡之在波兰退兵是也。兵无常势，惟不可为“小敌之坚”耳！坚者，只是蛮打而已；如李陵之于匈奴，是也，卒为“大敌之擒”耳！

右第二节，承上节谋攻，申言“五则攻之”，而因详论众寡之用。

夫将者，国之辅也。辅周，则国必强；

（训义）李筌曰：“辅，犹助也。”何氏曰：“周，谓才智具也；得才智周备之将，国乃安强也。”

辅隙，则国必弱。

（训义）李筌曰：“隙，缺也。”杜牧曰：“才不周也。”何氏曰：“言其才不可不周用，事不可不周知也。故将在军，必先知五事六行五权之用，与夫九变四机之说，然后可以内御士众，外料战形。苟昧于兹，虽一日，不可居三军之上矣。”

故君之所以患于军者三：

（训义）张预曰：“下三事也。”

基博按：所患三事，只是一事，曰：“君从中御，将无专任。”盖“君”者，谓一国之最高政治当局；可以领导军事，而不可以干扰作战。作战者，将帅之职也。说具《计篇》按语。

不知军之不可以进，而谓之进；不知军之不可以退，而谓之退；是谓縻军。

（训义）曹操曰：“縻，御也。”李筌曰：“縻，绊也。如绊骥足，无驰骤也。”杜牧曰：“犹驾御縻绊，使不自由也。”贾林曰：“军之进退，将可临时制变，君命内御，患莫大焉！故太公曰：‘国不可以从外治。军不可以从中御。’”

基博按：军之从中御者，无不覆！战国之世，秦使左庶长王龁攻韩取上党。上党民走赵。赵军长平以按据上党民。龁因攻赵。赵使廉颇将赵军，数战不利；廉颇坚壁以待秦；秦数挑战；赵兵不出。赵王数以为让，而使赵括代将。秦闻括将，乃阴起武安君白起为上将军；射杀赵括，前后斩首虏四十五万人；赵人大震！秦复发兵，使五大夫王陵攻赵邯郸，少利。秦王欲使武安君代陵将。武安君言曰：“邯郸未易攻也；且诸侯救日至。彼诸侯怨秦之日久矣！今秦虽破长平军，而秦卒死者过半，国内空虚，绝河山而争人国都；赵应其内，诸侯攻其外，破秦军必矣！不可！”秦王自命；不行，遂称病。秦王使王龁代陵将，八九月围邯郸，不能拔。楚使春申君及魏公子将兵数十万攻秦军；秦军多失亡。武安君曰：“不听臣，今如何矣！”其他如唐明皇时，安禄山反，长驱河洛；而哥舒翰以贼锐难与争锋，严兵守潼关。贼不得逞，而羸兵以诱其出战。哥舒翰不应也。明皇不察，亟令进兵，督战急；不得已涕泣而后出，一蹶不振，潼关失守，而长安陷矣！明崇祯帝时，李自成以剧寇纵横豫鄂，欲窥关中；而孙传庭力主固守潼关，控扼上流，缮器积粟以蓄士气，伺贼间而击之。崇祯亦屡诏趣战。传庭不得已率师东出，先胜而后败。自成遂入关以据长安，而势不可制矣！凡此皆“不知军之不可以进而谓之进”也。一九〇四年，日俄之战，俄皇尼古拉二世以陆军大臣苦鲁伯坚为满洲军总指挥。及苦鲁伯坚以四月一日至营口；而俄国驻在满洲之海陆军，一再挫败；旅顺势已坐困。苦鲁伯坚知日军之及锋而试，未可以犯其锐也；欲以旅顺委日本，而厚蓄其势以集大军数十万于辽沈，以俄兵之运调较迟，非更数月，不能大集；而数月之后，日兵必已再衰三竭，欲徐起而承其弊以转败为胜也，不肯浪战。而旅顺告急，朝议多主速援；其参谋部为所动，请俄皇电命出师。苦鲁伯坚不得已而出，再战再北，于是营口、海城、牛庄皆不守；辽阳亦陷。然苦鲁伯坚，良将也；度辽阳之不可守也，则下令进攻，而于攻势之中，下退却之令，严阵以退；日军不敢逼；虽挫退而主力未损也，抑亦可谓“能逃”“能避”者矣！法大将霞飞之寓攻于守，苦鲁伯坚之以进为退，皆善用兵，而尽“逃”与“避”之能者也。然苦鲁伯坚自始不主战，方其为陆军大臣，据所估计，若满洲用兵，日本可调兵四十万人，以旬日之内，渡海作战；而俄国远东驻军，不过八万人；国内军队虽多，然以西伯利亚铁路未成，运兵远东，旷日持久，远水不救近火，必为日本所乘，而无以自振。卒如其言！是亦“縻军”之咎也！

不知三军之事，而同三军之政，则军士惑矣！

（训义）梅尧臣曰：“不知治军之务，而参其政，则众惑乱也。”

基博按：“同”与《墨子》“尚同”之“同”同，有统制之意焉；不仅如梅氏之所云“参其政”也。下仿此。

不知三军之权，而同三军之任，则军士疑矣。

（训义）陈皞曰：“将在军，权不专制，任不自由，三军之士，自然疑也。”梅尧臣曰：“不知权谋之道，而参其任用，其众疑贰也。”

基博按：“权”当作“权谋”解，非权柄也。“任”作“责任”解，非任用也。“三军之权”，与“三军之政”不同。“三军之政”，属于军政；“三军之权”，属于战略战术。

三军既惑且疑，则诸侯之难至矣；是谓乱军引胜！

（训义）曹操曰：“引，夺也。”孟氏曰：“三军之众，疑其所任，惑其所为，则邻国诸侯因其乖错，作难而至也。太公曰：‘疑志不可以应敌。’”杜牧曰：“言我军疑惑，自致扰乱，如引敌人使胜我也。”梅尧臣曰：“君徒知制其将，不能用其人，而乃同其政任，俾众疑惑，故诸侯之难作；是自乱其军，自去其胜。”

故知胜有五：

（训义）李筌曰："谓下五事也。"

知可以战与不可以战者胜。

（训义）杜牧曰："下文所谓'知彼知己'是也。"王皙曰："可则进，否则止，保胜之道也。"

基博按：可以战与不可以战之所以知者有二：一曰知可以战与不可以战之计；《计篇》所云"校之以计而索其情"，是也。一曰知可以战与不可以战之机。战之为事，须有计，尤须得机！苟得机以决战，斯力全而不耗！方当列国争雄之日，势已不能免于一战；得可以战之机而善为之计，斯可以不劳而定！盖欧陆之大患在德；而自第一次欧战以来，英、法有可以战之机者三，而不战；希特勒遂以坐大，而成滔天之祸！方一九三三年，希特勒挟国社党以篡政，然民未亲附，得政而未得势；于是为德人之所欲为而未敢为者以得其民而尝于英、法，退出裁军会议，宣告退出国联。而英、法瞠目相视；波兰执政毕苏资基向法建议，请联兵以伐德。使法人而从其言，波兰攻其东，法军其西。于时德之军备未实，而人民之操兵者寡，势必不支，而希特勒之政权必以仆，而国社党亦以瓦解！此可以战之机也；而法人不应！波兰疑其欲相卖；乃与德订十年友好协定；而希特勒公开扩军！及一九三六年三月，下令进兵莱因；德军人尝以警告希特勒曰："如法亦进兵，则德亡无日！"然而希特勒不顾！使英、法果执《凡尔赛和约》以声罪致讨，予以当头之击；德亦必败！此可以战之机也；而英法不为！于是一九三六年，第二次世界大战必发之预言，居然无验！语曰："为虺勿摧，为蛇奈何！"于是希特勒之雄心勃发，睥睨四海！及一九三八年而进军苏台以欲肆志于捷克，陆军总司令白鲁希兹告之曰："元首！如欲用武，吾军人责无旁贷！而今尚非其时！军实未充，计划未就，不敢不告！"然希特勒一意孤行！于时，英、法亦知德之未可以再姑息，而苦于整军经武之落德后；然使英、法果联兵援捷以声罪致讨于希特勒；而苏联及其他中东小协约国，无不与捷有相援之约，义声所播，必起相应；四面楚歌，德势甚孤，既骛于东，又罢于西；而希特勒之德国，必蹈威廉二世之覆辙，而同其倾覆！此可以战之机也；而英、法又不为！于戏！方其初，德人无可以战之力而欲战，英、法有可以战之机而不战；及其既也，德人有可以战之机而亟战，英、法失可以战之机而亟败！时乎时乎不再来！可不为之大哀乎！然一九三九年九月，欧洲大战之既起也，法人犹有可以战之机者一，而不战；于是兵败焉，国降焉，蹶以不振！苏联有可以战之机者一，而不战，于是国破焉，民歼焉，危而仅存！方希特勒之攻波兰也，倾国殚锐以事东征；而守西境者，只三师耳！或曰十一师焉！而法大将甘末林以三十五师之兵，雄踞德边，使其推锋直入，批亢捣虚，以拊德军之背，而与东方之波兰军相应；东西夹攻，德何以支！此可以战之机也；而甘末林不为，波兰不救，法亦以败！此甘末林之失机也！希特勒虽与史丹林成互不侵犯之约，而不能无虞于苏。史丹林亦以申儆于国曰："吾人宜时戒备以防不虞！狡焉启疆，何国蔑有！毋俾逞志于我也！"弦外之音，人皆知其虞德！然当希特勒骋兵东南欧，进占罗马尼亚、保加利亚；殚锐竭力以攻英、希及南斯拉夫联军，而深入阿尔巴尼亚、马其顿，连兵不解之时；使史丹林挟其久蓄不用之威，而以雷霆万钧之势，进兵波兰，批亢捣虚以直趋柏林；则英、希两军，堵击正面；南斯拉夫及土耳其之军，夹攻两旁；而苏联之军，以拊其背；则丹、挪、荷、比、法、卢以及其他诸征服国，叛者四起，乘势响应，有可必胜之势！此可以战之机也；而史丹林不为！南、英、希联军溃败；希特勒反兵以东，乘胜远斗；而史丹林亦猝不知措手足，损军折将，蹙地数万里！此史丹林之失机也！夫失机者失势，而得机者得势。然希特勒独往独来，纵横欧陆，而能得机以得势者，皆英、法、苏三国之当国者，不能当机立断，而迟回周章以成之也！呜呼！《传》不云乎！"需者事之贼也！"昔唐甄论兵，尝妙设一喻；以谓："鼠之出也，左顾者三，右顾者再，进寸而反者三，进尺而反者再，吾笑拙兵之智类出穴之鼠也！人之情，始则惊，久则定；惊者可挠，定者不可犯。善用兵者，乘惊为先。敌之方惊，千里非远，重关非阻，百里非众；人怀干面，马囊蒸菽，倍道而进，兼夜而趋，如飘风，如疾雷。当是之时，敌之主臣失措，人民逃散，将士无固；乘其一而九自溃，乘其东而西自溃，乘其南而北自溃；兵刃未加，已坏裂而不可收矣！凡用兵之道，莫神于得机！离朱之未烛，孟贲之甘枕，此机之时也。伺射惊隼，伺射突兔，先后不容瞬，远近不容分，此机之形也。机者，一日不再，一月不再，一年不再，十年不再，百年不再；是故智者惜之！古之能者，阴谋十年，不十年也；转战千里，不千里也；时当食时，投箸而起，食毕则失；时当卧时，披衣而起，结袜则失；时当进时，弃家而进，反顾则失。不得机者，虽有智主良将，如利剑之击空；虽有累世之重，百万之众，如巨人之痿处；虽有屡战屡胜之利，如刺虎而伤其皮毛。机者，天人之会，成败之决也。唐子之少也，从舅饮酒，坐有壮士秦斯，力举千斤，战必陷阵，尝独行山泽间，手格执杖者数十人。舅指一客，戏之曰：‘客虽羸也，然好拳技，尝欲胜君。君其较之！’斯笑曰：‘来！’遂舍卮离席，方顾左右语而立未定也；客遽前击之，触手而倒。坐客皆大笑！夫以客之当斯，虽百不敌也；然能胜之者，乘其未定也！善用兵者，如客之击秦斯，可谓智矣！”呜呼！希特勒其知之矣！而惜乎英、法、苏三国之当国者，周章瞻顾，不为击斯之客，而类出穴之鼠也！可不为大戒乎！特是日人之于我也，知可以战之机，而未尝为可以战之计！盖日人之所虞于我者，我之军备日以扩，军实日以充也；苏联与我为援以相犄角也；英美之仗义执言也！及一九三七年七月，而苏联史丹林清党肃军，自杜嘉契夫斯基元帅以下，大将诛戮者八人；方虞内难，奚暇外略！英相张伯伦有虞于德之希特勒，日事绥靖，又汲西忧，不遑东顾！我则军备甫扩而未充，军实亟筹而未足；失此不图，日且旰食，此可以战之机也；顾轻心以掉，欲以摧我于一击，而未能悉力以赴，知我之援寡力薄，可以亟胜；而未虞我之地广民众，能为持久；一发不中，兵顿锐挫，而又欲罢不能，师老财匮；此知可以战之机，而失之于可以战之计也！然而能制机者，必占先着。既失机先，而挽颓势，惟有相机，以争主动。苏联驻英大使迈斯基，以一九四二年三月，在伦敦呼吁，谓：“应早取决定性之行动！吾人纵有预定之方略；然吾人非能得预期之情势以作战，而常迫我以不得不战之势；吾人亟宜变计，因时因地，而求所以决胜之方策。一九四二年，必可以见战局之转捩；而战局之转捩，在吾人有决定性之行动！凡我同盟，尤当深知：（一）今日之战，乃高速度之机器战，利于攻而不利于守。现代化坦克车之进攻，飞行绝迹，普通炮兵之力，固不足以制止；而其为守者，纵有多数之坦克车，亦无以御敌人之坦克车；苏德之役，亦有明证。（二）人口、土地、自然富源及工业资源之数字对比，未能以保胜利之必然！盖资源之雄厚，无预于胜负之数；而应以其实际动员之程度为准也。夫不动员，不能成力量；而制胜之诀，乃在决胜之时机，决胜之地点，而有决胜之力量，以压倒敌人也。（三）孰能掌握主动，孰即决胜！（四）时间为吾人之友，非真实也！今敌我两方之时间，莫非竞赛；惟勇决，惟迅速，乃可以胜！而今机已至矣，何可不急起直追！”失之东隅，而欲收之桑榆，亦以明无失可以战之机而已矣！

识众寡之用者胜。

（训义）梅尧臣曰：“量力而动。”王皙曰：“谓我对敌兵之众寡，围，攻，分，战，是也。”

上下同欲者胜。

（训义）张预曰：“百将一心，三军同力，人人欲战，则所向无前矣！”

以虞待不虞者胜。

（训义）孟氏曰：“虞，度也。《左传》曰：‘不备不虞，不可以师！’待敌之胜可也。”陈皞曰：“谓先为不可胜之师，待敌之可胜也。”

基博按：备预不虞，军之善政；而“以虞待不虞者胜”，征之甲午中日之战而可知也！方事之起，直隶总督兼北洋大臣李鸿章实主军事外交之全局；乃日本盛兵渡朝鲜；而我则始请英使调停，后请俄使劝阻，其间复邀英舰以制日，又虞英、俄之互忌，终且倚英、俄合力以言和，而专制于英；俄以外，更告法，告德，告美以求息肩；转以兵备为大忌。而日使之驻朝鲜者，亦时时示我以可和之情以愚我耳目。我乃一误再误，游移前却，入其彀中而不之觉也！我方以口舌文告，敝精神于英、俄、德、法、美五国之交，垂五十日，不得要领；而日本则乘其间以渡兵朝鲜，争我先着，欲以战乘我，而姑以和饵我。虽以牙山诸将之乞援，驻朝道员袁世凯之告急；而鸿章答之，辄曰：“静守勿动”也，“已付各国公论”也，“英、法刻已出场”也；虽奉严旨备战，而鸿章仍固持和局，直于言款之外无措置。而日本遂攻我之无备，薄陆师于成欢，袭海军于丰岛。我始仓卒以应战；然而师徒不戒，士气已堕！太公曰：“疑志不可以应敌”，我之所以大败也！《孙子》曰：“以虞待不虞者胜”，日之所以制胜也！日本之攻俄也亦然！两国既绝交，其联合舰队司令东乡平八郎即率舰队出发，以一九〇四年二月八日，袭击俄舰于旅顺口外，败之；俄舰悉走港内，自是不敢出；明日，其所分遣之舰队又击败俄舰于仁川；日本之陆军，遂得安渡朝鲜以进兵满洲矣！是故曰之制胜，在于神速；而俄则失于迟滞！宣战后七日，乃以马哥罗夫为东洋舰队司令；又四日，以苦鲁伯坚为满洲军总指挥。马哥罗夫以三月一日至旅顺；苦鲁伯坚以四月十一日至营口；而驻满洲之海陆军，一再挫败；旅顺势已坐困。方日军之陆续运朝鲜也，而俄之陆军在满洲者已四万五千人，何难先发制人，乘日军之未集，取平壤以与相持于朝鲜境内！乃日军从容尽渡，进兵义州；而鸭绿江西岸之俄军，尚未大集；而予日军以先发制人之机；正与我甲午之战，同一覆辙！《军志》曰："先人有夺人之志，薄之也！"日人之善为薄，一施于我，再施于俄，无不争先着而以制胜！我与俄之不虞，乃以成日人之虞！今日人又以施之于英、美而争先着，阴备战以欲乘人于卒，阳媾和以姑饵之于先；野村来栖，连翩使美，虚与委蛇；赫尔之声明未复，罗斯福之书墨未干，而夏威夷之空袭，菲律宾、马来亚半岛之登陆，如晴天霹雳；英、美措手不及，毁舰折将，师徒挠败，堕军实而长寇仇；亦"以虞待不虞者胜"，而与我甲午之战，同一覆辙也！呜呼！史例具在，殷监不远，而世多善忘，不知监观，故技不妨屡肆，覆辙依旧相仍！以美总统罗斯福、英相丘吉尔之高掌远蹠，而为日人所饵，所乘以不及措手，则与老至耄及之李鸿章同其不智，狡谋得逞，历史重演；使李鸿章地下有知，当掀髯而以自解嘲矣！推之而希特勒之纵横欧陆，败英降法，岂必闪电战之奏奇绩；毋亦以德之虞，而乘英法之不虞尔！有国者可不戒哉！

将能而君不御者胜。

（训义）张预曰："将有智勇之能，则当专任以责成功，不可从中御也。故曰：'阃外之事，将军裁之。"'郑友贤曰："或问将能而君不御者胜，后魏太武命将出师，从命者无不制胜，违教者率多败失。齐神武任用将帅出讨，奉行方便，罔不克捷；违失指教，多致奔亡。二者不几于御之而后胜哉？曰：知此而后可以用武之意。既曰：'将能而君不御者胜'，则其意固谓将不能而君御之，则胜也。夫将帅之列，才不一概，智愚勇怯，随器而任。能者，付之以阃寄。不能者，授之以成算。亦犹后世责曹公使诸将以《新书》从事；殊不识公之御将，因其才之大小而纵抑之。张辽乐进，守斗之偏才也；合淝之战，封以函书，节宣其用。夏侯惇兄弟，有大帅之略，假以节度，便宜从事，不拘科制，何尝一概而御之也耶！《传》曰：'将能而君御之，则为縻军。'将不能而君委之，则为覆军。惟公得武之法深，而后太武、神武，庶几公之英略耳！”

基博按：将能而君不御，则君之所以患于军者去矣。然所谓“君不御”者，不过政治不得干扰作战而已！非谓放弃一切军事领导之权任也！

此五者，知胜之道也。

（训义）曹操曰：“此上五事也。”

故曰：知彼知己，百战不殆。

（训义）王皙曰：“殆，危也；谓校尽彼我之情，知胜而后战，则百战不危。”

基博按：校之以计而索其情，“知彼知己”，则知可以战与可以不战。见可而进，则必胜。知难而退，夫何殆！

不知彼而知己，一胜一负。

（训义）梅尧臣曰：“自知己者，胜负半也。”张预曰：“唐太宗曰：‘今之将臣，虽未能知彼；苟能知己，则安有不利乎！’所谓知己者，守吾气而有待焉者也。故知守而不知攻，则胜负之半。”

不知彼，不知己，每战必殆。

（训义）王皙曰：“全昧于计也。”

基博按：“知彼知己”云云，仍是推阐《计篇》之意，郑重以丁宁之。

右第三节承上节论众寡之用，申言“识众寡之用者胜”，而因详论任将制胜之宜。

形篇第四

（解题）王晳曰："形者，定形也；谓两敌强弱有定形也。善用兵者，能变化其形，因敌以制胜。"张预曰："两军攻守之形也。隐于中，则人不可得而知；见于外，则敌乘隙而至。形因攻守而显，故次谋攻。"

基博按：形者，形敌之可胜不可胜，而无失敌之败；即《计篇》所谓"校之以计而索其情"也。蕲于先胜而后求战，与《计篇》"未战而庙算胜"之义相发。惟校之而索其情之谓"计"；形之而著其验之谓"形"。《计篇》所以校之而索其情者，一曰"道"，二曰"天"，三曰"地"，四曰"将"，五曰"法"；五者之中，以"道"为主。而此之所以形敌之可胜不可胜者，一曰"度"，二曰"量"，三曰"数"，四曰"称"，五曰"胜"；五者所云，详"地"之计。然未形敌之可胜，先为己之不可胜，然后可以自立于不败，而不失敌之败；故曰："胜可知而不可为。""可知"之"知"，承上篇"知可以战与不可以战"，"知彼知己"，一脉相生。

孙子曰：昔之善战者，先为不可胜，以待敌之可胜。

（训义）杜牧曰："自整军事，长有待敌之备；闭迹藏形，使敌人不能测度；因伺敌人有可乘之便，然后出而攻之。”基博按：现代列强战略与战术之大别，德制“先”而英欲“待”；英为守而德欲攻。“兵贵胜不贵久”者，此德国战略战术思想之原于历史者也。“昔之善战，先为不可胜以待敌之可胜”，此英国战略战术思想之原于历史者也。顾自第一次欧战以来，法国兵家，多与英同。福煦将军尝在巴黎军官大学演说，谓：“自来名将，无不先取守势，俟敌军疲怠，然后反攻；以我之奋，乘彼之衰。”其说盖远原拿破仑，尝言：“战争之技术无他，不过先取合理审慎之守势，而后继以迅速大胆之突击。”福煦盖衍其绪论也；及以胜德，而先守后攻之论，几为典型。贝当将军曰：“守则立于不败之地；攻则以克敌致胜；必先防敌之能胜我，乃可攻敌以制胜。吾人不可不自审四境之国防，果能坚而无虞敌之我攻欤？然后乃能转而攻敌以致胜。”达拉第、甘末林咸同此论！独魏刚将军议以机械化部队，为运动战，施行攻击，以歼灭敌人。然亦言：“法国无侵略之图，而军事配备，只以防御为目的。”虽尼山尔极力抨击，谓：“若曰保护法国，吾人异日之战，必在敌国境内。”而众议院军事委员会主席盖拉香自言：“战之初起，如以陆战而论，只有坚决采取守势，此无可疑者！”几百口一辞！此马奇诺防线之苦心经营也！不意一九四〇年，希特勒闪电战之推锋而前，遽以挫退，遂贻口实，此亦成败论人！然希特勒蹈瑕抵隙，以袭法之北疆，而捣虚以入；则是法之败，仍是败于国防之不能无虞，而予希特勒以可乘。苏联史丹林防线，与魏刚防线，同一基本于纵深战术，而胜败异势！苏联大将相语，谓：“德人突破马奇诺防线，特以迂回战略，避坚攻瑕而成功；而非正面之突破！”其他法人致败之端不一，而不必军事理论之有漏义也！至一九四二年十一月六日，波兰总理兼陆军总司令西考尔基之在英国利物浦大学波兰建筑学院之开学典礼，受名誉法学博士学位，而演说也，以谓：“时至今日，而谓法国人业已证明马奇诺防线不过虚诞之神话，固为大谬！若谓法国人之防御，尚未经试验，而所设计经营全欧之大堡垒，不堪一击；亦未为当！最近之战术，日进无疆。防御战之价值，虽曾损失；而已有恢复之势”云！

不可胜在己，可胜在敌；故善战者能为不可胜，不能使敌必可胜。

（训义）杜牧曰：“不可胜者，上文注解所谓修整军事，闭形藏迹，是也；此事在己，故曰‘能为’。敌若无形可窥，无虚懈可乘；则我虽操可胜之具，亦安能取胜敌乎！”梅尧臣曰：“在己，故能为；在敌，故无必。”

基博按：第一次欧战，德人务欲倾全力以使法之必可胜；而法人则故控吾力以为德之不可胜；其间成败得失之故，固有可资法戒者！法人蒲哈德者，裨将也；久经行阵；与德人大小数十战，而知其情伪以著《德大将兴登堡欧战成败鉴》一书，以谓：“兴登堡尝言：‘作战之法，第一尚勇；果有刚毅强悍之气，一往无前；较诸老谋壮事者之成功为易！临战时，宜以威力驭其众于必死，不必以沉几观变为长！’不知刚毅强悍，当规其成；不当以刚毅强悍，用为孤注之一掷！兴登堡之意，则见敌必搏；至兵力之厚薄，形势之缓急，皆所不计！纵有机倪以明知不必胜，然亦进扑，为先发制人之计；虽尝以此成功；然而物极必反；席长胜之势，所往无前，一经挫败，士气即不可复振！平心论之；其计非不周也，其气非不锐也，顾耗其炮力以一鼓作气，及遇大敌而弹以不继，再衰三竭，此正其所短，无可讳者！夫殚锐竭力，而不图后继，一击不中，亦以一蹶不振！何如我福煦元帅老谋壮事，一九一七年，已为不可胜之术，而力故控其有余；以迄一九一八年，七月一日之役，法国后备军，可一百九十二师，其在前敌者，凡六十五师；七月十五日之役，后备军可一百九十四师，其在前敌者，凡七十师；十月十五日之役，后备军可二百零五师，其在前敌者，八十八师；十一月十一日，后备军之数如前，而在前敌者一百零三师。且以最新之战术迎敌，以轻兵列前线，为数至稀；至第二线，则厚集兵力，去前线不妨远；盖兵数密集，易为敌人之炮火聚歼；前线兵稀而散，则敌人之炮火虽密而无大伤害；而兵力厚集于第二线，以乘德军炮火之衰；疏密相间，纵德之炮火，其烈甲于全球；然为我军所胜！大凡用兵，有能守之力者，必再接再厉，而皆抵御不使之堕突，始为胜算！盖兵分前后两线，第一线作战，第二线为后备之援军；前线之军宜疏，用以老敌军之气，耗其炮火；然后后线之军，以全力卷阵而进，破之必矣！且第二线之后军，见前线之不振，亦不必尽师以出；而留半以观扑敌者之胜负；宜分为两队，第一队进扑，第二队听令而前。故善治兵者，不主前线之密集；而主后线之坚厚；果后线之军脆薄，则前线一衄，全军溃不可支！德人之用兵，如烈火扑人，一为水灭，则后扑无人，遂以不振！兴登堡非见不及此，顾合前后为一线以厚其力而直扑我军，自以为变通战法，不难一举而荡平我；不意前线一败，后难为继；而我长驱，势成破竹；其弊在顾前不留后；此所以一击不中，而无以善其后也！”岂非法能为不可胜，而德不能使法必可胜耶！孰为善战，亦可不言而喻已！

故曰：胜可知而不可为。

（训义）杜佑曰：“已料敌，见敌形者，则胜负可知。若敌密而无形，亦不可强使为败。故范蠡曰：‘时不至，不可强生，事不究，不可强成。’”梅尧臣曰：“敌有阙，则可知；敌无阙，则不可为。”郑友贤曰：“或问胜可知而不可为者，以其在彼者也；佚而劳之，亲而离之，佚与亲在敌，而吾能劳且离之。岂非可为欤？曰：《传》称用师，‘观衅而动’；‘敌有衅，不可失。’盖吾观敌人无可乘之衅，不能强使为吾可胜之资者，不可为之义也。敌人既有可乘之隙，吾能置术于其间，而不失敌之败者，可知之义也。使敌人主明而贤，将智而忠，不信小说而疑，不见小利而动，其佚也，安能劳之！其亲也，安能离之！有楚子之暗，与囊瓦之贪，而后吴人亟肆以疲之。有项王之暴，与范增之隘，而后陈平以反间疏之。夫衅隙之端，隐于佚亲之前；劳离之策，发于衅隙之后者，乃所谓可知也。则惟无衅隙者，乃不可为也。”

不可胜者，守也。

（训义）杜牧曰：“言未见敌人有可胜之形，己则藏形，为不胜之备以自守也。”梅尧臣曰：“且有待也。”

基博按：此句承上“不可胜在己”一气说下，当是说“我之不可胜者，我有以自守也。”意相贯注而义了当；诸家不免过求深解。

可胜者，攻也。

（训义）杜牧曰：“敌人有可胜之形，则当出而攻之。”梅尧臣曰：“见其阙也。”

基博按：德之兵家，不知胜之“可知而不可为”，而早夜以思，务为“可胜”以欲攻人之国，而不能自为“不可胜”；及其旷日持久，再衰三竭，势绌而情见，匪惟不能保其胜，抑且无以守其国；威廉二世既以一蹶不振矣！希特勒曾不之悛，覆辙相寻，而日本且效尤焉！然后知孙子郑重丁宁，以谓“不能使敌必可胜，故曰胜可知而不可为”，有旨哉！

守则不足，攻则有余。

（训义）曹操曰：“吾所以守者，力不足也。所以攻者，力有余也。”李筌曰：“力不足者，可以守。力有余者，可以攻也。”张预曰：“吾所以守者，谓取胜之道，有所不足，故且待之；吾所以攻者，谓胜敌之事，已有其余，故出击之。言非百胜不战，非万全不斗也。后人谓不足为弱，有余为强者非也。”郑友贤曰：“或问守则不足，攻则有余，其义安在？曰：谓‘吾所以守者力不足，所以攻者力有余’者，曹操也；谓‘力不足者可以守，力有余者可以攻’者，李筌也；谓‘非强弱为辞’者，卫公也；谓‘守之法，要在示敌以不足，攻之法，要在示敌以有余’者，太宗也。夫攻守之法，固非已实强弱，亦非虚形视敌也；盖正用其有余不足之形势以固已胜敌也。所谓不足者，吾隐形于微，而敌不能窥也。有余者，吾乘势于盛，而敌不能支也。不足者，微之称也；当吾之守也，灭迹于不可见，韬声于不可闻，藏形于微妙不足之际，而使敌不知其所攻矣；所谓藏于九地之下者是也。有余者，盛之称也；当吾之攻也，若迅雷惊电，坏山决塘，作势于盛强有余之极，而使敌不知其所守矣；所谓动于九天之上者是也。此有余不足之义也。”

基博按：诸家纷纭，未为得解，夫攻者先发制人，力见有余；而守者后发制于人，势处不及。又守则备多而力分，故曰“不足”；攻以力专而势猛，则形“有余”。两语盖以诫守者，观下《虚实篇》而义自明；以上文反复丁宁于“不可胜”之“先为”、“能为”，而明“不可胜”之亦“未易为”也；然德国克老山维兹著书论兵，力主进攻，以创德国兵学之体系；而谓：“守御之目的虽消极，惟其战斗形态，则比攻击为有力，攻击之目的虽积极，惟其战斗形态，则比防御为无力！”则“有余”未能终保，而不足亦有可为！然小国常以“不足”之势，而为攻以视“有余”；大国则以有余之力，而坐守以成“不足”；如英、苏之为德所挫，中、美之为日所攻，是也。宋苏轼著《策断》，尝切论之，以谓：“邹与鲁战，则天下莫不以为鲁胜，大小之势异也！然而势有所激，则大者失其所以为大，而小者忘其所以为小，故有以邹胜鲁者矣！夫大有所短，小有所长。地广而备多，备多而力分，小国聚而大国分，则强弱之势，将有所反！大国之人，譬如千金之子，自重而多疑；小国之人，计穷而无所恃，则致死而不顾；是以小国常勇，而大国常怯，恃大而不戒，则轻战而屡败；知小而自畏，则深谋而必克；此又其理然也！然而大国则固有所长矣；长于战而不长于守！夫守者，出于不足而已；譬之于物，大而不用，则易以腐败；故凡击搏进取，所以用大也！《孙武》之法：‘十则围之，五则攻之，倍则分之，敌则能战之，少则能逃之，不若则能避之。’自敌以上者，未尝有不战也！自敌以上而不战，则是以有余而用不足之计，固已失其所长矣！凡大国之所恃，吾能分兵而彼不能分；吾能数出而彼不能应；譬如千金之家，日出其财以罔市利，而贩夫小民，终莫能与之竞者，非智不若，其财少也！是故贩夫小民，虽有桀黠之才，过人之智，而其势不得不折而入于千金之家；何则？其所长者，不可以与较也！”呜呼！此英、苏之所以为德攻，而转以攻德；日之所以先发制美，而卒为美制也！夫攻之有余，难于虑终！克老山维兹不云乎：“凡攻击随其前进而力弱！”盖战线渐长，兵力渐弱；故攻击而前进，常深入以不继也！所以攻于人者，毋以敌之前进而气沮！而攻人者，勿以人之后退而偾盈，第一次欧战，威廉二世惟不知此，所以战胜攻取而无成功！此次大战，希特勒亦昧于此，亦必战胜攻取而无成功！则德以陆军攻人，既有然矣；而日以海军攻美，又将何如？日本之海军，例不作闪电战之进击以渡洋作战；而惟邀敌舰于日本近海以采取稳扎稳打之防御主义。试以日俄之战为例：于时，舞鹤镇守府司令官东乡平八郎，以萨阀首领山本权兵卫之不次拔擢，超其先辈于柴田矢八、日高壮之丞等宿将，一跃而为联合舰队司令长官；然实未餍人望，而指挥对马一战，则资首席参谋秋山真之中佐之力！秋山留美多年，私淑美海军大佐麦罕之海军理论；归国以后，在海军大学特设战略战术讲座，而创立日本海军之兵学体系；就战略战术之研究与素养言，日本海军将领，无出其右者！而秋山之计划对俄作战，即为邀击于日本近海之稳扎稳打主义；先邀击俄大西洋舰队于朝鲜海峡之西，继之以夜袭，又次则在海峡中攻击。然稳扎稳打之日本舰队，竟不敢出朝鲜海峡一步；而对马之战，乃以第三着作第一着！方俄之大西洋舰队，万里长征，而道出印度洋以进入远东海面之际，日本舰队不能沿途截击，而静待其开入日本海。使俄之大西洋舰队，不入朝鲜海峡，而绕日本之东海以道海参崴，与其远东舰队联合；天下事未可知也！自第一次欧战以来，日本之海上假想敌为美；所有海军将校，二十余年之处心积虑，而以极深研几者，厥为对美战略，而要其归，不出守势之稳扎稳打主义！伊藤正德以著《对美作战论》有名，而其一九三七年秋季，将旅行利比亚之前，尝与义总督巴尔波讨论日本海军战略。巴尔波问："闻日本造大战舰，可几万吨？"伊藤对："二十年以前，即设计造四万二千吨；自今日言之，可以造四万四千吨左右。"巴尔波曰："如吨数减半，造二万二千吨之快速战舰二艘，不视四万四千吨之一巨型舰，更有效能乎？"伊藤对："太平洋作战，与地中海不同，系以远距离决战为主，非巨舰巨炮不可！"巴尔波曰："然！惟鄙意以为日本似未将空军之轰炸力列算在内！"伊藤对："否！空军实在考虑之中，因之防御力加重，舰型不大，而排水量则增大！"巴尔波曰："日本战舰之在太平洋，将驶行千哩以作战乎？"伊藤对："日本以防御作战为主，而进攻战略，非所置虑也！"语次，巴尔波拊伊藤肩，笑曰："先生欺予哉！"而伊藤则坚持畅发日本之守势战略论。巴尔波终不谓可也！然伊藤于一九四〇年一月，刊布其《对美作战论》，中言："日本海军，向不考虑越过东经百八十度，而尝试主力舰队之作战；日本之战略与造舰政策，在于截击来袭西太平洋日本近海之强大海军。"盖守势战略之传统则然也！然自太平洋之战起，联合舰队司令山本五十六指挥作战，则一反守势之传统战略，而以闪电之进击，渡洋作战，半年以内，不特席卷巽他海峡诸岛屿及菲律宾，而海军行动半径，且北至荷兰港，南至所罗门，西至安达曼，纵横铁荡，不仅强袭中渡岛，横渡珊瑚港也！于是平出英夫大佐发表谈话以阐明海军新战略，谓："山本司令长官以断然之决心与勇气，实行一舰一杀主义，以我一舰，对彼一舰，欲打击彼舰，则我舰亦预备损失；如畏损失而不敢出，危莫大焉！"然劳师以袭速，乘美之不备，始见为有余，终形其不足，而海军行动之半径愈广，一舰一杀之舰数日少！至一九四三年二月，《东洋经济新报》社论警告军事当局，"毋殚锐竭力以死守瓜达康纳尔而成为凡尔登第二，不如作战略之撤退！"而山本亦以是年五月战死；占领之岛屿，无法增援，不得不逐次撤退；而阿图岛之守军歼焉！一九四一年之日海军，无役不胜；而一九四三年之日海军，无战不北；亦既情见势绌，而美人则欲迫日海军以全力应战，而歼之于太平洋，然后长驱直入以攻日本本部，势成破竹！日本知其然也，则匿其主力，而伺美海军之前进，以图邀击美舰队于近海；于是以前之所占领，不得不逐岛撤退，而前功尽弃矣！岂非“攻击随前进而力弱”之征于日海军而益信者耶！“攻则有余”云乎哉！

善守者，藏于九地之下；善攻者，动于九天之上；故能自保而全胜也。

（训义）杜牧曰：“守者，韬声灭迹，幽比鬼神，在于地下，不可得而见之。攻者，势迅声烈，疾若雷电，如来天上，不可得而备也。”梅尧臣曰：“九地，言深不可知；九天，言高不可测；盖守备密而攻取迅也。”王皙曰：“守者，为未见可攻之利，当潜藏其形，沉静幽默，不使敌人窥测之也。攻者，为见可攻之利，当高远神速，乘其不意，惧敌人觉我而为之备也。九者，极言之耳。”张预曰：“藏于九地之下，喻幽而不可知也；动于九天之上，喻来而不可备也。”

基博按：敌之可胜不可胜，惟恐其不形；而我之可胜不可胜，则又惟恐其形，故以“九地”“九天”为喻。“藏于九地”，则敌不知所攻，而可以自保，所以为不可胜也。“动于九天”，则敌不知所守，而可以全胜，所以为可胜也。

右第一节论胜可知而不可为。形者，所以为可知也。

见胜不过众人之所知，非善之善者也。

（训义）杜牧曰：“众人之所见，破军杀将，然后知胜。我之所见，庙堂之上，樽俎之间，已知胜负矣！”贾林曰：“胜见未然之胜，善知将然之败，谓实微妙通玄，非众人之所见也。”

战胜而天下曰善，非善之善者也。

（训义）陈皞曰：“潜运其智，专伐其谋，未战而屈人之兵，乃是善之善者也。”张预曰：“战而后能胜，众人称之曰善，是有智名勇功也；故云非善。若见微察隐，取胜于无形，则真善者也。”

故举秋毫，不为多力；见日月，不为明目；闻雷霆，不为聪耳。古之所谓善战者胜，胜于易胜者也。故善战者之胜也，无智名，无勇功。

（训义）曹操曰："攻其可胜，不攻其不可胜也。"张预曰："善战者常攻其易胜，而不攻其难胜也。"

基博按："故举秋毫不为多力"云云三语，盖以喻"胜于易胜"之"易"；若曰："举秋毫，不为多力；见日月，不为明目；闻雷霆，不为聪耳。然则胜易胜，何有智名勇功！"此古之所谓"善战者胜"之所以异于"战胜而天下曰善"者也。乃诸家解多以"故举秋毫不为多力"云云三语，以喻"见胜不过众人之所知"；殊未的也。且"胜于易胜"，"无智名，无勇功"，易言之曰："战胜而天下不曰善"而已。正与"战胜而天下曰善，非善之善"上下文反正相生，一意贯注，无待深解；而诸家必以攻心伐谋，不战而屈人之兵为"非善之善"作深解，亦为失之；何也？以上文辞意扞格也。

故其战胜不忒；不忒者，其所措必胜，胜已败者也。

（训义）李筌曰："置胜于已败之师，何忒焉！"杜牧曰："措，措置也。忒，差忒也。我能置胜不忒者，何也？盖先见敌人已败之形，然后攻之，故能置必胜之功，不差忒也。"

故善战者，立于不败之地，而不失敌之败也。

（训义）杜牧曰："不败之地者，为不可胜之计，使敌人必不能败我也。不失敌人之败者，言窥伺敌人可败之形，不失毫发也。"

是故胜兵先胜而后求战；败兵先战而后求胜。

（训义）李筌曰："计与不计也。"杜牧曰："《管子》曰：'天时地利，其数多少，其要领出于计数。故凡攻伐之道，计必先定于内，然后兵出乎境。不明敌人之政，不能加也；不明敌人之积，不能约也；不明敌人之将，不见先军；不明敌人之士，不见先阵。故以众击寡，以理击乱，以富击贫，以能击不能，以教士练卒击殴众百徒，故能百战百胜。'此则先胜而后求战之义也。卫公李靖曰：'夫将之上务，在于明察而众和，谋深而虑远，审于天时，稽乎人理。若不料其能，不达权变，及临机赴敌，方始趑趄，左顾右盼，计无所出，信任游说，一彼一此，进退狐疑，部伍狼藉，何异趣苍生而赴汤火，驱牛羊而陷虎狼者乎！’此则先战而后求胜之义也。”张预曰：“计谋先胜，然后兴师，故以战则克。《尉缭子》曰：‘兵不必胜，不可以言战；攻不必拔，不可以言攻。’谓危事不可轻举也。又曰：‘兵贵先胜于此，则胜于彼矣。弗胜于此，则弗胜于彼矣。’此之谓也。若赵充国常先计而后战，亦是也。不谋而进，欲幸其成功，故以战则败。”

善用兵者修道而保法，故能为胜败之政。

（训义）杜牧曰：“道者，仁义也；法者，法制也；善用兵者，先修理仁义，保守法制，自为不可胜之政，伺敌有可败之隙，则攻能胜之。”

基博按：“道，”即《计篇》所谓“令民与上同意”之道；“法”者，“曲制，官道，主用”也；“胜败之政”之“胜败”二字，非对举也，当串讲，上文所谓“胜已败”者也。

右第二节论先胜而后求战。夫未求战而先知胜，此“计”之后，所为重有事于“形”也。

兵法：一曰度，

（训义）贾林曰：“度土地也。”

二曰量，

（训义）贾林曰：“量人力多少，仓廪虚实。”

三曰数，

（训义）贾林曰：“算数也，以数推之，则众寡可知，虚实可见。”

四曰称，

（训义）曹操曰：“称量敌孰愈也。”

五曰胜。

（训义）基博按：以上四者，有数可度，则有形可见；有形可见，而胜可知也；故终之以“五曰胜”焉。

地生度。度生量。量生数。

（训义）杜牧曰：“度者，计也；言度我国土大小，人户多少，征赋所入，兵车所籍，山河险易，道里迂直，自度此事与敌人如何，然后起兵。夫小不能谋大，弱不能击强，近不能袭远，夷不能攻险，此皆生于地，故先度也。”何氏曰：“地者，远近险易也；度，计也；然后兴师动众，可以成功。”张预曰：“地有远近广狭之形，必先度知之，然后量其容人多少之数也。”

数生称。

（训义）王晳曰：“称，所以知轻重，喻强弱之形势也。能尽知远近之计，大小之度，多少之数，以与敌相形，则知轻重所在。”张预曰：“称，宜也；地形与人数相称，则疏密得宜。《尉缭子》曰：‘无过在于度数。’度，谓尺寸；数，谓什五；度以量地，数以量兵。”

称生胜。

（训义）杜牧曰：“称校既熟，我胜敌败，分明见也。”何氏曰：“上五事，未战先计，必胜之法，故《孙子》引古法，以疏胜败之要也。”

基博按：拿破仑曰：“人欲为将，必知数学；而我之所以战必胜，由于我之数学概念。”所谓“数学概念”者，殆即“度生量，量生数，数生称，称生胜”之意乎？然而德将鲁登道夫则曰：“世人往往信以为战之为事，有一定数目之数学例题；凡事莫不如此，惟有作战不然！作战者，乃敌之与我，以一伟大而不可思议之物质与精神之力，相摩相荡，纷纭万变，事乱如麻，情幻如鬼，而指挥官之意志，则如地球不动之两极，持之以静，非有健全之神经不可也！”与拿破仑之说，相反而实相成。

故胜兵若以镒称铢，

（训义）梅尧臣曰：“力易举也。”

败兵若以铢称镒。

（训义）曹操曰：“轻不能举重也。”张预曰：“二十两为镒，二十四铢为两；此言有制之兵，对无制之兵，轻重不侔也。”

胜者之战民也，若决积水于千仞之溪者。形也。

（训义）曹操曰：“八尺曰仞；决水千仞，其势疾也。”王皙曰：“千仞之溪，至峭绝也，喻不可胜对可胜之形，乘机攻之，决水是也。”

基博按：上文第二节言“胜于易胜”，言“胜已败”，而此言“胜者之战民”云云，极喻“胜于易胜”之“易”；而曰“形也”者，见敌有易胜之形，而后战之，故若是其易也。盖以“度”“量”“数”“称”“胜”五者彼此相形，确知敌之易胜，敌之已败，而后决胜一战，沛然莫之能御，若决积水于千仞之溪耳！

右第三节论胜之可知在于形，以终于篇。

基博按：兵无常势，国有定“形”。《孙子》之所谓“形”者，盖度国土之大小，而量人力多少，物产丰耗之数，称量以出而知敌之“可胜”“不可胜”。而近代国家之所为“形”者，则度国土之大小而量人力多少，物产丰耗之数，称量以出而知战之可久不可久。大抵广土众民而天府之国，可以久战。小国寡民而瘠土之国，不能久战。可以久战者，常欲“先为不可胜，以待敌之可胜”；而所惧“先”之未或“能”；苟“先”能有以自持，则“敌之可胜”可待矣；中、英、美、苏是也。不可以久战者，“能使敌必可胜”，而不“能为不可胜”；然卒亦未见其“可”；苟“敌之可胜”失其“必”，而我之覆亡随之矣；德、义、日是也。德为资源不足之国，而不能以久战；故其战略以速战速决为主；于是有史梯芬计划，而第一次欧战以后，陆军总司令白鲁希兹称：“史氏之所以遗吾人者，盖诏吾人以战略要点，而迅速决胜之途也。”所谓战略要点者，柏林大学教授爱尔兹为之诠释而申言之曰：（一）战争不可不速决。（二）西境须用奇袭以制胜，而包围以歼灭之。而苦尔将军者，第一次欧战马兰之役之军长也；更重言以申之，谓："如速决之战略失其用，而连兵不解，必有覆亡之虞！盖以吾德人之敌众而援寡，苟旷日持久，必罢于奔命以不支。"则其所以"为不可胜"者，乃在"敌之可胜"；及敌不可胜，而我无以自立，则为敌所胜矣！危孰大焉！然而无道以易之者，亦量其国之人力物力之无法以持久也！至英则海王之国，领土亘日所出入处，取精用宏，量其国之人力物力，足以持久；而第一次欧战，又以持久制德而承其弊，以为胜算之所在焉！英兵家哈德著有《第二次大战之英国战略与其战术》一书，谓："观于第一次大战，而西战场之所谓会战，在攻者，徒以损兵折将而自贻毁灭耳！将来之战争，必以人力物力，孰能持久而制胜。人力物力，孰先耗以尽者，孰先毁灭。现代防御战术之远胜攻击，固已征而可信；而军队之攻坚，既以军火之消耗无度，而生产因以不继，原料亦以日乏！至士卒亦以牺牲太多，目击心伤而有厌战之心；士气沮丧。是故守御之坚，足以挫猛攻者之士气，而夺其心以不敢攻，不欲攻。自古迄今，吾英无不用海上堑壕与海军以限制消耗，而控其余力以持久取胜。盖战之所以败，由于人力物力之已尽；而攻者不得不倾全力以消耗；苟守者能限制消耗，而留其有余，用之于最后，彼竭我盈，无不克也！"苏联兵家亦不欲孤注一掷，而倾国力以快心于一决！以谓："现代战术，非如赛拳家之可以乘人于猝，突击一拳而仆之地也！须防一击不中而图有以善其后，则必兵力物力，源源不绝以相接济，乃足以制胜而屈敌也。"此则"先为不可胜以待敌之可胜"，《孙子》以为"昔之善战者"如此；今岂异于古所云！然非广土众民而天府之国，人力物力，安能以持久，源源接济乎！此则"地生度，度生量，量生数，数生称，称生胜"之今义也。

势篇第五

（解题）曹操曰："用兵任势也。"王皙曰："势者，积势之变也；善战者，能任势以取胜，不劳力也。"

基博按："势"与"形"不同："形"者量敌而审己，筹之于未战之先。"势"者因利而制权；决于临敌之日。

孙子曰：凡治众如治寡，分数是也。

（训义）杜牧曰："分者，分别也；数者，人数也；言部曲行伍，皆分别人数多少各任偏裨长伍，训练升降，皆责成之，故我所治者寡也。"陈皞曰："若聚兵既众，即须多为部伍；部伍之内，各有小吏以主之，故分其人数，使之训齐决断，遇敌临阵，授以方略，则我统之虽众，治之益寡。"张预曰："统众既多，必先分偏裨之任，定行伍之数，使不相乱，然后可用。故治兵之法：一人曰独，二人曰比，三人曰参，比参为伍，五人为列，二列为火，五火为队，二队为官，二官为曲，二曲为部，二部为校，二校为裨，二裨为军；递相统属，各加训练，虽治百万之众，如治寡也。"

基博按：明戚继光撰《纪效新书》十八卷、《练兵实纪》九卷、

《杂集》六卷，专明束伍练阵之法；以为："束伍之令，号令之宜，鼓舞之机，赏罚之信，不惟无南北水陆，更无古今；其节制，分数，形名，万世一道，南北可通也。若夫阵势之制，随敌转化。或曰：君用兵酷嗜节制，节制工夫从何下手？曰：束伍为始，教号令次之，器械次之；微权重焉，不能传也。"所著《纪效新书》十八卷，以一卷为一篇；曰束伍，曰操令，曰阵令，曰谕兵，曰法禁，曰比较，曰行营，曰操练，曰出征，曰长兵，曰牌筅，曰短兵，曰射法，曰拳经，曰诸器，曰旌旗，曰守哨，曰水兵，各系以图而为之说；皆阅历有验之言。而《练兵实纪》，则在蓟门练兵之作；一练伍法，二练胆气，三练耳目，四练手足，五练营阵，六练将；以为："教兵之法，美观则不实用，实用则不美观。"曰实纪者，徵实用也。至清代，上高李祖陶所著《迈堂文略》，中有《读戚武毅纪效新书练兵实纪有述》之作，称"采六经之腴，拔百家之萃，精微广大，兼而有之；而总归到节制上去。节制者何？如竹之有节，节节制之，虽笋抽丈余而不倾欹。又如木之有干，干上报节，节上生枝，枝上生叶，节节固之，虽千花万蕊而不紊乱。无节制，则虽李广才气无双而战辄败北；有节制，则以孔明将略非所长，而司马仲达亦不敢与战。夫节制工夫，始于士鼓各有所用，音不相杂，旗麾各有所用，色不相杂；人人明习，人人恪守，宁使此身可弃，此令不可不守；此命可拌，此节不可不重；视死为易，视令为尊；如此，必收万人一心之效，必为堂堂无敌之师。而万人所以为一心，只是以一管十，以十管百，以百管千，以千管万。兵退走，则斩将；将败死，则斩兵；一节一节，互相瞻顾，有欲走而不能走，欲走而不敢走者！孙子之书，形而上者也；戚氏之书，形而下者也；然形而上者之道，即寓于形而下者之器之中。倘兵无节制，则虽有权谋，无所可用，用亦不能成矣。"《孙子》之谓"分数"，戚继光谓之"节制"；以将校之统御言，曰"节制"；以部伍之分编言，则曰“分数”；既而洪秀全、杨秀清起于广西，走湘破鄂以抚有南京，号太平天国；清兵屡败而不可振，则有丹徒戴楫汝舟撰《算兵》一文，见所著《纯甫古文钞》；其辞曰：“古之善言兵者，莫如孙子；近世则推戚氏继光为最。《孙子》曰：‘治众如治寡，分数是也。’戚氏本其意以治兵；其《纪效新书》首以束伍立说。其《操练篇》所言结队法，虽与所用鸳鸯阵法，人数不同，然会通全书之说而为之详其法；大约五人为伍，伍有伍长；五伍为队，队有队长；四队为哨，哨有哨长；四哨为一官，官有哨官；四哨官为一总，总有把总；五总以上有中军，为主将。其《军法》、《禁令》等篇所载军法，皆责成于其长，而治之以连坐之法。其临阵退缩也，令甲长管兵，队长管甲长，哨官哨长管队长，把总管哨官哨长；若故纵，罪坐其长。其当先不救也，一人当先，八人不救，致令阵亡，八人俱治罪；一甲当先，二甲不救，一队被围，本哨各队不救；一哨被围，别哨不救，失陷者，皆罪其哨队甲长。其对敌先退也，兵退，治甲长罪；甲长与各甲俱退，治队长罪；一哨各队长兵俱退，治哨长罪；一哨官之兵与哨官俱退，治哨官罪。其队长哨长哨官不退阵亡，而甲下之兵、队兵、哨长以下甲兵退者，皆罪其属下之甲长与各哨队长。其平时兵丁逃走，罪其同队兵。愚尝反覆其书而知其立法之善也！盖主将一人至寡，而三军至众，以主将将三军而无法，则无以制其众，而为众所制；无以制其众而为众所制，则兵不畏将而畏贼；兵不畏将而畏贼，则逃。今若如戚氏所言队伍之法，主帅所将，除中军未明言其数外，为兵者八千人，为把总者五人，为哨官者二十，为哨长者八十，为队长者三百有二十，为伍长者一千六百，凡把总，哨官，哨队伍长，共二千二十有五人。夫以八千人计之，则不如一千六百人之少而易治焉！以一千六百人计之，则又不如三百二十人之少而易治焉！八十人又少而易治焉！二十人比之八十人，又少不如五人之治二十人；一人治八十人，又不如二十人之治八十人；一人治三百二十人，又不如八十人之治三百二十人；一人治一千六百人，又不如三百二十人之治一千六百人；一人治八千人，又不如一千六百人之治八千人为治之者之多而易治焉！且使甲长治兵，其不治兵也，斯队长治之矣；使队长治甲长，其不治甲长也，斯哨长治之矣；使哨长治队长，其不治队长也，斯哨官治之矣，使哨官治哨长，其不治哨长也，斯把总治之矣。彼甲长焉得不治兵，队长焉得不治甲长，哨官哨长焉得不治哨长队长耶！且兵各有长，长各有属；犯法者各治其长与其属，则功罪不相及；功罪不相及，则赏罚行。何者？主将法令虽严，在下之兵，虽或有怨其主将者；而各有部伍统属而不能一，则军士之骄横者，无自而为变。且同队同伍，有连坐之法；同队同伍者，惧法之连及，则互相管束，不使一人恣行，得以累及于众人，而不容其犯法。此《周礼》所言伍两卒旅师军之遗制，而《孙子》之所谓'治众如治寡'也。由此而推，虽将十万之众，无难焉！乃今之制军则不然！各路调发之兵，领兵官或一人领数百人，多者或至千人；又或数人领之，而部伍不分，兵士众多，漫无统纪。且兵既未经选练，又自他处调发而至，与主将素不相习；各路之兵，勇怯不齐，心迹各异；是以兵勇虽多，有如乌合，数里之外，望气奔溃。嗟乎！兵无队伍，主将其能与士卒亲乎？士卒遂畏主将而奉其命令乎？且主将即欲赏罚其众而部伍不分，遂能行其赏罚乎？则兵众之卒然逃散，主将其遂能禁之乎？盖惟有制军之法，而后军法可以明；惟军法明，而后军法可以行；惟军法行，而后可以行军；可以行军，斯可以灭贼！可以守土地，保人民，安国家；成法具在，主将有欲杀贼立功名者，胡不讲求其法而行之也？"其后曾国藩、左宗棠、李鸿章治湘、淮军，皆用戚继光束伍之法以有成功；则信乎"分数"之以"治众如治寡"矣！然"分数"之用，不惟节制以治军，抑亦战斗以应敌！而《孙子》以治军之节制言，故谓之“分数”；克老山维兹兵法以应敌之战斗言，则谓之“战斗序列”。特克氏之言“战斗序列”，有足以补《孙子》之所未及者，不惟论列军、师、旅、团、营、各队级之节制；抑亦兼及步、骑、炮，各兵种之混成；见所著书第五卷《论战斗力》，中有专章论军队之战斗序列，其持论以谓：“战斗序列者，乃将各兵种部分编制以为全体之一肢节，而配备于空间，以形成尔后战斗之基本形式者也。故战斗序列之涵义有二：一曰部分，以算术之要素而成立者也。一曰配备，以几何学之要素而成立者也。其以算术之要素而成立者，为由平时固定之军队所编成，以步兵营、骑兵连或团及炮兵连等一定之部分为单位；自此而上以形成更大之肢部，渐次成为全体配备，乃将军队为战斗而行之配备以预为规定者也。是故战斗序列，乃十七世纪以后战斗之所有！盖战线之广袤以无限延长，而军之全正面，无不为类似之肢节所成立，而可以分割为任意之断片；凡断片，不但互相类似，且有全军所缩小同一之组织；所以今日之军，非单一不可分离之全体，而为多肢节之一全体，有极大之伸缩性，因敌制胜，散全体以成部分，合部分以成全体，可分可合，而战斗序列不以紊乱；是故部分之为贵也！夫军之所以不可不有部分者，不论军之如何小，而欲为独立之全体以行动时，至少必三分其军；盖一置前方，一置后方，而其一为中央部队以成纵队；纵队者，由一路线而继续前进之兵团也。然以中央部队为军之主力，不可不较前军、后军为强大；则四分其军，而以全军四分之二为中央部队；以视三分其军者为实用；然尤不如八分其军；盖先以一队为前卫，而以三队为中央部队，横延左右成两翼以成军之主力；以二队为后卫；而其余两队，则分置于左右翼外若干之距离，以掩护纵队之侧面也！然总司令官之直接命令者，不过三四人，则指挥易；而经三四人以转达其下部队，其中亦有不利！第一，命令所经过之阶级愈长，则失去其迅速、力量与精确之程度愈大；如总司令官与师长之间，介有军长，是也。第二，总司令官直属各指挥官之活动圈愈大，则总司令官之威力与权势以减杀；盖各指挥官之于所属部队，皆有其自身之威望与权力；而至于脱离总司令官之指挥时，殆常有拒绝之倾向也！此部分之所以多阶段，不如多分支！然分支过多，亦以徒招混乱！吾人试思以一军司令部指挥所部之八分队，已为不易；何况欲指挥十以上之分队耶！今以二十万之军分为十师，一师分为五旅，则一旅之兵，得四千人，此一法也。然吾人亦可以二十万之军分为五军团，一军团分为四师，一师分为四旅，则一旅之兵为二千五百人；两者相衡，孰为得失？则分五团，不如分十师！何者？第一，以军团介于师与军之间，而总司令官命令传达之阶梯，有过长之缺陷！其次，二千五百人之一旅，兵力可谓劣弱；而一军之旅得八十，以视分十师之得五十旅者，又太烦复；则兵力以寡而见薄，指挥以多而不易！此分五军团之所以为失；而总司令官之所得者，不过直接命令指挥官之数减半耳！至一旅之兵，二千五百人，固形太少；而五千人，亦不可过！何者？第一，旅者，乃以一指挥官直接之口令所能指挥之部队，而视人声所能达之范围，为其兵数之最高限度。其次，步兵集团至五千人以上时，则必有炮兵附属，而混合有异种兵者，无不视为特别之一部队，未可漫以旅呼之也！战略上之所需以求各种兵之混成者，为军团；若无军团，则以师为限；师以下之肢节，则不过以应乎一时之必要，而得许可为一时之混成而已！是故部分之不可不知者有三焉：第一，全军之肢节少，则失去其伸缩性。其次，肢节失之过大，则最高意志之威力薄弱。其三，命令经过之阶梯复杂，则力量以杀，而失其精确与迅速。所以阶段不宜多，而分支不可少也！至战斗序列之必涉及各兵种之混成，则以近代之兵学，不以各部队全体集合为目标；而以肢分节解，为通力合作，蕲于互相隔离之行军，得为各自独立之战斗；顾非各兵种之混成，不能为独立之战斗！盖战斗，不外二者所构成；一为射击之歼灭；而一则为白兵战，即个人之战斗，是也。炮兵有效于射击之歼灭；骑兵特利于个人之战斗；步兵则两者兼有之！又防御以固着于阵地而抵抗；而攻击，则以敏捷活泼之运动为第一义。骑兵缺固着之性能，而运动，则保持有优秀之力；故骑兵可专为攻击之用。步兵能固着以行抵抗，而亦不缺运动之性能也。战斗以歼灭为主，而炮兵有效于射击之歼灭，厥为各兵种中之最可畏者！然缺乏运动之性能而固着于静止，以致军队之运动，亦因而迟钝；此其所短！傥炮兵无掩护之部队，往往有为敌军袭击而以委炮于敌手者，盖炮兵无个人战斗之能力也。然敌军得我之炮，而射击我以为歼灭，则害莫大焉！骑兵以增加军队之运动力；若骑兵过少，则失军事动作之迅速性！无炮兵，则以减杀军队之歼灭力；无骑兵，则以减杀军队之运动力！盖步兵虽能运动而不如骑兵之迅速；无骑兵，则不能以追奔逐北，杀敌致果，而胜利之收获不大矣！自十八世纪中叶，菲烈德立大王视运动为军事成功之惟一原理，而欲以出乎敌人意表之运动力，风发电迈以争胜利；所以拿破仑之用骑兵，比率大于寻常；盖骑兵以敏活运动而为决大胜之武器也！然以火器之进步，而骑兵失其重要性；抑亦自然之理也！然而炮兵无步兵，则不能掩护；步兵无炮兵，则不能歼灭！步兵为全军之主兵，其他骑炮二种兵，则从属之；大抵骑兵之于步兵，以比率五分之一为最适；而炮兵，则千人之兵，炮兵则为三门或四门，乃至五门之比率；过此以往，是否有害作战，而非委之于经验，无以知也！所以于全部无障害之炮兵最大数，与全部能满足之骑兵最小限，如何适当，不可不熟虑也！”然则克氏之所谓战斗序列，盖师以上之编制；而《孙子》之所谓“分数”，则相当于师以下之编制；众寡不同，而义相发也！

斗众如斗寡，形名是也。

（训义）曹操曰：“旌旗曰形；金鼓曰名。”张预曰：“《军政》

曰：‘言不相闻，故为鼓铎；视不相见，故为旌旗。’今用兵既众，相去必远，耳目之力所不闻见，故令士卒望旌旗之形而前却，听金鼓之号而行止；则勇者不得独进，怯者不得独退。故曰此用众之法也。”

基博按：“形名”者，军队作战之所以指挥也。古人以旌旗为“形”，金鼓为“名”；而今军中所用之手旗、烟火、手电筒、信号弹、光号弹，皆以为“形”之指挥也；军号、口笛、锣、鼓，则以为“名”之指挥也。然古之战场小，军队之组织简单，故“形”“名”足以指挥；而今之战场广，军队之组织烦复，仅“形”“名”不足指挥；而指挥之权，操于将校；指挥之事，管以通信。德国军事家尝谓：“通信部队，即指挥部队；无通信，即无指挥！”而世界各国，行军通信机构之最先进者，莫如德国；当一九一七年攻俄时，其通信机构，即从步兵连着手；而俄军之所以此进彼退，指挥无方者，只以通信之不灵活耳！及大战以后，英、法诸国之建军，无不扩充通信部队以至步兵连通信班为止！盖连为战斗单位，其指挥连络之灵活，往往决胜利于俄顷；其野战电话线，无不架至连；而背囊式无线电之使用，甚而下达第一线班及最小搜索单位者！诚以部队之指挥运用，非出以机动突击，不能制胜；而部队之协同连系，又非有赖于通信灵活，不能“斗众如斗寡”也！我国以科学不竞，而电气通信器材之缺乏，仅团以上有配属；而营连之指挥，不废“形”“名”！“形”“名”之用，在营以下，始特显著，多使用于近距离，小部队；盖耳力体力之范围，不能超过一千米也。然以兵器之进步，摧毁与破坏之力日大，电话通信，亦虞或断；而山地战斗之电话架拆，尤为困难；则以“形”“名”之器材轻易，手续简单；而紧急之情报，无不以密约信号，灵活传递，抑亦以发挥最大效能也！形名之中，以手旗及军号、口笛为最普通使用而各有攸宜。盖手旗为前线部队之用；不论行军驻军战斗间小部队之指挥联络，船舶、铁道等运输间之连系，无不左宜右有；尤以搜索警戒部队与后方之隔离，或湖沼地敌前架桥作业之连络，最为有效。至于军号、口笛，不惟为军队作息时间及行动之信号；而临阵之际，尤可以预约之信号，达紧急之命令以指挥一切，实为营、连、排长指挥之利器也！惟我军之用手旗，多依据通范三部，用数字符号以行通信；特以军语繁复，记诵翻译困难；而通信勤务，尤多沿用电报收发规则办理，手续繁琐，费时太久，亦失手旗通信简单之初意；当以依据步兵操典，射击教范，而改用简明易记且易想像之记号通信为宜！至于军号、口笛，我军虽早使用；然亦固执一定之形式，拘泥旧法，而为敌人所熟知，往往模效以误我！除用之为各种警报外；尤应在平时加以特种训练，以适应临阵之实况，而规定各种简明易记之信号，随时变换以自由运用；此之不可不察也！

三军之众，可使必受敌而无败者，奇正是也。

（训义）曹操曰：“先出合战为正，后出为奇。”李筌曰：“当敌为正，傍出为奇。”何氏曰：“兵体万变，纷纭混沌，无不是正，无不是奇。若兵以义举者，正也。临敌合变者，奇也。我之正，使敌视之为奇；我之奇，使敌视之为正；正亦为奇，奇亦为正。大抵用兵皆有奇正，无奇正而胜者，幸胜也，浪战也。”张预曰：“三军虽众，使人人皆受敌而不败者，在乎奇正也。奇正之说，诸家不同。《尉缭子》则曰：‘正兵贵先，奇兵贵后。’曹公则曰：‘先出合战为正，后出为奇。’李卫公则曰：‘兵以前向为正，后却为奇。’此皆以正为正，以奇为奇，曾不说相变循环之义。唯唐太宗则曰：‘以奇为正，使敌视以为正；则吾以奇击之。以正为奇，使敌视以为奇；则吾以正击之。’混为一法，使敌莫测，兹最详矣。”郑友贤曰：“或问：‘三军之众，可使必受敌而无败者，奇正是也。’受敌，无败，二义也；其于奇正有所主乎？曰：武论分数、形名、奇正、虚实四者，独于奇正云云者，知其法之深而二义所主之要也。复曰：‘凡战，以正合，以奇胜。’正合者，正主于受敌也；奇胜者，奇主于无败也；以合为受敌，以胜为无败，不其明哉！”

基博按：郑氏之说，苦心分明而未得其指。夫“以奇胜”，岂止“无败”；“以正合”，不限“受敌”。“受敌而无败”，一意相贯，非二义也。其曰：“三军之众，可使必受敌而无败者，奇正是也。”盖意在为不可胜，而自立于不败之地；所谓“奇正”者，不必指我之“以正合，以奇胜”；乃谓识奇正之用，而以测敌军之孰为正，孰为奇，而后可以“受敌而无败”也！一九一七年，法国赴美军事委员奥维埃诏美人以取守势之作战法曰：“总司令部参谋中人，知敌人之将大举也，聚而测以三事：（一）敌军之真正意向。（二）敌军将在何处前敌之何段进攻。（三）敌军人数。然而有未易者！盖敌人每出种种狡谋，以愚吾之耳目。或则于前敌各处悉立有取攻势性质之建筑工程，以为疑兵之计。或其可用之军，本在后方休息，突运往某处前敌；顾非自其地进攻；特以处心积虑，欲愚其所占地内法、比居民及我军间谍。若同时由数地进攻，必系疑兵之计以分吾军兵力。如敌人于攻击凡尔登前，先攻其北诸地暨香槟、业罗拉纳二地。吾人虽知其志在凡尔登，然军队不能集中。吾人又稔知敌人必先由数处进攻，然又不敢断其皆无重要关系；我以备多而力分，疲于奔命，敌遂捣虚而入。”易言之，即必先测识敌军之孰为奇正，而后可以受敌而无败也。既而又曰：“我既推测敌军之意念所欲矣，苟我确知敌军将由前敌之某地进攻，必须厚集兵力于后方；不独防误计敌军进攻地点，且以第一道防线濠沟为敌军炮弹之点，势必全被毁坏，密集其中，反多所牺牲；宜择一适中地点，屯兵策应；其地各道濠沟之联络，机关枪之炮位，炮垒之地点，皆须用掩饰术种种方法，使敌人对于我军主力所在之地点，茫然不知，而长虑却顾，如骨鲠在喉，不除不快；苟非尽毁地上各物，其顾虑之心，永不能消灭，若全力攻未陷各段，转予我以反攻之机；盖其密集之点，既足引我步军注目，又为我军炮队之的。”此又我军之奇正。故曰：“三军之众，可使必受敌而无败者，奇正是也。”

兵之所加，如以碫击卵者，虚实是也。

（训义）曹操曰：“以至实击至虚。”李筌曰：“碫实卵虚。”梅尧臣曰：“碫，石也，音遐，以实击虚，犹以坚破脆也。”张预曰：“夫合军聚众，先定分数；分数明，然后习形名，形名正，然后分奇正；奇正审，然后虚实可见矣。四事，所以次序也。”

基博按：四事承上篇而备陈其目。分数、形名、奇正三者，所以自立于不败之地；而虚实，则所以不失敌之败也。虚实云者，谓避实击虚，避坚击瑕，不虚耗吾力以攻敌之坚；以碫投卵，喻其易耳！夫用兵之法，贵于明奇正，识虚实，而攻守相兼，奇正为用。甲午中日之战，我之所以败，兵力非甚薄也，军械非不足也，乃不为攻而为守，而守又不布远势而局一隅！方直隶提督叶志超、太原镇总兵聂士成之护诸将以自牙山败退也，日人迟回王京，未敢薄我，盖大兵未集，孤军无继也。叶志超护大同镇总兵卫汝贵、高州镇总兵左宝贵、奉天府都统丰升阿、提督马玉昆诸将兵三十五营以屯平壤；而聂士成与四川提督宋庆、黑龙江将军依克唐阿及其他诸将以所部七十余营联屯鸭绿江上，如荼如火，既不知分道争利，直趋王京以攻敌人之虚；又不能扼险屯兵，互为策应，而予敌人以瑕。叶志超在平壤置酒高会，而日军源源而至，遂成坐困。既而三战三北，日军渡鸭绿江，连陷九连、安东、凤凰诸城。而安东之敌，分兵西陷岫岩，入海城；且将东窥辽阳，西瞰营口、牛庄，于是关外宁远、锦州诸城大震！宋庆帅所部自盖平北援。然是时，海城之日军以孤军悬入；盖平既未失守，惟析木城一线为其后路；而日军之入海城者，仅六千人；大小炮才二十门，粮械不继；而宋庆所部倍之，苟以全力分布，绝其归路，固可聚而歼焉！乃以全军二十余营，屯距海城二十余里之缸瓦寨，逍遥容与；而海城之敌，从容布置，乃避实击虚以先发制我矣！于是聂士成大愤，以谓："战事之起，止闻敌来，未闻我往，故敌得前进无忌！"乃电请于诸帅："愿得精卒数千人，直出敌后，往来游击，截饷道，焚积聚，多方扰之，时聚时散，不予敌人以可测；及其罢于奔命，而后以大军蹙之，必大克之！"此蹈敌之瑕，以成我之奇，兵家之制胜也！然诸将尼之不果行焉！此不为攻而为守之失也！及其守也，则又不识奇正之用；敌布远势以攻我，我局一隅以应敌，而以我之株守，成敌之用奇。牙山之战，聂士成驻成欢，扼两山间之大道；战方酣，而不虞敌之出奇兵，绕登东山以袭我侧也；势不支，遂败，而就叶志超合军以趋平壤。既而日军分四道来攻，志超乃大严诸军，附郭而屯，只防东南一路以悉力当敌冲；而莫虞彼狡之自西北分道以议我后也！马玉昆方大捷于东南，而日军则袭城北以破玄武门矣！至于守旅顺，不固守金州；防威海，不兼防成山；我悉全力以当敌冲，敌出奇兵以议我后，屡败而不之悛！《孙子》曰："三军之众，可使必受敌而无败者，奇正是也。"然则三军之众，可使必受敌而败者，则以昧奇正之用，而不虞敌之出奇以制胜也。用兵者可以知所监矣！

凡战者，以正合，以奇胜。

（训义）曹操曰："正者，当敌；奇兵，从傍击不备也。"杜牧曰："以正道合战；以奇变取胜也。"张预曰："两军相临，先以正兵与之合战；徐发奇兵，或捣其旁，或击其后以胜之。若郑伯御燕师，以三军军其前，以潜军军其后，是也。"

基博按：战之为道，在歼灭敌之主力；而歼灭敌之主力，则必"以正合，以奇胜"；虽在今日，不能例外！然而议论纷纭，亦各不一：或主侧翼包围，则有当于"以正合，以奇胜"者也。或持中央突破，则不必“以奇胜”，而蕲决胜于“以正合”者也。在一九一四年，欧洲上次大战未起之前，法国兵家曾以此诤议甚烈。莱格里为包围论之领袖；朗格罗为突破论之领袖；而朗格罗以一九〇二年，著《最近二次战争之教训》一文，则以一八七八年之俄土战争，与一八九九——一九〇〇年之南非战争为论据，而发凡起例，以谓：“作战者，必在敌人之战线，得其可突破之一点，而集中可用之兵力以为攻击，则战必胜！拿破仑之作战原则，至于今不废；然侧翼突破之战术，不得不受限制于现代武器之发展而无成功！”持之有故，为当日作战部长所赞许，而采用于军队！及大战之起以延一九一七年，法军未尝不以中央突破之战术，施之于德，而屡试无效！福煦元帅乃以证明杀敌致果之必假途于侧袭，而拿破仑为不可易也已！其后参谋次长罗亚楚广搜史例，而著《战略之成功与战术之成功》一书，其结论以谓：“综世界战史以观，大战争之决胜，无不在敌人之后方或侧翼！拿破仑之用兵也，必尽力之所能及，而以猛攻敌军之侧翼及后方；一八〇五年之战奥于乌尔穆然，一八〇六年之战普于耶拿及澳尼斯特无不然。老毛奇则学拿破仑而未至！普奥之役，老毛奇以兵力三分之一，牵制正面；而用三分之二兵力以侧重右翼，迅速决胜；则固然矣！及一八七〇年之普法战争，初意亦欲猛攻法军之侧翼以前进，而以指挥之无力不彻底，以无成功；及其成功，则以法军指挥之更不如；所以学拿破仑而未至也！拿破仑亦有例外，而用中央突破以制胜！然侧翼作战之利，中央突破之不利，利害较然，可得而言：中央突破以正面作战而相持不决；侧翼作战以蹈瑕抵巇而迅速决胜；一也。中央突破，必遇敌人之强力抵抗；虽可以优势之兵力，压迫敌人以不得不退却，而决胜不易；两军相对，我胜而力亦疲；不如侧翼攻击之避去正面，而有自由活动之区域；假我以秘密而能迅速，彼以无备而出不虞，则彼不及增援以失连系，而我可以猛进而无抵抗；二也。”则是中央突破，“以正合”之未易以决胜；不如侧翼袭击，“以奇胜”之可以速决胜；孰为得失，罗亚楚论之甚析！然而谭何容易！“以奇胜”之未必胜，罗亚楚亦未尝不郑重申论！罗亚楚以谓：“侧翼袭击之以迅速决胜，固矣！然而兵力之配备，殊费经营！不知吾人当以少数兵力配备正面以牵制敌人正面；而集中主力以迅向决战之侧翼耶？抑集中主力以对待敌人正面；而用兵力之一部分以抄其侧翼耶？抑侧翼之兵力，以与正面平均分配耶？三者之中，自以集中主力于侧翼袭击之为大胆而有效；惟施之于善运动战之敌人，而胜负利钝，在不可知之数矣！假令吾人集中主力以袭击敌人之侧翼，而预测敌人之所以应，不出四端：其（一）敌人仓猝不及调大兵以延长正面，而对吾集中主力之袭击，无法抵抗，则吾之侧翼作战胜利，而此之胜利，不可不善利用！然则如何而可？曰：宜推锋而入以为无前之猛进，而包围敌后以绝其后方之增援与联络，与正面之吾军相应，前后击之，而敌军可聚而歼旃！其（二）敌人有时间，有余力以调兵增援，则吾军之在正面者，宜尽力猛攻以牵制敌人，使不得移用兵力于侧翼。侧翼作战，不可不利用最大之速率以占敌人之先著，而尤不可不争先占领侧翼方面之重要地点；于是一彼一此以成竞翼运动，相互展一翼以外延，而争取包围之形势，延向敌后以收前后夹击之功；此德人之所惯用，而两面夹击之功，卒未见于上次欧洲大战者，其大因在双方联络之困难，一致行动之不易！如敌人以增援侧翼而减杀正面，则以我正面军之猛攻，而乘敌正面军之移动，推锋直入以成突破，则以侧翼之袭击而成中央之突破者，亦往往有之！其（三）敌军之侧翼不增援以且战且退；于是我侧翼之袭击，乖于所之而不得一当；则以敌侧翼军退却之速，而成我侧翼军追击之迅；于是我侧翼军之前进方向，与我正面军之前进方向，相牾以自冲突！其（四）敌人之兵力强大，不惟有力以固守正面，抑亦源源增援以加强其侧翼，而反攻我侧翼，以图迂回而包围我后！然则侧翼袭击，谭何容易！假如我无力以牵制敌人正面，则侧翼作战，万不能成功！虽侧翼作战，业已开始；而正面作战，仍须进行；如不进行，则敌人得移正面军以增援侧翼！然我即有力以牵制敌人正面军；而敌人未必不有后方之预备队以源源增援，加强侧翼；如欲牵制敌人之预备队，非猛攻不可；惟猛攻，而后可以迫敌人之预备队，不得不增援正面，而不能用于侧翼；是故我正面之兵力，亦非强大不可；而强大之度，必以能牵制敌人之主力，不得移动；然后悉我力之有余以加强侧翼之袭击；则是‘以奇胜’者，不得无借于‘以正合’；此‘以正合’之所以必与‘以奇胜’相辅而行也！”罗亚楚又言：“侧翼作战，非攻击敌人之翼端所能有功；盖敌人有纵长配备之预备队以为保护，可以延长正面之抵抗而图以反包围我军，此则可忧也！所以侧翼运动，非集中兵力以向敌人侧翼之后方攻击不可！惟我侧翼军之攻击方向，不可与正面军之攻击方向，过早会合而不布远势；所以侧翼军，不可不远离本军集中；如不布远势而过早会合，往往有自相冲突之虞！此侧翼军之集中，不可不知者一也。侧翼军之集中，尤必出其不意！所谓出其不意云者，即在敌人阵线之要点，骤有强大之我军出现；而敌人仓皇失措，不及调集相当之军队以为抵抗也！出其不意之前提，在全体军力之深广配备；配备之时，当即审慎考量，而预为之地以对敌人之侧翼或后方，得迅速集中必要之军力；尤以我军力配备之深广，而疑误敌人以不测我军何向而集中；拿破仑之用兵，无不如此，往往自宽广之集中，或行军之正面，突向决战之侧翼以袭击，而敌人不知所为焉！此侧翼军之集中，不可不知者二也。侧翼军之何向以集中，不可不慎图于其始！何者？近代战争，虽以一军之兵力，而已选定之攻击方向，欲骤改变，已不可能；况又加而上之！然又不可以改变方向为不可能，而局促一隅以自坐困！此侧翼军之集中，不可不知者三也。”

由罗亚楚之言，而后措施之有方，“以奇胜”之可以胜；余故要删以著于篇。

故善出奇者，无穷如天地；不竭如江河；

（训义）杜佑曰：“言应变出奇无穷竭。”郑友贤曰：“或问武论奇正之变，二者相依而生，何独曰‘善出奇者？’曰：阙文也；凡所谓如天地，江河，日月，四时，五色，五味，皆取无穷无竭，相生相变之义。故首论以正合奇胜，终之以奇正之变不可胜穷，相生如循环之无端；岂以一奇而能生变，交相无已哉！宜曰：‘善出奇正者，无穷如天地’也。”

终而复始，日月是也；死而复生，四时是也。

（训义）张预曰：“日月运行，人而复出；四时更互，盛而复衰；喻奇正相变，纷纭浑沌，终始无穷也。”

声不过五；五声之变，不可胜听也！

（训义）李筌曰：“宫、商、角、徵、羽也。”

色不过五；五色之变，不可胜观也！

（训义）李筌曰：“青、黄、赤、白、黑也。”

味不过五；五味之变，不可胜尝也！

（训义）曹操曰：“自‘无穷如天地’已下，皆以喻奇正之无穷也。”李筌曰：“酸、辛、咸、甘、苦，五味。”张预曰：“引五声、五色、五味之变，以喻奇正相生之无穷。”

战势不过奇正；奇正之变，不可胜穷也！

（训义）梅尧臣曰：“奇正之变，犹五声、五色、五味之变无尽也。”

奇正相生，如循环之无端，孰能穷之！

（训义）何氏曰：“奇正生而转相为变，如循历其环，求首尾之莫穷也。”张预曰：“奇亦为正，正亦为奇，变化相生，若循环之无本末，谁能穷诘！”

右第一节论奇正之变。

基博按：起历举分数、形名、奇正、虚实四者，而侧重奇正；以战势不过奇正；而奇正者，则势之所以因利而制权也。“奇正之变”，“变”字尤宜注意如。果执“以正合，以奇胜”，而不知所为变，则敌有以测吾之奇正；而吾因利制权之势有所穷！唐太宗曰：“以奇为正，使敌视以为正，则吾以奇击之。以正为奇，使敌视以为奇，则吾以正击之。”张预曰：“奇亦为正，正亦为奇。”“奇正相生，若循环之无端”，斯以尽“奇正之变”。盖惟变乃能因利制权也。

激水之疾，至于漂石者，势也；

（训义）孟氏曰：“势峻，则巨石虽重，不能止。”

鸷鸟之击，至于毁折者，节也。

（训义）杜牧曰：“势者，自高注下，得险疾之势，故能漂石也。节者，节量远近，则攫之，故能毁折物也。”张预曰：“鹰鹯之擒鸟雀，必节量远近，伺候审而后击，故能折物。《尉缭子》曰：‘便吾器用，养吾武勇，发之如鸟击。’李靖曰：‘鸷鸟如击，卑飞敛翼。’皆言待之而后发也。”

是故善战者：其势险，

（训义）王皙曰：“险者所以致其疾也，如水得险隘而成势。”

其节短；

（训义）曹操曰：“短，近也。”杜佑曰：“言以近节也；如鸷鸟之发，近则搏之，力全志专，则必获也。”梅尧臣曰：“险则迅，短则劲，故战之势，当险疾而短近也。”郑友贤曰：“或问其势险者，其义易明；其节短者，其旨安在？曰：力虽甚劲者，非节量短近而适其宜，则不能害物。鲁缟之脆也，强弩之末不能穿；毫末之轻也，冲风之衰不能起；鸷鸟虽疾也，高下而远来，至于竭羽翼之力，安能击搏而毁折哉！尝以远形为难战者，此也。是故麴义破公孙瓒也，发伏于数十步之内；周访败杜曾也，奔赴于三十步之外；得节短之义也。”

基博按：下《军争篇》称：“卷甲而趋，日夜不处，倍道兼行，百里而争利”，其势非不险也；然而“劲者先，罢者后，其法十一而至”，“则擒三将军”者，失节短之义也。魏武逐刘备，一日一夜，行三百里；诸葛亮以为“强弩之末，不能穿鲁缟”；失节短之义也。即如一九一四年，欧洲大战开始，德皇以二十年之整军经武，挟其久蓄不用之威，飙发电征，如迅雷不及掩耳，席卷比利时而掩有焉，其势非不险也；浸淫而及于法之北疆，顾咫尺巴黎，经百日而不能破，东不能入俄境，南不能庇奥邻，卒以酿马兰之挫衄者，失节短之义也。法人蒲哈德著《德大将兴登堡欧战成败鉴》一书，其中盛称鲁登道夫，以谓：“胸有成算，阵无虚设，分兵四出，所当者破；惟进而不已，不自敛戢，其战线日益延长，而力挫士疲，遂以大败！”失节短之义也。方吾抗战之初，日人挟其飞机、大炮，佐之坦克车，北则纵横河洛，南则驰骤京杭，挥霍如志；我以备多而力分，彼则“节短”而“势险”，我之所以败，彼之所以胜也！然而孟贲乌获，力有所底！敌之占地日广，敌之兵势渐分而见薄。我之壤土日蹙，我之兵力以集而益厚。敌之战线，愈延愈长；我之阵地，愈蹙愈短；及是时，“势险”“节短”之效，将在我而不在彼！以希特勒闪电战之陵厉无前，而咫尺不得窥英伦；劳师以袭远，而东顿兵于墨斯科；失节短之义也！况日人乎！克老山维兹言：“凡攻击乃随其前进而力弱！”愈深入，愈阻滞，吾久知其顿兵不得进也！

势如彍弩，节如发机；

（训义）李筌曰：“弩不疾，则不远；矢不近，则不中。”梅尧臣曰：“扩，音霍，彍张也；如弩之张，势不逡巡；如机之发，节近易中也。”张预曰：“言趋利尚疾，奋击贵近也。”

右第二节论用奇宜乎势险而节短。

基博按：出奇制胜，攻其无备，出其不意，非势险节短不为功。势险，则敌不及虞；节短，则力无虚耗。激水、彍弩，皆以喻疾击之迅；鸷鸟、发机，皆以喻用力之迫。

纷纷纭纭，斗乱而不可乱也！浑浑沌沌，形圆而不可败也！

（训义）李筌曰：“纷纭而斗，示如可乱；旌旗有部，鸣金有节，是以不可乱也。浑沌，合杂也；形圆，无向背也。”杜牧曰：“此言阵法也。《风后握奇文》曰：‘四为正，四为奇，余奇为握。’奇，音机，或总称之。先出游军定两端，此之是也。奇者，零也；阵数有九，中心有零者，大将握之不动，以制四面八阵，而取进则焉。其人之列，面面相向，背背相承也。《军志》曰：‘阵间容阵，足曳白刃；队间容队，可与敌对。前御其前，后当其后。左防其左，右防其右。行必鱼贯，立必雁行。长以参短，短以参长。回军转阵，以前为后，以后为前。进无奔迸，退无违走。四头八尾，触处为首。敌冲其中，两头俱救。’彼此相用，循环无穷也。”梅尧臣曰：“分数已定，形名已立，离合散聚，似乱而不能乱；形无首尾，应无前后，阳旋阴转，欲败而不能败。”何氏曰：“此言斗势也。善将兵者，进退纷纷似乱，然士马素习，旌旗有节，非乱也！浑沌，形势乍离乍合，人以为败；而号令素明，离合有势，非可败也！”

乱生于治。怯生于勇。弱生于强。

（训义）曹操曰：“皆毁形匿情也。”杜牧曰：“言欲伪为乱形以诱敌人，先须至治，然后能为伪乱也。欲伪为怯形以伺敌人，先须至勇，然后能为伪怯也。欲伪为弱形以骄敌人，先须至强，然后能为伪弱也。”何氏曰：“言战时为奇正形势以破敌也。我兵素治矣，我士素勇矣，我势素强矣，若不匿治勇强之势，何以致敌！须张似乱似怯似弱之形以诱敌人，彼惑我诱之之状，破之必矣！”

基博按：诸家解多主曹公“毁形匿情”之意，此乃不得其说而强为之辞也。“乱生于治”，承上“斗乱而不可乱”，申论之；若曰：“斗乱而不可乱者，以乱生于治也”；“怯生于勇，弱生于强”，则因“乱生于治”而连类及之。夫“生于勇”之怯，乃天下之大勇；而“生于强”之弱，乃天下之至强也！苏轼《留侯论》曰：“古之所谓豪杰之士者，必有过人之节！人情有所不能忍者；匹夫见辱，拔剑而起，挺身而斗，此不足为勇也！天下有大勇者，卒然临之而不惊，无故加之而不怒；此其所挟持者甚大，而其志甚远也！其能有所忍也，然后可以就大事。观夫高帝之所以胜，而项籍之所以败者，在能忍不能忍之间而已矣！项籍惟不能忍，是以百战百胜而轻用其锋；高祖忍之，养其全锋而待其弊。”此所谓“生于勇”之怯，“生于强”之弱也。自来论兵者，惟益阳胡林翼最能畅发此意，每曰：“战，勇气也，当以节宣蓄养提振为先；又阴事也，当以固塞坚忍蛰伏为本。昔条侯之破七国，坚壁三月，以太后梁王之故而不受诏，故曰：‘亚夫真可任使也。’秦王之破宋金刚，亦坚壁年余，俟其粮尽遁走，则一日夜追剿二百余里；秦王非天锡智勇者哉！使今人当之，则疑其怯矣！尝论孺子之戏猪脬，贯以气而缚以绳；当其盛时，千锤不破；一针之隙，全脬皆消。兵事以气为主，兵勇之气，殆如孺子猪脬之气；此中盈虚消息之故，及蓄养之法，节宣之法，提倡之法，忍耐之法，惟大将能知之！彼营哨各官，贼未来，则欲攻，勇气不可遏；贼果来，则殊不能战，勇气又减去大半；此积年之通弊也。军事，何常之有！以为兵力厚；而胜负之数，又不系乎厚薄！以为将才勇；而胜负之事，又不尽系乎勇怯！凡事当有远谋，有深识；坚忍于一时，则保全必多；一惭之不忍，而终身惭乎！为小将，须立功以争胜；为大将，戒一胜之功而误大局。盖侥幸而图难成之功，不如坚忍以规远大之谋。兵事不在性急于一时，惟在审察乎全局。全局得胜，譬之破竹，数节之后，迎刃而解。军事到紧要之时，静者胜，躁者败；后动者易，先动者难；能忍者必利，不能忍者必钝。严密坚忍以待之；盖本有破釜沉舟之志，却以揽辔安闲出之。王翦用六十万人，日以美饮食抚循其士，而不遽战。李牧治边，日以市租椎牛飨士，而不欲战。养之久，而气势之蓄，郁于中乃愈厚。不贪小利，不图近功，示弱以懈贼之心，坚忍以养我之气；俟审察贼情，并力大战，则我军之气，愈遏而愈盛；伺其瑕而蹈之，一发即破矣！兵事贵乎审机以待战，尤贵蓄锐以待时！兵事以夸大矜张骛远为忌，收敛固啬切近为实。”语见《胡文忠公集》中书牍。夫战，危事也，非勇不能战；然非“生乎勇”之怯，则不能“收敛固啬”，“审机以待战”，“蓄锐以待时”也。胡林翼，字润之，于清咸同间，累官湖北巡抚。方太平军之起粤西，长驱以北，无不破灭。惟林翼率励诸将，勘定湘鄂以力扼太平军不得逞；卒谥文忠，刊有《胡文忠公全集》。其论兵多出于动心忍性，体验有得；操心危，虑患深，语无泛设，事皆亲历；每语人曰：“弟之军事，精神思虑，多注于往返书札之中，其公牍不多见也。”一九一四年，欧洲大战开始，德人袭比以入法，长驱而前，五道并进，以八月二十四、二十五、二十六三日，破英法联军第一阵线；二十八、二十九、三十日三日，迭破第二阵线。当是时，德人气吞巴黎，法人大震；而法统帅霞飞将军，知德之志在消灭我主力精锐也，乘胜而去国远斗，其锋不可当；于是亲切体认兵法所谓“全军为上”，所谓“避其锐气，击其惰归”，坚信而笃行之；力排群议，不战而退，率百余万大军，连退九日。其将士不知所谓，方以为吾人四十余年之卧薪尝胆，今日衅自敌开，人人同仇，何故不战而退？屡请战，然而霞飞不许也，惟命亟退。至九月三日之夜，望见巴黎灯火，将士痛哭曰：“祖国已矣！”方凄惶惨沮，无可如何；忽奉霞飞反攻之令，无不感极而泣，人愿致死！而德人则以十日之乘胜追击，如入无人之境；以为今而后，法军无能为役矣；乃调二军团东征以御俄，而右翼空虚，为法之第六军所乘；而法全军转守为攻，遂以大败德师。乃知胡林翼所谓“示弱以懈贼之心，坚忍以养我之气；俟审察贼情，迸力大战，则我军之气，愈遏而愈盛；兵事贵乎审机以待战，尤贵蓄锐以待时”。诚有味乎其言之也！则其退也，乃其所以蓄锐也！其怯也，斯其所以为勇也！岂徒勇者而能之乎！此之谓“怯生于勇，弱生于强”也。

治乱，数也。

（训义）杜牧曰：“言行伍各有分画，部曲皆有名数。”梅尧臣曰：“以治为乱，存之乎分数。”王皙曰：“治乱，数之变。”

勇怯，势也。

（训义）李筌曰：“兵得其势，则怯者勇；夫其势，则勇者怯。”王皙曰：“勇怯者，势之变。”

基博按：随势为勇怯者，三军之勇怯也；怯生于勇者，大将之权谋也。明乎三军之勇怯，则贵任势以决胜；明乎生于勇之怯，则知蓄锐以待战。三军之勇怯，决之于卒然者也；大将之权谋，豫之于素养者也。此之不可不察！

强弱，形也。

（训义）王皙曰：“强弱者，形之变。”

基博按：强弱有定形，而勇怯无常势。勇怯者，随势而为变者也；强弱者，予人以可形者也。

故善动敌者，形之，敌必从之；

（训义）曹操曰：“见羸形也。”杜牧曰：“非止于羸弱也；言我强敌弱，则示以羸形，动之使来；我弱敌强，则示之以强形，动之使去。敌之动作，皆须从我。孙膑曰‘齐国号怯，三晋轻之’。令入魏境为十万灶；明日，为五万灶。魏庞涓逐之曰：‘齐虏何怯！入吾境，士亡者过半。’因急追之，至马陵，道狭。膑乃砍木书之曰：‘庞涓死此树下！’伏弩于侧，令曰：‘见火始发。’涓至，钻燧读之，万弩齐发，庞涓死。此乃示以羸形，能动庞涓，遂来从我而杀之也。隋炀帝于雁门，为突厥始毕可汗所围；太宗应募救援，隶将军云定兴营。将行，谓定兴曰：‘必多赍旗鼓以设疑兵；且始毕可汗敢围天子，必以我仓卒无援；我张吾军容，令数十里，昼则旌旗相续，夜则钲鼓相应，虏必以为救兵云集，惶惧而遁；不然，彼众我寡，不能久矣！’定兴从之，师次崞县，始毕遁去。此乃我弱敌强，示之以强，动之令去。故敌之来去，一皆从我之形也。”张预曰：“形之以羸弱，敌必来从。楚伐随，羸师以张之。季良曰：‘楚之羸，诱我也！’”

基博按：杜牧解甚妙，足以补《孙子》之漏义。然就下文“予之，敌必取之”云云，自当依曹公、张预之解，上下文意思一贯。

予之，敌必取之；

（训义）张预曰：“诱之以小利，敌必来取。”

以利动之，以卒待之。

（训义）张预曰：“形之既从，予之又取，是能以利动之而来也。”陈启天曰：“此卒字，当读如猝；急也，突也，谓急突之战势也。上文云：‘其势险。其节短。’以卒待之，即谓以势险节短之战法待敌也。”

基博按：《计篇》“能而示之不能，用而示之不用，利而诱之，卑而骄之”；正与此“善动敌者形之”云云意相发；此之所谓“形之”，《计篇》则谓之“示之”尔。

故善战者，求之于势，不责于人，故能择人而任势。

（训义）李筌曰：“得势而战，人怯者能勇。”贾林曰：“所谓择人而任势，言示以必胜之势，使人从之；岂更外责于人，求其胜败。择勇怯之人，任进退之势。”梅尧臣曰：“用人以势，则易；责人以力，则难；能者在择人而任势。”何氏曰：“得势自胜，不专责人以力也。”

基博按：胡林翼尝谓：“用兵之法，强弱均有用处。躁进之兵，可使诱贼，而以精骑伏于旁路，俟其站立不稳，横出截之，可大捷也！又难打之贼垒贼队，亦可使之猛攻，取其冒势有劲耳！”又曰：“东安勇丁，恐其勇而无刚；然使用以尝寇，如公子突之谋，未必不可大捷。”此即“择人而任势”之意；所谓“择勇怯之人，任进退之势”者也。

任势者，其使人也，如转木石；木石之性，安则静，危则动；方则止，圆则行。

（训义）曹操曰：“任自然势也。”杜佑曰：“言投之安地则安，投之危地则危，不知有所回避也，任势自然也！”梅尧臣曰：“木石，重物也！易以势动，难以力移；三军，至众也，可以势转，不可以力使；自然之道也！”

故善战人之势，如转圆石于千仞之山者，势也！

（训义）杜牧曰：“转石于千仞之山，不可止遏者，在山不在石也。战人有百胜之勇，强弱一贯者，在势不在人也。杜公元凯曰：‘昔乐毅借济西一战，能并强齐。今兵威已成，如破竹，数节之后，迎刃而解，无复着手，此势也；势不可失！’乃东下建业，遂灭吴。此篇大抵言兵贵任势，以险迅疾速为本；故能用力少而得功多也！”

右第三节论任势。

基博按：势者，因利制权，而欲以出敌之不意，攻敌之无备，必毁形匿情，能而示之不能，用而示之不用，使敌人之不我虞，而后我可择人任势以攻敌之无备；则以我之节短势险，而攻敌之不虞，如转圆石于千仞之山，胜之易易耳！